Nißen/Das Zusammenwirken von Parteiidentifikation, Issues und Images zur Erklärung politischen Verhalten

POLITIK UND WÄHLER

Herausgegeben von Ferdinand A. Hermens, René König, Erwin K. Scheuch und Rudolf Wildemann

Band 17

Das Zusammenwirken von Parteiidentifikation, Issues und Images zur Erklärung politischen Verhaltens

Am Beispiel der Wahlen in den USA vom 7. November 1972

Peter Nißen

1976

Verlag Anton Hain · Meisenheim am Glan

CIP-Kurztitelaufnahme der Deutschen Bibliothek

Nissen, Peter
Das Zusammenwirken von Parteiidentifikation,
Issues und Images zur Erklärung politischen
Verhaltens: am Beispiel d. Wahlen in d. USA
vom 7. November 1972. – Meisenheim am Glan:
Hain, 1976.
(Politik und Wähler; Bd. 17)
ISBN 3-445-01404-3

Herstellung: Hain-Druck KG, Meisenheim/Glan
Printed in Germany
ISBN 3-445-01404-3

MEINEN ELTERN

INHALTSVERZEICHNIS

TABELLENVERZEICHNIS

1. Im Text enthaltene Tabellen

2. Im Anhang I enthaltene Tabellen

VERZEICHNIS DER SCHAUBILDER

1. Im Text enthaltene Schaubilder

I. KAPITEL: PROBLEMSTELLUNG

1. DAS WAHLERGEBNIS VON 1972

Die Wahlen vom 9. November 1972 in den Vereinigten Staaten waren auf bundesstaatlicher Ebene durch stark voneinander abweichende Ergebnisse der Präsidentschafts- und Kongreßwahlen gekennzeichnet: aus den Wahlen zum Repräsentantenhaus und zum Senat ging die Demokratische Partei als Sieger hervor, während der Demokratische Präsidentschaftskandidat George McGovern dem Kandidaten der Republikanischen Partei und amtierenden Präsidenten Richard M. Nixon deutlich unterlag.

Der Sieg Nixons war dabei mit 60,2 % der abgegebenen Stimmen (oder 61,8 % der für die Kandidaten der beiden großen Parteien abgegebenen Stimmen) überwältigend; Senator McGovern erreichte nur 37.2 % der abgegebenen Stimmen (38,2 % der Stimmen für die Kandidaten der großen Parteien) und war damit von den Wählern eindeutig abgewiesen worden (siehe Tabelle 1). Nur im Bundesstaat Massachusetts[1] und im District of Columbia entschied sich die Mehrheit der Wähler für McGovern, auf den so lediglich 17 Wahlmännerstimmen entfielen, während Richard M. Nixon mit 520 der insgesamt 538 Wahlmännerstimmen zum zweiten Mal in das Weiße Haus einziehen konnte.[2] Damit erreichte Nixon 1972 ein Wahl-

1) Siehe hierzu C. Stocks, Massachusetts - ein Staat für McGovern?, in: W. Kaltefleiter und E. Keynes (Hrsg.), Das labile Gleichgewicht, Jahrbuch "Verfassung und Verfassungswirklichkeit" 1973 II, Köln/Berlin/Bonn/München 1974, S. 121 ff., insbes. S. 130 - 137.

2) Siehe Statistics of the Presidential and Congressional Elections of November 7, 1972. Compiled from Official Sources by B.J. Guthrie, under direction of W.P. Jennings. (Corrected to March 15, 1973), U.S. Government Printing Office (92-083), Washington 1973, S. 51 f. (im folgenden zitiert als: Statistics of the Election of 1972); vgl. auch: M. Frankel, "President Won 49 States and 521 Electoral Votes", New York Times vom 9.11.1972.

Tabelle 1: Stimmabgabe für die Präsidentschaft nach Staaten[a)]

Staat	Demokratisch	Republikanisch	Abgegebene Stimmen	
			Dem.+Rep.	Insgesamt
Alabama	219.108	728.701	947.809	1.006.093
Alaska	32.967	55.349	88.316	95.219
Arizona	198.540	402.812	601.352	653.505
Arkansas	198.899	445.751	644.650	647.666
California	3.431.824	4.544.134	7.975.958	8.259.900
Colorado	329.980	597.189	927.169	953.884
Connecticut	555.498	810.763	1.366.261	1.384.277
Delaware	92.283	140.357	232.640	235.516
Florida	718.117	1.857.759	2.575.876	2.583.283
Georgia	289.529	881.496	1.171.025	1.174.772
Hawaii	101.409	168.865	270.274	270.274
Idaho	80.826	199.384	280.210	310.379
Illinois	1.913.472	2.788.179	4.701.651	4.721.355
Indiana	708.568	1.405.154	2.113.722	2.125.529
Iowa	496.206	706.207	1.202.413	1.225.944
Kansas	270.287	619.812	890.099	916.095
Kentucky	371.159	676.446	1.047.605	1.067.499
Louisiana	298.142	686.852	984.994	1.051.491
Maine	160.584	256.458	417.042	417.042
Maryland	505.781	829.305	1.335.086	1.353.812
Massachusetts	1.332.540	1.112.078	2.444.618	2.458.756
Michigan	1.459.435	1.961.721	3.421.156	3.489.727
Minnesota	802.346	897.569	1.699.915	1.741.002
Mississippi	126.782	505.125	631.907	645.963
Missouri	697.147	1.153.852	1.850.999	1.850.999
Montana	120.197	183.976	304.173	317.603
Nebraska	169.991	406.298	576.289	576.289
Nevada	66.016	115.750	181.766	181.766
New Hampshire	116.435	213.724	330.159	334.055
New Jersey	1.102.211	1.845.502	2.947.713	2.997.229
New Mexico	141.084	235.606	376.690	385.931
New York	2.767.956	3.824.642	6.592.598	7.161.830
North Carolina	438.705	1.054.889	1.493.594	1.518.612
North Dakota	100.384	174.109	274.493	280.514
Ohio	1.558.889	2.441.827	4.000.716	4.094.787
Oklahoma	247.147	759.025	1.006.172	1.029.900
Oregon	392.760	486.686	879.446	927.946
Pennsylvania	1.796.951	2.714.521	4.511.472	4.592.105
Rhode Island	194.645	220.383	415.028	415.757
South Carolina	184.559	477.044	661.603	673.960
South Dakota	139.945	166.476	306.421	307.415
Tennessee	357.293	813.147	1.170.440	1.201.182
Texas	1.154.289	2.298.896	3.453.185	3.471.281
Utah	126.284	323.643	449.927	478.476
Vermont	67.613	117.149	184.762	186.386
Virginia	438.887	988.493	1.427.380	1.457.019
Washington	568.334	837.135	1.405.469	1.470.847
West Virginia	277.435	484.964	762.399	762.399
Wisconsin	810.174	989.430	1.799.604	1.852.890
Wyoming	44.358	100.464	144.822	145.570
District of Columbia	127.627	35.226	162.853	163.421
Summen	28.901.598	46.740.323	75.641.921	77.625.152

a) Vgl. Statistics of the Election of 1972, a.a.O., S. 51 f.

ergebnis, wie es in diesem Jahrhundert ähnlich nur zweimal vorkam: Sein Sieg wird nur überboten vom Erfolg Franklin D. Roosevelts mit 62,5 % der Stimmen bei seiner ersten Wiederwahl 1936; den anderen vergleichbaren Wahlsieg erreichte Lyndon B. Johnson 1964, als er Barry Goldwater mit einem Stimmenanteil von 61,3 % schlagen konnte.[1]

Nixons überwältigender Wahlsieg könnte auf eine Auflösung der Wählerstruktur der Vereinigten Staaten hinweisen, die nur mit dem durch F.D. Roosevelts Wiederwahl 1936 abgeschlossenen Umschwung vergleichbar wäre, an den sich eine lange Periode stabiler Demokratischer Mehrheiten anschloß. Einer in diese Richtung gehenden Aussage über das Ergebnis der Präsidentschaftswahl von 1972 widersprechen jedoch die Resultate der Wahlen zum Repräsentantenhaus und zum Senat der Vereinigten Staaten.

Bei den Wahlen zum Senat erhielten die Kandidaten der Republikanischen Partei mit 53,5 % zwar einen größeren Anteil der Stimmen als die Demokratischen Bewerber mit 46,5 %,[2] doch konnte dabei die Demokratische Mehrheit im Senat sogar noch um zwei Sitze ausgebaut werden.[3] Einen dem überwältigenden Sieg Nixons entsprechenden Erfolg gab es in den Wahlen zum Senat für die Republikanische Partei jedenfalls nicht (siehe Tabelle 2).

---

1) Die für 1936 und 1964 angegebenen Stimmenanteile berücksichtigen nur die Stimmen für die Kandidaten der großen Parteien. Vgl. L.H. Long (Ed.), The 1971 World Almanac and Book of Facts. Published Annually by the Newspaper Enterprise Association, Inc., o.O., o.J., S. 704 (im folgenden zitiert als: L.H. Long (Ed.), The 1971 World Almanac).

2) Die genannten Stimmenanteile wurden berechnet unter Ausschluß der für Bewerber dritter Parteien abgegebenen Stimmen. Werden diese einbezogen, ergeben sich für die Republikaner 52,4 % und die Demokraten 45,4 % der Stimmen.

3) Vgl. "The Election at a Glance", New York Times vom 9.11.1972; W. Weaver Jr., "House to Reflect a Shift in Ideology; Senate to Continue Opposition to Nixon", New York Times v. 9. 11.1972.

Tabelle 2: Stimmabgabe für US-Senatoren nach Staaten[a]

Staat	Stimmen für		Abgegebene Stimmen	
	Demokraten	Republikaner	Dem.+ Rep.	Insgesamt
Alabama	654.491	347.523	1.002.014	1.051.099
Alaska	21.791	74.216	96.007	96.007
Arkansas	386.398	248.238	634.636	634.636
Colorado	457.545	447.957	905.502	926.083
Delaware	116.006	112.844	228.850	229.828
Georgia	635.970	542.331	1.178.301	1.178.708
Idaho	140.913	161.804	302.717	309.602
Illinois	1.721.031	2.867.078	4.588.109	4.608.380
Iowa	662.637	530.525	1.193.162	1.203.333
Kansas	200.764	622.591	823.355	871.722
Kentucky	528.550	494.337	1.022.887	1.037.861
Louisiana	598.987	206.846	805.833	1.084.904
Maine	224.270	197.040	421.310	421.310
Massachusetts	823.278	1.505.932	2.329.210	2.370.676
Michigan	1.557.178	1.781.065	3.358.243	3.406.906
Minnesota	981.320	742.121	1.723.441	1.731.633
Mississippi	375.102	249.779	624.881	645.746
Montana	163.609	151.316	314.925	314.925
Nebraska	265.922	301.841	567.763	567.763
New Hampshire	184.495	139.852	324.347	324.354
New Jersey	963.573	1.743.854	2.707.427	2.791.907
New Mexico	173.815	204.253	378.068	378.068
North Carolina	677.293.	795.248	1.472.541	1.472.541
Oklahoma	478.212	516.934	995.146	1.055.148
Oregon	425.036	494.671	919.707	920.833
Rhode Island	221.942	188.990	410.932	413.431
South Carolina	241.056	415.806	656.862	657.034
South Dakota	174.773	131.613	306.386	306.386
Tennessee	440.599	716.539	1.157.138	1.164.195
Texas	1.511.985	1.822.877	3.334.862	3.413.903
Virginia	643.963	718.337	1.362.300	1.396.268
West Virginia	486.310	245.531	731.841	731.841
Wyoming	40.753	101.314	142.067	142.067
SUMMEN	17.199.567	19.821.203	37.020.770	37.809.098

a) Vgl. Statistics of the Election of 1972, a.a.O., S. 53.

Dasselbe gilt für die Wahlen zum Repräsentantenhaus. Auch hier konnten die Republikaner den Sieg ihres Präsidentschaftskandidaten nicht wiederholen, sondern verloren die Wahl mit einem Stimmenanteil von 47,3 %, während die Demokratische Partei mit 52,7 % die Mehrheit der Stimmen erreichte.[1] In der Mandatsverteilung im Haus bedeutete das 192 von 435 Sitzen für die Republikanische Partei, womit sie sich gegenüber 1970 um zwölf Mandate verbessern konnte[2] und wieder den Stand von 1968 erreichte[3].

Für die Republikanische Partei gab es also 1972 kein Ergebnis, das dem Sieg ihres Präsidentschaftskandidaten gleichkäme: im Senat mußten die Republikaner - trotz des höheren Stimmenanteils - zwei Mandate an die Demokraten abtreten; bei den Wahlen zum Repräsentantenhaus konnten die Republikaner zwar die Zahl ihrer Mandate verbessern, erreichten aber lediglich einen Stimmenanteil, der hinter dem der Demokratischen Bewerber deutlich zurückblieb (siehe Tabelle 3).

Der Widerspruch zwischen den nationalen Wahlen ist also klar erkennbar: McGovern verlor die Präsidentschaftswahl deutlich, seine Partei aber war bei den Kongreßwahlen erfolgreich; dem Republikanischen Kandidaten Nixon gelang ein überwältigender Wahlsieg, während die Republikanische Partei weit hinter dem Erfolg ihres Spitzenkandidaten zurückblieb.

---

1) Stimmanteile berechnet unter Ausschluß sonstiger Bewerber. Werden diese einbezogen, so ergeben sich folgende Stimmenanteile: Republikaner 46,5 %, Demokraten 51,7 %, Sonstige 1,9 %.

2) Vgl. U.S. Department of Commerce, Bureau of the Census, Statistical Abstracts of the United States 1973, 94th Annual Edition, Washington D.C. 1973, S. 373.

3) Vgl. Congress and the Nation, Vol. II, 1965 - 1968. A Review of Government and Politics, Published by the Congressional Quarterly Service, Washington D.C. o.J., S.26.

Tabelle 3: Wahlen zum Repräsentantenhaus nach Staaten[a)]

Staat	Stimmen für		Abgegebene Stimmen	
	Demokraten	Republikan.	Dem. + Rep.	Insgesamt
Alabama	544.070	383.623	927.693	972.629
Alaska	53.651	41.750	95.401	95.401
Arizona	183.045	309.862	593.907	593.907
Arkansas	42.481	144.571	187.052	187.052
California	4.161.984	3.719.898	7.881.882	8.007.166
Colorado	428.259	480.059	908.318	912.880
Connecticut	657.265	690.839	1.348.104	1.351.001
Delaware	83.230	141.237	224.467	225.851
Florida	1.030.817	900.683	1.931.500	1.931.510
Georgia	638.826	252.901	891.727	891.826
Hawaii	153.682	121.181	274.863	274.863
Idaho	108.187	187.807	295.994	301.554
Illinois	2.146.823	2.223.260	4.370.083	4.384.978
Indiana	973.706	1.133.646	2.107.352	2.110.236
Iowa	616.378	577.425	1.193.803	1.195.736
Kansas	280.653	581.900	862.553	878.365
Kentucky	493.795	487.820	981.615	985.977
Louisiana	573.977	86.607	660.584	678.428
Maine	218.543	194.868	413.411	413.411
Maryland	634.087	584.859	1.218.946	1.218.946
Massachusetts	1.243.796	808.349	2.052.145	2.158.700
Michigan	1.535.707	1.710.177	3.245.884	3.273.174
Minnesota	896.854	760.620	1.657.474	1.689.786
Mississippi	387.389	184.598	571.987	588.073
Missouri	1.092.405	737.377	1.829.782	1.832.628
Montana	190.597	124.436	315.033	315.033
Nebraska	193.644	375.065	568.709	568.709
Nevada	86.349	94.113	180.462	180.462
New Hampshire	93.062	221.647	314.709	314.709
New Jersey	1.390.869	1.416.485	2.807.354	2.831.909
New Mexico	210.391	163.187	373.578	373.578
New York	3.049.560	2.924.748	5.974.308	6.608.888
North Carolina	734.627	609.926	1.344.553	1.350.747
North Dakota	72.850	195.360	268.210	268.721
Ohio	1.684.303	2.071.040	3.755.343	3.835.543
Oklahoma	496.657	310.180	806.837	817.081
Oregon	497.024	390.138	869.162	869.730
Pennsylvania	2.172.844	2.281.484	4.454.328	4.462.789
Rhode Island	243.444	138.786	382.230	387.992
South Carolina	328.860	301.695	630.555	630.657
South Dakota	159.857	141.135	300.992	300.992
Tennessee	504.782	589.272	1.094.054	1.102.395
Texas	2.032.183	835.185	2.867.368	2.885.949
Utah	259.859	203.481	463.340	501.003
Vermont	65.062	120.924	185.986	186.028
Virginia	627.298	589.573	1.216.871	1.270.986
Washington	857.621	438.683	1.296.304	1.301.833
West Virginia	477.294	243.906	721.200	721.200
Wisconsin	1.012.821	767.139	1.779.960	1.801.094
Wyoming	75.632	70.667	146.299	146.299
Summen	36.780.100	33.064.172	69.844.272	71.188.405

a) Vgl. Statistics of the Election 1972, a.a.O., S. 54 f.

In den Wahlen zum Repräsentantenhaus gewann die Demokratische Partei mit 52,7 % der Stimmen. Aggregiert man die in den Wahlen zum Haus und zum Senat abgegebenen Stimmen, so ergibt sich eine Demokratische Mehrheit von 50,5 % (siehe Tabelle 4). Die Demokratische Partei erscheint also als Mehrheitspartei, während ihr Spitzenkandidat eine deutliche Niederlage erleiden mußte.

Tabelle 4: Zusammenfassung wichtiger Wahlergebnisse[a]

Wahl	Stimmen		Stimmenanteile	
	Demokraten	Republikaner	Demokraten	Republikaner
Haus	36.780.100	33.064.172	52,7	47,3
Senat	17.199.567	19.821.203	46,5	53,5
Summe	53.979.667	52.885.375	50,5	49,5
Präsident	28.901.598	46.740.323	38,2	61,8

a) Tabelle 4 folgt aus den Tabellen 1 bis 3.

Diese Aussage läßt sich durch einige einfache Kombinationen von Wahldaten mit der Verteilung der Wahlmännerstimmen auf die Bundesstaaten der USA (siehe Tabelle 5) noch verdeutlichen: danach hätte McGovern 340 Wahlmännerstimmen auf sich vereinigen können, wenn er in allen Staaten erfolgreich gewesen wäre, in denen die Demokratische Partei bei den Wahlen zum Repräsentantenhaus die Mehrheit erzielen konnte - 270 Wahlmännerstimmen waren erforderlich, um zum Präsidenten der Vereinigten Staaten gewählt zu werden (siehe Tabelle 6). Bezieht man in diese Umrechnung auch die hypothetische Verteilung der Wahlmännerstimmen ein, die sich aufgrund der Ergebnisse der Senatswahlen ergibt (siehe Tabelle 7), so wären aufgrund der aggregierten Ergebnisse für Repräsentantenhaus- und Senatswahlen (siehe Tabellen

Tabelle 5: <u>Aufteilung der Wahlmännerstimmen auf die Bundesstaaten der USA</u>[a]

Staat	Stimmen	Staat	Stimmen
Alabama	9	Nebraska	5
Alaska	3	Nevada	3
Arizona	6	New Hampshire	4
Arkansas	6	New Jersey	17
California	45	New Mexico	4
Colorado	7	New York	41
Connecticut	8	North Carolina	13
Delaware	3	North Dakota	3
Florida	17	Ohio	25
Georgia	12	Oklahoma	8
Hawaii	4	Oregon	6
Idaho	4	Pennsylvania	27
Illinois	26	Rhode Island	4
Indiana	13	South Carolina	8
Iowa	8	South Dakota	4
Kansas	7	Tennessee	10
Kentucky	9	Texas	26
Louisiana	10	Utah	4
Maine	4	Vermont	3
Maryland	10	Virginia	12
Massachusetts	14	Washington	9
Michigan	21	West Virginia	6
Minnesota	10	Wisconsin	11
Mississippi	7	Wyoming	3
Missouri	12	District of Columbia	3
Montana	4	SUMME	538

a) Vgl. Statistics of the Election 1972, a.a.O., S. 51 f.

5, 6 und 7) 53,7 % der hypothetisch zu vergebenden Wahlmännerstimmen auf McGovern entfallen: dies wären 289 Stimmen gewesen, die abermals den Einzug in das Weiße Haus gesichert hätten.

Tabelle 6 : Hypothetische Verteilung der Wahlmännerstimmen nach gewonnenen Mehrheiten in den Einzelstaaten bei den Wahlen zum Repräsentantenhaus der USA[a]

Demokraten		Republikaner	
Staaten	Stimmen	Staaten	Stimmen
Alabama	9	Arizona	6
Alaska	3	Arkansas	6
California	45	Colorado	7
Florida	17	Connecticut	8
Georgia	12	Delaware	3
Hawaii	4	Idaho	4
Iowa	8	Illinois	26
Kentucky	9	Indiana	13
Louisiana	10	Kansas	7
Maine	4	Michigan	21
Maryland	10	Nebraska	5
Massachusetts	14	Nevada	3
Minnesota	10	New Hampshire	4
Mississippi	7	New Jersey	17
Missouri	12	North Dakota	3
Montana	4	Ohio	25
New Mexico	4	Pennsylvania	27
New York	41	Tenessee	10
North Carolina	13	Vermont	3
Oklahoma	8		
Oregon	6		
Rhode Island	4		
South Carolina	8		
South Dakota	4		
Texas	26		
Utah	4		
Virginia	12		
Washington	9		
West Virginia	6		
Wisconsin	11		
Wyoming	3		
District of Columbia	3		
SUMME	340	SUMME	198

a) Tabelle 6 ergibt sich aus den Tabellen 3 und 5.

Tabelle 7: Hypothetische Verteilung der Wahlmännerstimmen nach gewonnenen Mehrheiten in den Einzelstaaten bei den Wahlen zum Senat der USA[a]

Demokraten		Republikaner	
Staaten	Stimmen	Staaten	Stimmen
Alabama	9	Alaska	3
Arkansas	6	Idaho	4
Colorado	7	Illinois	26
Delaware	3	Kansas	7
Georgia	12	Massachusetts	14
Iowa	8	Michigan	21
Kentucky	9	Nebraska	5
Louisiana	10	New Jersey	17
Maine	4	New Mexico	4
Minnesota	10	North Carolina	13
Mississippi	7	Oklahoma	8
Montana	4	Oregon	6
New Hampshire	4	South Carolina	8
Rhode Island	4	Tenessee	10
South Dakota	4	Texas	26
West Virginia	6	Virginia	12
		Wyoming	3
Summe	107	Summe	187

a) Tabelle 7 ergibt sich aus den Tabellen 2 und 5.

Eine erste Interpretation des Wahlergebnisses von 1972 kann also lauten: wäre McGovern den Wählern ebenso attraktiv erschienen wie die Demokratische Partei, so wäre er der Präsident der Vereinigten Staaten geworden. Wäre die Republikanische Partei für die Wähler so anziehend gewesen wie Richard Nixon, so wäre sie als Mehrheitspartei aus den Wahlen hervorgegangen. Es gab also zwei Wahlsieger: Richard M. Nixon und die Demokratische Partei.

Dieses Ergebnis scheint ein Widerspruch in sich zu sein, wenn man die Spitzenkandidaten lediglich als Exponenten ihrer Parteien ansieht und deswegen ein nur an den Parteizugehörigkeiten der Bewerber orientiertes, einheitliches Abstimmungsverhalten als Normalfall betrachtet. Tatsächlich aber differenzieren die Wähler immer - mehr oder minder stark - zwischen den beiden großen Parteien, den konkurrierenden Präsidentschaftskandidaten und zwischen den Parteien und ihren jeweiligen Kandidaten. Der ausgeprägte Kontrast zwischen den Wahlergebnissen von 1972 wirft die allgemein interessierende Frage[1] nach den Möglichkeiten zur Erklärung eines solchen politischen Verhaltens allerdings mit besonderer Intensität auf. Deswegen wurde diese Wahl als Ausgangspunkt für eine Diskussion des Problems gewählt, ob sich allgemein anwendbare, theoretische Erklärungsansätze des Wahlverhaltens empirisch begründen und operationalisieren lassen.

2. MÖGLICHE ERKLÄRUNGSANSÄTZE

Richard M. Nixon ging als amtierender Präsident in den Wahlkampf. So ist es naheliegend, die Ursache seines Wahlerfolges zunächst in dem Wettbewerbsvorteil begründet zu sehen, den Kandidaten genießen, die ihren Wahlkampf aus dem Amt heraus führen, und den man - eine Vielfalt unterschiedlicher Einflußmomente zusammenfassend - allgemein mit dem Terminus "Amtsinhaberbonus" umschreibt. Die Bedeutung derartiger Einflußfaktoren kann man quantitativ beschreiben, indem man den relativen Stimmengewinn wiedergewählter Präsidenten untersucht.

1) Siehe W. Kaltefleiter und E. Keynes (Hrsg.), Das labile Gleichgewicht. Das amerikanische Parteiensystem nach den Wahlen von 1972, Jahrbuch "Verfassung und Verfassungswirklichkeit" 1973 II, Köln/Berlin/Bonn/München 1974, S. 1; W. Kaltefleiter, Instrumente demokratischer Regierungsweise?, in: die politische meinung, Sonderheft "Parteien-Demokratie. Analysen aus dem Sozialwissenschaftlichen Forschungsinstitut der Konrad-Adenauer-Stiftung", Bonn 1974, S. 9 ff., hier S. 9.

Dieser relative Stimmengewinn sich erneut bewerbender Amtsinhaber betrug im Zeitraum von 1896 bis 1964 durchschnittlich 3,1 Prozentpunkte (oder 4,9 Prozentpunkte, wenn man den relativen Stimmenverlust aus der Berechnung ausschließt, den F.D. Roosevelt 1940 gegenüber 1936 hinnehmen mußte). Richard Nixon aber konnte 1972 gegenüber 1968 einen relativen Stimmenzuwachs von 18,2 bzw. 11,4 Prozentpunkte erzielen, je nachdem, wie man die Wallace-Wählerschaft von 1968 in der Kalkulation berücksichtigt (siehe Schaubild 1).[1]

Hieraus kann gefolgert werden, daß der Stimmenzuwachs Nixons von 1972 gegenüber 1968 nicht allein oder zum überwiegenden Teil aus dem Amtsinhaberbonus erklärt werden kann. Der Amtsinhaberbonus erfaßt offensichtlich nur einen zu kleinen Teil der auf die Wahlentscheidungen einwirkenden Einflußmomente, so daß andere Ansätze gefunden werden müssen, die den Kontrast der Wahlergebnisse von 1972 zu erklären vermögen.

Vor dem Hintergrund einer sich vorwiegend an der Zugehörigkeit der Wähler zu bestimmten sozialen Gruppen orientierenden und eher als soziologisch zu bezeichnenden Richtung der Wahlforschung[2] entwickelten Converse u.a. etwa seit 1950 den als "Konzept der Normal Vote"[3] bekannt geworde-

---

1) Zu den Zahlenangaben siehe bis einschließlich 1968 L.H. Long (Ed.), The 1971 World Almanac, a.a.O., S. 704, für 1972 vgl. Statistics of the Election of 1972, a.a.O., S. 52.

2) Die bedeutendsten Arbeiten dieser Richtung fanden ihren Niederschlag in: P.F. Lazarsfeld, B.R. Berelson, and H. Gaudet, The People's Choice, 2. Aufl., New York 1948; B.R. Berelson, P.F. Lazarsfeld, and W.N. McPhee, Voting. A Study of Opinion Formation in a Presidential Campaign, Chicago 1954 (im folgenden wird nach dem 6. Neudruck, Chicago/London 1968, zitiert als: B.R. Berelson, P.F. Lazarsfeld, and W.N. McPhee, Voting).

3) Dieses Konzept wird beschrieben bei P.E. Converse, The Concept of a Normal Vote, in: A. Campbell, P.E. Converse, W.E. Miller, D.E. Stokes, Elections and the Political Order, 2. Aufl., New York/London/Sydney 1967, S. 9 ff. (im folgenden zitiert als: P.E. Converse, Normal Vote). Die Anwendung dieses Konzeptes wird demonstriert in: A. Campbell, P.E. Converse, W.E. Miller, D.E. Stokes, The American Voter, 4. Aufl., New York /London/Sydney 1966 und in: Dieselben, Elections and the Political Order, New York/London/Sydney 1967.

Schaubild 1: Stimmenzuwachs wiedergewählter US-Präsidenten gegenüber der vorangegangenen Wahl in Prozentpunkten

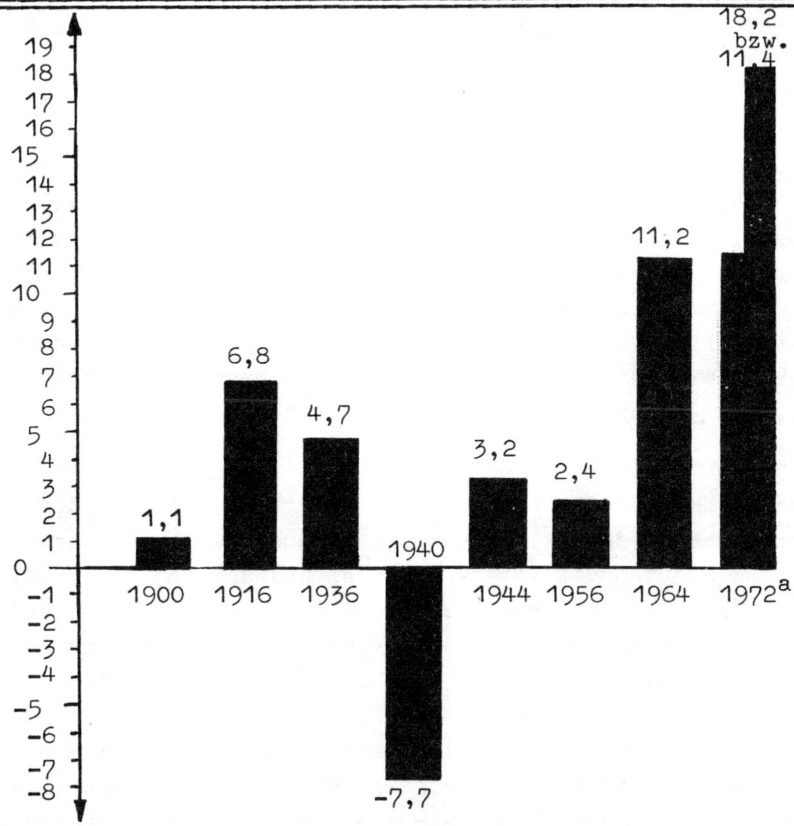

a) Schaubild 1 beruht auf L.H. Long (Ed.), The 1971 World Almanac, a.a.O., S. 704 und Statistics of the Election of 1972, a.a.O., S. 52.

b) Der Zuwachs von 18,4% ergibt sich, wenn man den Stimmenanteil Nixons dem von 1968 unter Berücksichtigung der für Humphrey u n d Wallace abgegebenen Stimmen gegenüberstellt (Nixon: 43,6%). Schlägt man dagegen 50% der für Wallace abgegebenen Stimmen Nixon zu, weil man annehmen kann, daß Nixon diese Stimmen erhalten hätte, wenn Wallace nicht kandidiert hätte, so ergibt sich für Nixon 1968 ein Stimmenanteil von 50,4%; der entsprechende Zuwachs beträgt dann 1972 11,2%.

nen Erklärungsansatz, der das Wahlverhalten weniger aufgrund sozioökonomischer Faktoren bestimmen will, sondern das Gewicht stärker auf sozialpsychologische Variable legt.[1]

1) Vgl. P.H. Rossi, Four Landmarks in Voting Research, in: E. Burdick and A.J. Brodbeck (Eds.), American Voting Behavior, New York/London 1968, S. 5 ff., hier S. 38.

Dieses Konzept sieht das Verhalten der Wähler als weitgehend durch einen langfristigen Trend der Stimmenverteilung (normal vote) und durch kurzfristige Schwankungen um diesen Trend (die die "actual vote" bestimmen) erklärbar an. Die "normal vote" ist durch die subjektiven Parteibindungen der Wähler bestimmt, die das wichtigste Erklärungsmoment des Konzeptes sind. Die kurzfristigen, zur "actual vote" führenden Einflüsse werden demgegenüber mit geringerem Gewicht in die Analyse einbezogen. An diesem Vorgehen wird von anderen Autoren seit einigen Jahren Kritik vorgebracht, die in die Forderung mündet, daß die kurzfristigen Einflüsse - die von der jeweiligen Konfliktstruktur, der Parteien- und Kandidatenkonstellation ausgehen - (mindestens) gleichberechtigt mit der Parteiidentifikation zur Analyse des Wahlverhaltens herangezogen werden müssen.[1]

Diese Kontroverse kennzeichnet einen großen Teil der amerikanischen Wahlforschung. Um ein Urteil über die theoretische Relevanz des "Normal Vote"-Konzeptes und der von den Kritikern dieses Ansatzes erhobenen Forderungen fällen zu können und so zur Entwicklung aussagekräftiger Ansätze zur Erklärung des Wahlverhaltens beizutragen, sind aufgrund einer empirischen Analyse drei Fragen zu beantworten:

1) Haben die die "normal vote" bestimmenden Parteibindungen der Wähler tatsächlich die langfristige Bedeutung, die ihnen von den Vertretern der "normal-vote"-Theorie zugeschrieben wird?

1) Exemplarisch für diese Forschungsrichtung seien genannt: D.M. Kovenock, P.L. Beardsley, and J.W. Prothro, Status, Party, Ideology, Issues, and Candidate Choice: A Preliminary, Theory-Relevant Analysis of the 1968 American Presidential Election, Paper prepared for the 8th World Congress of the IPSA, unveröffentlichtes Manuskript, München 1970; J.S. Jackson III and R.E. Miller, Campaign Issues, Candidate Images, and Party Identification at Multiple Electoral Levels, Paper prepared for delivery at the Midwest Political Science Association Convention, unveröffentlichtes Manuskript, Chicago 1973; D.E. RePass, Issue Salience and Party Choice, in: American Political Science Review, Vol. LXV (1971), S. 389 ff.

Dieses Problem ist durch eine sich über einen längeren Zeitraum erstreckende Analyse zu klären.

2) Wird die erste Frage positiv beantwortet, so ist zu prüfen, ob das Wahlverhalten mit Hilfe der Parteibindungen in einem signifikanten Ausmaß erklärt werden kann.

3) Wird die erste Frage jedoch negativ beantwortet oder ergibt die Überprüfung der zweiten Frage, daß die Parteibindungen das Wahlverhalten nicht in befriedigendem Ausmaß zu erklären vermögen, so ist zu prüfen, ob die von den Kritikern des "normal-vote"-Konzeptes in den Vordergrund gestellten Komponenten der Wahlentscheidung zu besseren Ergebnissen führen.

Die Fragen 2 und 3 sollen durch den Versuch beantwortet werden, die Entscheidungen der Wähler in den Wahlen von 1972[1] mit den konkurrierenden Ansätzen zu erklären: die starken Kontraste in den Stimmenverteilungen der Wahlen von 1972 stellen hohe Anforderungen an die Erklärungsfähigkeit einer Theorie des Wahlverhaltens und bieten daher eine hervorragende Möglichkeit zur Überprüfung der zu diskutierenden Ansätze.

---

1) Da die Überprüfung der theoretischen Ansätze im wesentlichen am Beispiel der Wahlen von 1972 vorgenommen wird, erhält die Analyse einen Fallstudiencharakter. Dies ist erforderlich, um die Menge der zu analysierenden Daten auf ein überschaubares Maß zu reduzieren. Da andererseits jede Wahl auch in längerfristige Abläufe eingeordnet werden muß, wird der Fallstudiencharakter durch die Betrachtung des größeren Zeitraumes von 1956 - 1972 durchbrochen, wenn dadurch relevante Rückschlüsse auf die diskutierten theoretischen Konzepte oder wichtige Aussagen für die Wahlen von 1972 gewonnen werden können. Die Datenbasis der Analyse bilden im wesentlichen die umfangreichen Untersuchungen, die das Institute for Social Research (Center for Political Studies, Survey Research Center) der University of Michigan, Ann Arbor (USA) seit 1952 durchgeführt hat. Diese Individualdaten stehen über das Inter-University Consortium for Political Research zur Sekundäranalyse zur Verfügung. Den Untersuchungen liegen repräsentative, mehrstufig gezogene Zufallsstichproben zugrunde, deren Konstruktion beschrieben wird bei L.Kish and I.Hess, The Survey Research Center's National Sample of Dwellings, Ann Arbor 1969. Daneben werden teilweise Eergebnisse der von der Gallup-Organisation durchgeführten politischen Umfragen benutzt. Da bei Daten verschiedener Herkunft immer das Problem der Vergleichbarkeit besteht, wird so weit als möglich vermieden, Daten aus unterschiedlichen Quellen miteinander in Beziehung zu bringen.

II. KAPITEL: DAS KONZEPT DER PARTEIIDENTIFIKATION ALS GRUNDLAGE DER WAHLENTSCHEIDUNG

1. DAS KONZEPT DER "NORMAL VOTE"

1.1. Die Bedeutung des "Normal-Vote"-Konzeptes

Das zur Diskussion gestellte Konzept der "normal vote"[1] zerlegt das Wahlverhalten beliebiger Teile der Wählerschaft in zwei Komponenten: (1) die "normale Stimmenverteilung", die erwartet werden kann, wenn unter Berücksichtigung der Zeitvariablen alle anderen Einflußgrößen in unveränderter Weise wirksam bleiben und (2) die Abweichungen von dieser "Norm", die als Funktion der besonderen Einflußgrößenkonstellation in einer gegebenen Wahl kurzfristig auftreten.[2] "The election outcome in the population or subpopulation ... may be construed as the result of short-term forces acting upon a certain distribution of party loyalties ..."[3]

Das tatsächliche Wahlergebnis (actual vote) ist also wesentlich von den Parteiloyalitäten, den "Parteiidentifikationen"[4] mit geprägt. "Inhaltlich bedeutet das Konzept der

1) Das Konzept wurde erstmals diskutiert in: G. Belknap and A. Campbell, Political Party Identification and Attitudes toward Foreign Policy, in: Public Opinion Quarterly, Vol. XV (1952), S. 601 ff. Eine kurze Darstellung und Kritik des Konzeptes findet sich bei N. Diederich, Empirische Wahlforschung. Konzeptionen und Methoden im internationalen Vergleich. Mit einem Vorwort von Prof. Dr. O. Stammer, (Staat und Politik, hrsg. v. Prof. Dr. E. Fraenkel, Prof. Dr. O.H. v.d. Gablentz, Prof.Dr. K.D. Bracher, Bd. 8), Köln u. Opladen 1965, S. 107 - 113.

2) Vgl. P.E. Converse, Normal Vote, a.a.O., S. 11.

3) Ebda., S. 15.

4) Die Parteiidentifikation der Wähler versucht man dadurch zu ermitteln, daß man Auskunftspersonen fragt, ob sie sich für einen Anhänger einer der Parteien halten; wird dies bejaht, erfragt man die Intensität der Parteibindung; besteht keine Bindung an eine der Parteien, wird die betreffende Person gefragt, ob sie glaubt, einer der Parteien näher zu stehen als der anderen. Vgl. dazu A. Campbell, P.E. Converse, W.E. Miller, D.E. Stokes, The American Voter, a.a.O., S. 122.

Parteiidentifikation, daß der Wahlakt als Ergebnis langfristiger psychologischer Bindungen an die Parteien zu verstehen ist, daß die Stimmabgabe zu einem manifesten Ausdruck latenter Einstellungsstrukturen wird."[1]

"Only in the exceptional case does the sense of individual attachment to a party reflect a formal membership or an active connection with a party apparatus. Nor does it simply denote a voting record ... Generally this tie is a psychological identification, which can persist without legal recognition of formal membership and even without a consistent record of party support ... The political party serves as the group toward which the individual may develop an identification, positive or negative, of some degree of intensity."[2]

Folgt man dem Konzept der Normal Vote, so müssen konkrete Wahlergebnisse auch damit erklärt werden, daß die aktuelle Konfliktstruktur, deren Reflektion durch das Parteiensystem und die Kandidatenkonstellation in einer gegebenen Wahl zu einer von der Parteiidentifikation abweichenden Stimmabgabe führen ("defection").[3] "A common phenomenon in ... voting behavior is that of the momentary party defection... The defection is momentary in a sense that can be very clearly defined: the voter himself does not consider that he has changed his party loyalty in any way as a result of the defection, and he is no more likely to defect again in an ensuing election ... than is someone else of the same par-

1) G.D. Radtke, Gibt es in der Bundesrepublik eine Parteiidentifikation?, in: Verfassungspolitischer Immobilismus in der Bundesrepublik?, Jahrbuch "Verfassung und Verfassungswirklichkeit" 1972 II, Köln/Berlin/Bonn/München 1972, S. 67 ff., hier S. 69 (Hervorhebung vom Verfasser).

2) A. Campbell, P.E. Converse, W.E. Miller, D.E. Stokes, The American Voter, a.a.O., S. 121 ff.; siehe auch M. Berger, Parteiidentifikation in der Bundesrepublik, in: Politische Vierteljahresschrift, XIV. Jg. (1973), S. 215 ff., hier S. 215.

3) Vgl. G.D. Radtke, Gibt es in der Bundesrepublik eine Parteiidentifikation?, a.a.O., S. 69.

ty who had not defected."[1] Die entscheidenden Variablen bei der Erklärung eines von der Verteilung der Parteiloyalitäten abweichenden Wahlergebnisses sind der "level of stimulation accompanying a given election and ... the short-term net partisan forces created by the election"[2].

Die der "normal vote" entsprechende Stimmenverteilung wird gerade dann erreicht, wenn die "partisan forces" einander gleich sind und die Quote der "defectors" für alle Parteien gleich groß ist.[3]

Dieser Versuch des Konzeptes der Normal Vote, das Wahlverhalten auf der Basis langfristiger Parteibindungen und eventueller Abweichungen davon zu erklären, wurde zunächst ausgelöst durch die regional teilweise beobachtete langfristige Konstanz des Wahlverhaltens[4] und fand eine erste Unterstützung dadurch, daß für den Zeitraum von 1952 bis 1960 parallel zur Stabilität des tatsächlichen Wahlverhaltens nicht nur eine relativ stabile Verteilung der Parteiidentifikationen in der Wählerschaft,[5] sondern auch eine be-

---

1) P.E. Converse, A Major Political Realignment in the South?, in: A.P. Sindler (Ed.), Change in the Contemporary South, Durham 1969, S. 195 ff., hier S. 197 (im folgenden zitiert als: P.E. Converse, Realignment in the South?). Auf die Normalität der "defection" wird auch hingewiesen bei E.S. Griffith, Wie Amerika regiert wird. Das Regierungssystem der USA, (Sammlung Wissen und Leben, 3), Wiesbaden o.J., S. 150.

2) P.E. Converse, Normal Vote, a.a.O., S. 19.

3) Vgl. ebda., S. 25.

4) Vgl. G.D. Radtke, Gibt es in der Bundesrepublik eine Parteiidentifikation?, a.a.O., S. 68; ähnliches wurde auch in England festgestellt, siehe R.J. Benewick, A.H. Birch, J.G. Blumler, and A. Ewbank, The Floating Voter and the Liberal View of Representation, in: Political Studies, Vol. 17 (1969), S. 177 ff., hier S. 177 (im folgenden zitiert als: R.J. Benewick, A.H. Birch, J.G. Blumler, and A. Ewbank, Floating Voter).

5) Vgl. J.P. Robinson, J.G. Rusk, and K.B. Head, Measures of Political Attitudes, hrsg. v. Institute for Social Research, The University of Michigan, 6. Aufl., Ann Arbor, Mich. 1972, S. 495.

achtliche individuelle Konstanz der Parteibindungen[1] nachgewiesen werden konnte.

Eine weitere Stütze für die Annahme langfristig bestehender Parteibindungen liefert die Sozialisationsforschung, die u.a. die Einflüsse des Elternhauses auf die Einstellungen der Kinder auch im Bereich politischer Haltungen analysiert hat. "One area in which the family is undoubtedly important is in transmitting party identification."[2] Aufgrund familiärer Einflüsse entwickeln Kinder schon sehr früh eine Parteibindung, meist in Übereinstimmung mit der ihrer Eltern; selbst unter Erwachsenen kann festgestellt werden, daß nahezu 80 % sich an dieselbe Partei gebunden fühlen wie ihre Eltern[3]. "Eine auf diese Weise begründete Parteiloyalität wird .. öfters eher als eine Sache der Familientradition oder allgemein der Gruppentradition aufrechterhalten denn als eine bewußte politische Entscheidung. Trotz des möglichen Mangels an politischem Gehalt gewinnt auch eine so tradierte Bindung mit der Zeit an Intensität. Dieses Festhalten an traditionellen Parteipräferenzen erklärt sich zu einem guten Teil aus der Unübersichtlichkeit politischer Entscheidungsprozesse..."[4]

---

1) Vgl. P.E. Converse Normal Vote, a.a.O., S. 19. Diese individuelle Stabilität wurde in Panelanalysen nachgewiesen. Siehe auch: E.C. Dreyer, Change and Stability in Party Identifications, in: Journal of Politics, Vol. 35 (1973), S. 712 ff.

2) K.P. Langton, Political Socialization, New York/London/Toronto 1969, S. 52; vgl. auch R.J. Benewick, A.H. Birch, J.G. Blumler, and A. Ewbank, Floating Voter, a.a.O., S. 178.

3) Vgl. G.M. Pomper, Elections in America. Control and Influence in Democratic Politics, New York/Toronto 1972, S. 71 ff. (im folgenden zitiert als: G.M. Pomper, Elections in America) und H.H. Hyman, Political Socialization. A Study in the Psychology of Political Behavior, New York/London 1969, S. 53 u. 56 f.

4) W. Zohlnhöfer, Parteiidentifizierung in der Bundesrepublik und den Vereinigten Staaten, in: E.K. Scheuch und R. Wildenmann (Hrsg.), Zur Soziologie der Wahl, (Kölner Zeitschrift für Soziologie und Sozialpsychologie, hrsg. v. R. König, Sonderheft 9), 2. Aufl., Köln/Opladen 1968, S. 126 ff., hier S. 129 (im folgenden zitiert als: W. Zohlnhöfer, Parteiidentifizierung).

Ferner begründete Converse seinen Ansatz, Wechsel und Stabilität des Wahlverhaltens durch Parteiidentifikation mit entsprechender "normal vote" zu erklären,[1] mit dem Bemühen, die Nachteile der Aggregatdatenanalyse zu vermeiden, die Converse in den folgenden Punkten sieht:

1. Sind Aggregatdaten die Basis einer Wahlanalyse, so wird meist die letzte "vergleichbare Wahl" als Kriterium der Analyse benutzt. Als größter Nachteil wird gesehen, daß auch die letzte "vergleichbare" Wahl recht ungewöhnliche Züge getragen haben kann und so einen verzerrenden Vergleichsmaßstab bildet, durch den weniger ein neuartiges Wählerverhalten als vielmehr das Fehlen wirksamer Einflußfaktoren in der zu untersuchenden gegenüber der vorangegangenen Wahl ermittelt wird. Man kann, so Converse, diesen Nachteil durch Verwendung von Durchschnittswerten aus Zeitreihen von Wahlergebnissen vermeiden. Dann aber wird ein weiteres Problem verursacht:[2]

2. "When the population is defined geographically such extended series (von Wahlergebnissen, d. Verf.) encounter severe problems because of population movement. Although geographical redistribution of partisans can be of extreme interest from the point of view of local politics, it is a confounding factor when the focus is on the changing reaction of individuals over time in a broader setting."[3] Im Gegensatz zu Aggregatdaten erlauben Individualdaten, die auf repräsentativen Stichproben beruhen, eine bestimmte

1) Siehe dazu W. Zohlnhöfer, Parteiidentifizierung, a.a.O., S. 165; G.D. Radtke, Gibt es in der Bundesrepublik eine Parteiidentifikation?, a.a.O., S. 68; G.M. Pomper, Elections in America, a.a.O., S. 93; W. Kaltefleiter, Zur Chancengleichheit der Parteien in der Bundesrepublik, in: Jahrbuch "Verfassung und Verfassungswirklichkeit" 1968 II, Köln/Opladen 1968, S. 214 ff.

2) Vgl. P.E. Converse, Normal Vote, a.a.O., S. 9 f.

3) Ebda., S. 10.

Bevölkerungsgruppe trotz Migration immer wieder zu erfassen,[1] was auch deswegen von Bedeutung sei, weil die individuelle Parteibindung auch bei Umzug in eine Hochburg der anderen Partei relativ stabil bleibe.[2]

Nimmt man an, daß das Konzept der "normal vote" grundsätzlich eine zutreffende Analyse des Wahlverhaltens darstellt, dann hat es wegen der den Parteibindungen zugemessenen Bedeutung wichtige Implikationen für das politische Verhalten und damit für das politische System[3].

Eine wesentliche Wirkung der Parteibindungen kann die Beeinflussung der zur "actual vote" führenden, auf Konfliktstruktur sowie Parteien- und Kandidatenkonstellation bezogenen Perzeptionen sein.[4] Stark Parteigebundene nehmen Informationen[5] in selektiver Weise so wahr, daß ihre Parteibindung bestätigt wird;[6] die dadurch bewirkte Stabilisierung

1) Vgl. P.E. Converse, Normal Vote, a.a.O., S. 11.

2) Vgl. ebda., S. 10.

3) Außer den im folgenden genannten scheint die Parteibindung auch Wirkungen auf die Partizipationsbereitschaft und die politische Aktivität der Wähler zu haben: bei stark Parteigebundenen wurde höhere Partizipation festgestellt als bei schwach gebundenen und unabhängigen Wählern, siehe: A. Campbell, P.E. Converse, W.E. Miller, and D.E. Stokes, The American Voter, a.a.O., S. 143 und ähnlich auch S. Verba and N.H. Nie, Participation in America. Political Democracy and Social Equality, New York/Evanston/San Francisco/London 1972, S. 219 u. 223 f. (im folgenden zitiert als: S. Verba and N.H. Nie, Participation in America).

4) Vgl. G.M. Pomper, Elections in America, a.a.O., S. 71 u. S. 99; W. Zohlnhöfer, Parteiidentifizierung, a.a.O., S. 165.

5) Eine Reihe von Analysen hat ergeben, daß der Informationsstand der stark an eine Partei gebundenen Wähler im Verhältnis zu dem anderer Wähler recht hoch ist, vgl. N.W. Polsby and A.B. Wildavsky, Presidential Elections. Strategies of American Electoral Politics, 3. Aufl., New York 1971, S. 13 (im folgenden zitiert als: N.W. Polsby and A.B. Wildavsky, Presidential Elections).

6) Vgl. G.M. Pomper, Elections in America, a.a.O., S. 92 f. und N.W. Polsby and A.B. Wildavsky, Presidential Elections, a.a.O., S. 9. Dieser Effekt erklärt auch die Beobachtung, daß im Wahlkampf bei den meisten Wählern nur latente Einstellungen aktiviert und nur selten Einstellungsänderungen bewirkt werden können, siehe W.J. Crotty, The Party Organization and Electoral Outcomes, in: W.J. Crotty, D.M. Freeman, and D.S. Gatlin (Eds.), Political Parties and Political Behavior, 2. Aufl., Boston 1971, S. 302 ff.,S.302.

dieser Einstellungskomponente wirkt einem möglichen von der Parteibindung abweichenden Wahlverhalten entgegen.[1] Bei Wählern mit nur schwacher Parteibindung ist dieser Teil des Informationsfilters weniger ausgeprägt - was in noch stärkerem Ausmaß für unabhängige Wähler gilt -: die Folge hiervon ist, daß die kurzfristigen Einflußfaktoren sich stärker als bei Wählern mit sehr intensiver Parteibindung auf die Wahlentscheidung ausüben können, da diese Einflüsse hier unbehinderter in den Entscheidungsprozeß der Wähler gelangen.

Aus der Beobachtung, daß die Parteibindungen die anderen Wahlentscheidungskomponenten beeinflussen, darf jedoch nicht gefolgert werden, daß die Parteiidentifikation die anderen Einstellungen der Wähler völlig determiniere: es gibt durchaus politische Einstellungen, die nur in geringem Ausmaß von der Parteiidentifikation beeinflußt werden, und die Parteiidentifikation ist ihrerseits nicht von anderen Einflußfaktoren unabhängig, insbesondere nicht von den Issue-Orientierungen der Wähler.[2] Diese Tatsache ist Ausgangspunkt eines erheblichen Teils der Diskussionen, in deren Verlauf in den letzten Jahren z.T. erhebliche Kritik am Konzept der "normal vote" vorgebracht worden ist.

1.2. Kritik am "Concept of a Normal Vote"

Die Hauptrichtung der kritischen Auseinandersetzung mit dem "Normal-Vote"-Konzept ging dahin, daß man bei der Erklärung des Wahlverhaltens Issues[3] und andere außer der

1) Vgl. G.M. Pomper, Elections in America, a.a.O., S. 93.

2) Vgl. ebda., S. 73.

3) Zum Problem des Verhältnisses Issues - Wahlverhalten ist in den letzten Jahren eine Vielzahl von Veröffentlichungen vorgelegt worden. Ein Überblick hierüber findet sich bei J.H. Kessel, Comment: The Issues in Issue Voting, in: American Political Science Review, Vol. LXVI (1972), S. 459 ff., hier S. 459, Anmerkung 1 (im folgenden zitiert als: J.H. Kessel, Issue Voting).

Parteibindung relevante Faktoren in den Untersuchungen in bedeutend stärkerem Ausmaß heranziehen müsse, als dies bei denjenigen zu beobachten ist, die mit dem "normal-vote"-Konzept arbeiten und hierbei das Schwergewicht der Analyse auf die Variable "Parteiidentifikation" legen.[1]

Zwar werden im Konzept der "normal vote" außer der Parteiidentifikation auch Issues und andere kurzfristig relevante Faktoren als zur Analyse des Wahlverhaltens erforderlich angesehen, doch wird diesen Faktoren keine wesentliche längerfristige Bedeutung zugestanden.[2] Diese Ansicht scheint mit der in früheren Jahren gemachten Beobachtung kompatibel, daß die Wähler die Unterschiede zwischen den Parteien oder zwischen den politischen Aussagen der Kandidaten nicht wahrnahmen und daß eine klare Zuordnung der Wähler zu den Parteien aufgrund politischer Aussagen nur schwer möglich war.[3] Heute aber wird die Behauptung einer Dominanz der Parteibindung über andere Einflußfaktoren schon deswegen problematisch, weil der an eine der Parteien gebundene Teil der Wählerschaft rückläufig ist.[4]

In neueren Untersuchungen hat sich gezeigt, daß Wahlergebnisse oft nur noch schwer als im wesentlichen von Partei-

1) Vgl. R.E. Miller and J.S. Jackson III, Mass Media, Interpersonal Influences, and Intrapersonal Influences on Voting Behavior, Paper prepared for delivery at the 1973 Annual Meeting of the American Political Science Association. unveröffentlichtes Manuskript, New Orleans 1973 (im folgenden zitiert als: R.E. Miller and J.S. Jackson III, Voting Behavior) und G.M. Pomper, Rejoinder to "Comments" by R.A. Brody and B.I. Page and J.H. Kessel, in: American Political Science Review, Vol. LXVI (1972), S. 466 f., hier S. 466.

2) Vgl. D.E. Stokes, A. Campbell, and W.E. Miller, Components of Electoral Decision, in: American Political Science Review, Vol. LII (1958), S. 367 ff., hier S. 368 f.

3) Vgl. H. McClosky, P.J. Hoffmann, and R. O'Hara, Issue Conflict and Consensus among Party Leaders and Followers, in: American Political Science Review, Vol. LIV (1960), S. 406 ff., hier S. 420 u. 423.

4) Vgl. R.E. Miller and J.S. Jackson III, Voting Behavior, a.a.O., S. 11.

loyalitäten geprägt beschrieben werden können,[1] sondern daß man heute eher als früher die Aussage Keys über ein "electorate moved by concern about central and relevant questions of public policy, of governmental performance, and of executive personality"[2] ernst nehmen muß. Dabei wird gleichzeitig angenommen, daß die Perzeptionen von Parteien und Kandidaten hinsichtlich der Issues eine verstärkende oder abschwächende Wirkung auf die Parteibindung haben.[3]

Auch wenn die Vertreter des Konzeptes der Normal Vote argumentieren, daß Keys Darstellung die Bedeutung von Issues und Kandidaten überbetone,[4] so muß aufgrund neuerer Analysen angenommen werden, daß die Issues und die Kandidatenimages dem Wähler nicht nur zur Bestärkung der vorhandenen Parteibindung dienen[5] oder daß diese Faktoren nicht im wesentlichen nur eine kurzfristig von der Parteibindung abweichende Stimmabgabe zu erklären vermögen,[6] sondern daß man diesen Faktoren auch darüber hinaus Aufmerksamkeit widmen muß,[7] weil sich die Bedeutung von Issues für die Wahl-

---

1) Vgl. G.H. Kramer, Short-Term Fluctuations in U.S. Voting Behavior. 1896 - 1964, in: American Political Science Review, Vol. LXV (1971), S. 131 ff., hier S. 140.

2) V.O. Key Jr., The Responsible Electorate. Rationality in Presidential Voting 1936 - 1960. With the assistance of M.C. Cummings Jr. Foreword by A. Maass, Cambridge, Mass. 1968, S. 7 f.(im folgenden zitiert als: V.O. Key Jr., Responsible Electorate).

3) Vgl. ebda., S. 150.

4) Vgl. P.E. Converse, W.E. Miller, J.G. Rusk, and A.C. Wolfe, Continuity and Change in American Politics: Parties and Issues in the 1968 Election, in: American Political Science Review, Vol. LXIII (1969), S. 1083 ff., hier S. 1096.

5) Vgl. N.W. Polsby and A.B. Wildavsky, Presidential Elections, a.a.O., S. 15.

6) Vgl. G.M. Pomper, Elections in America, a.a.O., S. 85 und S. 88.

7) Vgl. Ders., From Confusion to Clarity: Issues and American Voters. 1956 - 1968, in: American Political Science Review, Vol. LXVI (1972), S. 415 ff., hier S. 427 (im folgenden zitiert als: G.M. Pomper, From Confusion to Clarity).

entscheidung im Zeitablauf bedeutsam vergrößert hat.[1] Von den Issues geht anscheinend eine von der Parteibindung weitgehend unbeeinflußte Wirkung auf das Wahlverhalten aus[2] und es gibt Gründe für die Annahme, daß "the impact of issues ... accumulates over a period of time. Overall, issues may outweigh candidates in affecting the outcome of elections, for issues have the capacity to alter ... party identification."[3] Issues haben also nicht eine ausschließlich kurzfristige Bedeutung für nur eine Wahl, sondern sie haben im Rahmen des permanenten Sozialisationsprozesses längerfristige Wirkungen auf das Wahlverhalten.

Die Kandidatenimages werden hingegen - ohne ihre Bedeutung zu unterschätzen - als nur für eine Wahl relevant und somit als typischer kurzfristiger Einflußfaktor angesehen.[4]

Die Aussage, daß "we very much need to know about issues - and their relative significance within the total set of .. attitudes ..."[5] kann auf alle für das Wahlverhalten relevanten Variablen ausgedehnt werden.

Auch wenn einige neuere Studien die Parteiidentifikation wieder als wichtigste Determinante des Wahlverhaltens herausstellen,[6] ergibt die am Konzept der "Normal Vote" vorgetragene Kritik hinreichend Anlaß, die beiden folgenden Fragen zu untersuchen:

---

1) Vgl. R.W. Boyd, Popular Control of Public Policy: A Normal Vote Analysis of the 1968 Election, in: American Political Science Review, Vol. LXVI (1972), S. 429 ff., hier S. 446 (im folgenden zitiert als: R.W. Boyd, Popular Control of Public Policy).

2) Siehe hierzu A. Goldberg, Discerning a Causal Pattern among Data on Voting Behavior, in: American Political Science Review, Vol. LX (1966), S. 913 ff.

3) R.W. Boyd, Presidential Elections: An Explanation of Voting Defection, in: American Political Science Review, Vol. LXIII (1969), S.498 ff., hier S. 510.

4) Vgl. ebda., S. 510.

5) J.H. Kessel, Issue Voting, a.a.O., S. 465.

6) Vgl. ebda., S. 464; R.E. Miller and J.S. Jackson III, Voting Behavior, a.a.O., S. 20; W.D. Burnham, American Voting Behavior and the 1964 Election, in: Midwest Journal of Political Science, Vol. 12 (1968), S. 1 ff., hier S. 2.

1. Ist die theoretische Behauptung einer "normal vote" aufgrund langfristig stabiler Parteibindungen der Wähler (noch) haltbar?

2. Wie können die kurzfristig wirksamen Faktoren, die von der "normal vote" zur "actual vote" führen, analytisch ihrer Bedeutung entsprechend erfaßt werden?

2. VERSUCH EINER FALSIFIKATION DES KONZEPTES DER "NORMAL VOTE"

Das Konzept der "Normal Vote" beruht auf der Annahme, daß die Wählerschaft durch langfristig stabile Parteiidentifikationen strukturiert und dadurch den Parteien im Wettbewerb um die Macht langfristig ein gewisses "normales" Wählerpotential vorgegeben sei. Diese Behauptung soll mit der Methode der Zeitreihenanalyse einem Falsifikationsversuch unterzogen werden.

Im Bereich der Sozialwissenschaften bedeutet ein solcher Versuch lediglich, daß die Gültigkeit der zu prüfenden Hypothese oder Theorie im Rahmen eines Wahrscheinlichkeitskalküls beurteilt wird. Das Bestehen eines Tests macht die Richtigkeit der Hypothese (oder Theorie) wahrscheinlicher, wird ein Test nicht bestanden, so wird die Gültigkeit der Hypothese unwahrscheinlicher; keinesfalls aber darf eine Theorie aufgrund empirischer Untersuchungen je als dogmatisch abgeschlossen angesehen werden.[1] "Wer in den empirischen Wissenschaften strenge Beweise verlangt (oder strenge Widerlegungen) wird nie durch die Erfahrung eines Besseren belehrt werden können."[2]

1) Vgl. H. Albert, Traktat über kritische Vernunft, 2. Aufl., Tübingen 1969, S. 29 ff. und S. 97 ff.

2) K.R. Popper, Logik der Forschung, 4. Aufl., Tübingen 1971, S. 23 (Hervorhebung vom Verfasser); ähnlich auch H. Albert, Traktat über kritische Vernunft, a.a.O., S. 30.

2.1. Überprüfung des "Normal-Vote"-Konzeptes durch eine Zeitreihenanalyse

Stimmt es, daß der einzelne Wähler seine Parteiidentifikation langfristig nicht verändert, so muß die Verteilung der Parteibindungen in der Gesamtwählerschaft im betrachteten Zeitraum von 1956 - 1972 stabil gewesen sein. Soll diese Behauptung falsifiziert werden, muß nachgewiesen werden, daß die Verteilung der Parteiidentifikationen instabil gewesen ist. Die der Überprüfung zugrundeliegende Hypothese lautet demzufolge:

Die Verteilung der Parteiidentifikationen war im Zeitraum von 1956 bis 1972 nicht stabil.

Der Aussagewert der bei der Überprüfung dieser Hypothese gewonnenen Ergebnisse darf nicht zu hoch angesetzt werden: die individuelle Konstanz von Einstellungen kann prinzipiell nur durch Panelanalysen[1] geprüft werden, die aber nicht für den gesamten Zeitraum[2] von 1956 bis 1972 vorliegen[3]. Eine Überprüfung aufgrund individueller Daten ist daher nicht möglich.

---

1) Vgl. R. Mayntz, K. Holm und P. Hübner, Einführung in die Methoden der empirischen Soziologie, 3. Aufl., Opladen 1972, S. 134 f. (im folgenden zitiert als: R. Mayntz, K. Holm und P. Hübner, Methoden).

2) Eine Panelstudie bilden die Wahlanalysen des SRC von 1956 und 1960. Für diesen Zeitraum konnte eine beträchtliche individuelle Konstanz der Parteibindungen nachgewiesen werden. Siehe dazu J.P. Robinson, J.G. Rusk, and K.B. Head, Measures of Political Attitudes, a.a.O., S. 495 und P.E. Converse, Normal Vote, a.a.O., S. 19.

3) Es ist generell anzuzweifeln, ob für einen so langen Zeitraum wie den von 1956 - 1972 eine Panel-Analyse überhaupt noch durchführbar ist, da schon das Problem der Panelmortalität nahezu unüberwindbar wird; dies ist jedoch nicht das einzige mit einer Panelanalyse verbundene Problem. Vgl. R. Mayntz, K. Holm und P. Hübner, Methoden, a.a.O., S. 147 f. und P. Atteslander, Methoden der empirischen Sozialforschung, 2. Aufl., Berlin/ New York 1971, S. 87.

Deswegen muß mit einer Trendanalyse der Verteilung der Parteibindungen gearbeitet werden; von der Stabilität bzw. Instabilität dieser Verteilungen wird auf die Stabilität individueller Einstellungen geschlossen. Das Problematische dieses Vorgehens wird noch dadurch verstärkt, daß Veränderungen in der Zusammensetzung der Wählerschaft in der Zeitreihenanalyse nicht berücksichtigt werden. Die Trendanalyse kann also lediglich Hinweise auf das Bestehen von Stabilität bzw. Instabilität geben: wird eine Stabilität der Verteilung der Parteiidentifikationen festgestellt, so ist die Behauptung langfristiger individueller Konstanz dieser Einstellungen plausibler als für den Fall, daß die Verteilungen als instabil angesehen werden müssen.

Über die Frage, ob die Zeitreihen der jeweiligen Anteile von Befragten mit einer bestimmten Parteiidentifikation[1] als stabil oder instabil anzusehen sind, wird in einem zweistufigen Verfahren entschieden. Zuerst werden die Anteile für die einzelnen Beobachtungen von 1956 bis 1972 einander paarweise gegenübergestellt und es wird getestet, ob die Differenzen zwischen den einzelnen Anteilswerten als signifikant,[2] d.h. als nicht mehr durch den Stichpro-

1) Die Parteibindung wird mit einer 7-teiligen Skala erfragt: (1) Stark Demokratisch, (2) schwach Demokratisch, (3) Unabhängig mit Neigung zu den Demokraten, (4) unabhängig ohne Neigung zu einer Partei, (5) unabhängig mit Neigung zu den Republikanern, (6) Schwach Republikanisch, (7) Stark Republikanisch. Für die Trendanalyse wird die Skala trotz des damit verbundenen Informationsverlustes verkürzt: Demokratisch (1+2), Unabhängig (3-5), Republikanisch (6+7).

2) Die hierbei verwendete Methode wird geschildert bei H. Sahner, Schließende Statistik. Statistik für Soziologen 2, (Studienstkripten zur Soziologie, hrsg. v. E.K. Scheuch), Stuttgart 1971, S. 94 - 103, insb. S. 102 f. Es kommen folgende Formeln im Test zur Anwendung:

$$\hat{\sigma}_{(p_1-p_2)} = \sqrt{\frac{p_1(1-p_1)}{n_1} + \frac{p_2(1-p_2)}{n_2}} \quad ; \quad z = \frac{|p_1 - p_2|}{\hat{\sigma}_{(p_1-p_2)}} \quad ;$$

Nullhypothese (H_0): $p_2 = p_1$. Die Nullhypothese wird mit der hier geforderten Sicherheit von 95,5% abgelehnt bei $z > 2$. p bezeichnen die Anteile einer bestimmten Parteiidentifikation in den Stichproben zu zwei Zeitpunkten, n bezeichnet den Umfang der entsprechenden Stichproben.

benfehler erklärbar anzusehen sind. Werden keine signifikanten Differenzen festgestellt, gilt die entsprechende Zeitreihe als stabil. Das Vorliegen signifikanter Differenzen spricht noch nicht automatisch für Instabilität, da unter Stabilität politischer Einstellungen nicht das Fehlen jeglicher Schwankungen verstanden werden kann. Daher wird bei Vorliegen von signifikanten Differenzen überprüft, ob die Schwankungen[1] der Anteilswerte einen statistisch ermittelten - also nicht willkürlich festgelegten - Bereich der Stabilität[2] überschreiten;[3] erst wenn dies der Fall ist,

1) Diese Schwankungen werden gemessen durch die Standardabweichung (s) der Beobachtungen von 1956 - 1972, wobei

$$s = \sqrt{\frac{(x_i - \bar{x})^2}{N}}$$

mit $\bar{x}$: Mittelwert aus Beobachtungen x_i
x_i: Anteil der Befragten mit einer bestimmten Prteiidentifikation zum Zeitpunkt t_i. (t_1-1956, t_2-1960, t_3-1964, t_4-1968, t_5-1972.
N = 5.

2) Der Bereich der Stabilität wird wie folgt ermittelt: Aus den Stichproben von 1956 bis 1972 wird die durchschnittliche Stichprobengröße ($\bar{n}$) und der durchschnittliche Anteil der Befragten mit einer bestimmten Parteiidentifikation ($\bar{p}$) ermittelt. $\bar{n}$ und $\bar{p}$ werden wie Parameter einer Stichprobe (aus der Gesamtheit der fünf Beobachtungen von 1956 - 1972) behandelt. Dann kann mit Hilfe von $\bar{n}$ und $\bar{p}$ bestimmt werden, in welchem Bereich mit 99,7-prozentiger Sicherheit die Werte p der Gesamtheit (der einzelnen Stichproben) liegen müssen, wenn nicht systematische Differenzen vorliegen. Bei 99,7-prozentiger Sicherheit liegt dieser Bereich in den Grenzen von $\bar{p} \pm 3 \cdot \sqrt{\frac{\bar{p}(1-\bar{p})}{\bar{n}}}$. Die so bestimmte Zone um $\bar{p}$ wird als Bereich der Stabilität bezeichnet.

Dieses Vorgehen ist mathematisch-statistisch problematisch, da $\bar{n}$ und $\bar{p}$ nicht wirkliche Stichprobenparameter sondern Konstrukte aus den fünf Stichproben sind, die durch unterschiedliche Stichprobengrößen und -parameter gekennzeichnet sind. Daß trotzdem in der beschriebenen Weise vorgegangen wird, wird damit begründet, daß die Alternative zu einem derartigen - zumindest überprüfbaren - Vorgehen in subjektiv-willkürlichen Entscheidungen über Stabilität oder Instabilität zu sehen ist - eine Alternative, die keinesfalls wünschenswert ist.

3) Unter Berücksichtigung der Fußnoten 1 und 2 lautet das Kriterium

für Stabilität: $s \leq 3 \cdot \sqrt{\frac{\bar{p}(1-\bar{p})}{\bar{n}}}$ und $s > 3 \cdot \sqrt{\frac{\bar{p}(1-\bar{p})}{\bar{n}}}$ für Instabilität.

kann die jeweils betrachtete Zeitreihe als instabil angesehen werden.

Die so durchgeführte Trendanalyse dient aber nicht nur zur Überprüfung der dem "normal-vote"-Konzept zugrundeliegenden Hypothese einer langfristigen Konstanz der Parteibindungen, sondern auch zur Erfassung der Ausgangssituation der Parteien für die Wahlen von 1972, anhand derer die Erklärungsfähigkeit der Variablen Parteiidentifikation für das Wahlverhalten überprüft werden soll, wenn die Hypothese langfristiger Konstanz der Parteibindungen den durchzuführenden Test besteht.

2.1.1. Verteilung der Parteiidentifikationen in der Gesamtwählerschaft

Die Verteilung der Parteiidentifikationen in der Gesamtpopulation der Umfragen (siehe Tabelle 8) zeigt, daß die De-

Tabelle 8: Verteilung der Parteiidentifikationen in der Gesamtheit der Befragten 1956 bis 1972 in Prozent

Jahr / Identifikation[f]	1956[a]	1960[b]	1964[c]	1968[d]	1972[e]	Mittlere Stichprobengrösse $\bar{n}$	Mittel $\bar{p}$	Bereich der Stabilität in % ($\bar{p} \pm z$) z	tatsächliche Schwankung in % (s)	stabil? (ja, wenn s≤z)
Demokraten	45,3	46,4	52,2	46,0	41,0		46,2	3,6	3,6	ja
Unabhängige	24,4	23,4	23,0	29,5	35,2	1910	27,1	3,0	4,6	nein
Republikaner	30,3	30,2	24,8	24,5	23,8		26,1	3,0	2,9	ja

a) Inter-University Consortium for Political Research (Hrsg.), The 1956 Election Study (SRC S417), revid. ICPR-Ausgabe, Ann Arbor, Mich. 1968.

b) Ders. (Hrsg.), The 1960 Election Study (SRC 440), Revid. ICPR-Ausgabe, Ann Arbor, Mich. 1971.

c) Ders. (Hrsg.), The 1964 Election Study (S 473), revid. ICPR-Ausgabe, Ann Arbor, Mich. 1971.

d) Ders. (Hrsg.), The 1968 Election Study (SRC 45523), revid. ICPR-Ausgabe, Ann Arbor, Mich. 1971.

e) Ders. (Hrsg.), The 1972 Election Study, Study No. 7010, Ann Arbor, Mich. 1973.

f) Die Anteile der einzelnen Parteiidentifikationen weisen zwischen den Zeitpunkten signifikante Schwankungen auf (Tab. II, Anhang I).

mokraten im gesamten Untersuchungszeitraum den Republikanern eindeutig überlegen waren: sie hatten ständig eine um das 1,5- bis 2,1-fache größere Gefolgschaft als die Republikanische Partei. Die Demokratische Partei verlor von 1956 bis 1972 9,5 % (4,3 Prozentpunkte) ihrer Anhängerschaft, wobei der entscheidende Teil dieses Verlustes auf die Zeit von 1968 bis 1972 entfiel. Auch die Republikaner mußten im gleichen Zeitraum einen Rückgang ihrer Anhängerschaft (um 6,5 Prozentpunkte oder 21,5 %) hinnehmen; dieser Verlust entstand im wesentlichen zwischen 1960 und 1964. Das Resultat dieser Veränderungen war eine relative Stärkung der Demokratischen Partei.

Die Kurven der Stärke der Gefolgschaft der Parteien (siehe Schaubild 2) weisen einen nichtmonotonen Verlauf auf, der in einem Zusammenhang mit den tatsächlichen Ergebnissen der Präsidentschaftswahlen steht[1]. Trotz der Tatsache, daß beide Kurven durch das Vorliegen signifikanter Differenzen zwischen den Anteilen sowohl der sich an die Republikanische als auch der sich an die Demokratische Partei gebunden fühlenden Befragten zu den verschiedenen Zeitpunkten charakterisiert sind, sind die beiden entsprechenden Zeitreihen als stabil anzusehen.

Der Anteil unabhängiger Befragter in den Stichproben hingegen ist im Zeitablauf nicht stabil gewesen: hier addieren sich die Veränderungen in den Anteilen parteigebundener Befragter, so daß der Anteil der Unabhängigen zwischen

1) 1956 gewann der Republikaner Eisenhower (mit 57,8 %): der Anteil der Demokratisch Gebundenen ging zurück, der der Republikaner stieg; 1960 gewann der Demokrat Kennedy knapp (50,1 %): der Anteil der Demokraten stieg, der der Republikaner blieb nahezu konstant; 1964 gewann der Demokrat Johnson äußerst klar (61,3 %): der Anteil der Demokraten stieg, der der Republikaner fiel; 1968 gewann knapp der Republikaner Nixon (43,6 %): der Anteil der Republikaner blieb fast konstant, der der Demokraten sank; 1972 gewann Nixon sehr hoch (61,8 %): der Anteil der Demokraten fiel weiter (allerdings fiel hier - Durchbrechung der Regel - auch der Anteil der Republikaner).

Schaubild 2: Parteiidentifikation der Gesamtwählerschaft 1952 - 1972 in v.H. [a]

a) Quelle: Vgl. Tabelle 8 und Inter-University Consortium for Political Research (Hrsg.), The 1952 American National Election Study (S 400), revid. ICPR-Ausgabe, Ann Arbor, Mich. 1971.

1956 und 1972 um 10,7 Prozentpunkte (oder 43,9 %) zunahm, wobei dieser Zuwachs zwischen 1964 und 1972 entstand. Das Resultat dieser Nettoveränderungen war, daß die Wählerschaft der USA im Jahre 1972 ganz entscheidend dadurch gekennzeichnet war, daß sich mehr als ein Drittel der Wähler zu keiner der Parteien zugehörig fühlte.

Die strukturelle Überlegenheit der Demokratischen Partei wird dadurch geschwächt, daß ihre Anhängerschaft sich stets zu einem geringeren Teil als die Republikanisch Gebundenen an den Wahlen beteiligte; die Differenz betrug durchschnittlich 9,9 Prozentpunkte oder 11,7 % (siehe Tabelle 9). Die

Tabelle 9: Wahlbeteiligung nach Parteiidentifikation von 1956 bis 1972 in Prozent[a]

Partei-identifikation	Jahr				
	1956	1960	1964	1968	1972
Demokraten	73,7	81,6	70,4	73,0	73,7
Unabhängige	74.7	78,5	71,4	69,5	66,3
Republikaner	79,7	88,5	87,9	82,8	82,8

a) Quellen siehe Tabelle 8.

Wahlbeteiligung der unabhängigen Befragten - auf deren Unterstützung die beiden großen Parteien aufgrund der ständigen Abnahme ihrer Gefolgschaften zunehmend angewiesen waren - ging seit 1960 kontinuierlich zurück.

Zusammenfassend ist aus der Trendanalyse für die Gesamtpopulation der Stichproben das folgende Fazit zu ziehen: die beiden großen Parteien verloren (netto) 10,8 Prozent der Wählerschaft an die Gruppe der Unabhängigen. Von diesem Nettoverlust waren die Republikaner - bei etwa gleichen absoluten Verlusten - mit einem relativen Rückgang ihrer Anhängerschaft um 21,5 % härter betroffen als die Demokratische Partei mit einem relativen Nettoverlust ihrer Gefolgschaft von 9,5%, so daß als Ergebnis eine tendenzielle Stärkung der Demokratischen Partei konstatiert werden muß. Dabei waren die Demokratisch gebundenen Befragten im Untersuchungszeitraum stets eindeutig zahlreicher als die Republikaner oder die Unabhängigen. Gemessen an der Struktur der Parteibindungen verfügte 1972 keine der Parteien über eine gesicherte Mehrheit.

Trotz dieser zwischen 1956 und 1972 eingetretenen Wandlungen kann die Struktur der Parteibindungen in der Gesamtheit der Befragten als bedingt stabil klassifiziert werden.[1] Dieses Ergebnis allein beweist jedoch keine generell stabile Verteilung der Parteiidentifikationen: auf dieser hohen Aggregationsstufe kann nicht ausgeschlossen werden, daß der Eindruck der Stabilität dadurch hervorgerufen wird, daß abgelaufene Wechselprozesse einander zum erheblichen Teil kompensiert haben. Um dieser Möglichkeit analytisch Rechnung zu tragen, sind nach sozio-ökonomischen Kriterien definierte Untergruppen der Gesamtpopulation auf Stabilität und Wechsel zu untersuchen, da bei kleineren Gruppen die Wahrscheinlichkeit einer nahezu vollständigen Kompensation von Bruttoveränderungen geringer ist. Auch bei der Analyse solcher Teilgruppen bleiben allerdings Veränderungen der Wählerschaft unberücksichtigt und bleibt der Nachweis individueller Stabilität unmöglich. Neben diesen schon für die Analyse der Gesamtpopulation genannten Restriktionen tritt bei der Analyse einzelner Teilgruppen noch ein weiteres Problem auf: welche aller denkbaren Gruppierungen in der Wählerschaft soll in die Untersuchung einbezogen werden? Ein vernünftiges Auswahlkriterium ist nicht bei der Hand, jede Auswahl von Teilgruppen also zwangsläufig eklektisch. Daher sollen solche Gruppen ausgewählt werden, die aufgrund zahlreicher Untersuchungen quasi traditionell der einen oder anderen Partei zugerechnet werden. Die bekanntesten Gruppen dieser Art sind die, die unter der Bezeichnung "Roosevelt"- oder "Demokratische" Koalition zusammengefaßt werden.

1) Hier liegt folgendes - auch in der weiteren Analyse verwendetes - Klassifikationsschema zugrunde, dessen Grundlage die Beurteilung der Stabilität in den Zeitreihen jeder Ausprägung der Parteiidentifikation (also 3 Beurteilungen für jede Gruppe) bildet:
- 3 Reihen stabil: Einstufung als "perfekt stabil";
- 2 Reihen stabil, 1 Reihe instabil: "bedingt stabil";
- 1 Reihe stabil, 2 Reihen instabil: "bedingt instabil";
- 3 Reihen instabil: "perfekt instabil".

2.1.2. Trendanalyse anhand traditionell Demokratisch gebundener Wählerschichten

Als Franklin D. Roosevelt 1936 mit einer überwältigenden Mehrheit zum zweitenmal zum Präsidenten der USA gewählt wurde, zog er eine Reihe sozialer Gruppen in das Demokratische Lager.[1] Nach dieser Wahl konnten die Demokraten - gestützt auf diese Roosevelt-Koalition - langfristig Mehrheiten gewinnen:[2] stets konnten sie mit der Unterstützung der Mehrheit der Arbeiter, Katholiken, Juden[3], der Wählerschaft im Süden der USA und der schwarzen Bevölkerung rechnen.[4]

Auch im Untersuchungszeitraum identifizierte sich stets ein größerer Teil der befragten Katholiken, Arbeiter[5], Süd-

1) Vgl. V.O. Key Jr., Politics, Parties, & Pressure Groups, 5. Aufl., New York 1964, S. 190 (im folgenden zitiert als: V.O. Key Jr., Politics).

2) Vgl. Ders., Responsible Electorate, a.a.O., S. 29 ff.

3) Die Gruppe der Juden kann im folgenden nicht in die Analyse einbezogen werden, da sie in den Stichproben in zu geringer Zahl erfaßt werden und so keine repräsentativen Aussagen möglich sind.

4) Vgl. R. Axelrod, Where the Votes Come From: An Analysis of Electoral Coalitions, 1952 - 1968, in: American Political Science Review, Vol. LXVI (1972), S. 11 ff., hier S. 13 (im folgenden zitiert als: R. Axelrod, Electoral Coalitions).

5) Im Zuge der Industrialisierung entstand die Arbeiterschaft, die die "cleavage structure" der Gesellschaft um ein Element bereicherte. Dies zog politische Folgen nach sich: die Arbeiterschaft bildete ihre Interessenvertretungen, die Gewerkschaften, die Einfluß auf die Parteien zu nehmen suchten. Dabei fanden die Gewerkschaften - auch ohne offizielle Bindung - im allgemeinen die Unterstützung der Demokratischen Partei, deren Kandidaten daraufhin von den Gewerkschaften unterstützt wurden. Aufgrund der sozialen Prozesse, die eine politische Konformität zwischen Angehörigen einer Gruppe tendenziell bewirken, wurde die Arbeiterschaft unter Führung der Gewerkschaften so zu einem tragenden Element der Demokratischen Partei. Vgl. V.O. Key Jr., Politics, a.a.O., S. 44 ff. und S. 61 ff.

staatler[1] und Schwarzen[2] mit der Demokratischen Partei als dies im Durchschnitt der Befragten der Fall war, während gleichzeitig der Anteil der Anhängerschaft der Republikanischen Partei in diesen Gruppen zu jedem Beobachtungszeitpunkt geringer war als der entsprechende Anteil der Republikanischen Gefolgschaft in der Gesamtheit der Befragten (siehe Tabelle 10 und 11). Die tendenzielle Zuordnung die-

---

1) Der Süden der Vereinigten Staaten ist seit der Zeit des Sezessionskrieges ein politisch außergewöhnlich homogenes Gebiet gewesen, in dem die Demokratische Partei eindeutig dominierte. Das wesentliche Problem, das zur Kohäsion der Südstaaten führte, war die Rassenfrage. Die Demokratische Partei machte sich dabei zum Sprecher der (weißen) Südstaateninteressen und konnte so ihre lange Zeit überragende politische Dominanz aufbauen und sichern. Siehe hierzu: V.O. Key Jr., Politics, a.a.O., S. 239; D.S. Strong, Durable Republicanism in the South, in: A.P. Sindler (Ed.), Change in the Contemporary South, Durham 1963, S. 174 ff., hier S. 174 (im folgenden zitiert als: D.S. Strong, Republicanism in the South); S. Magiera, Die Vorwahlen (Primaries) in den Vereinigten Staaten. Demokratisierung von Wahlen und Parteien, (Parlamente und Parteien, hrsg. v. Institut für Internationales Recht an der Universität Kiel, Bd. 3), Frankfurt a.M. 1971, S. 32. Zur neueren Entwicklung siehe: F. Oldenburg, Parteiensystem im Wandel. Der Tiefe Süden, in: W. Kaltefleiter und E. Keynes (Hrsg.), Das labile Gleichgewicht, Jahrbuch "Verfassung und Verfassungswirklichkeit" 1973 II, Köln/Berlin/Bonn/München 1974, S. 79 ff. und U. Buczylowski, Parteienwettbewerb in einem Border-State: Oklahoma, in: W. Kaltefleiter und E. Keynes (Hrsg.), Das labile Gleichgewicht, Jahrbuch "Verfassung und Verfassungswirklichkeit" 1973 II, Köln/Berlin/Bonn/München 1974, S. 91 ff.

2) Nach dem Sezessionskrieg waren die meisten Neger Anhänger der Republikanischen Partei, von der sie ihre Interessen am besten vertreten glaubten. Mit der Präsidentschaftswahl von 1936 wechselte der größte Teil der Neger die Parteibindung, da sie sich von Roosevelts Politik des "New Deal" eine Verbesserung ihrer sozialen und ökonomischen Lage versprachen. Siehe dazu: V.O. Key Jr., Politics, a.a.O., S. 605; D.S. Strong, Republicanism in the South, a.a.O., S. 175 und D.W. Brogan, Die amerikanische Politik. Verfassung, Staatsleben und politisches System der Vereinigten Staaten. Eine Einführung, Stuttgart/Wien/Zürich 1956, S. 121 f. (im folgenden zitiert als: D.W. Brogan, Amerikanische Politik).

Tabelle 10: Verteilung der Parteiidentifikationen in den der Roosevelt-Koalition zugeordneten Befragtengruppen von 1952-1972 in Prozent[a]

Befragten-gruppe	Parteiiden-tifikation	Jahr				
		1956	1960	1964	1968	1972
Alle Befragten	Demokraten	45,3	46,4	52,2	46,0	41,0
	Unabhängige	24,4	23,4	23,0	29,5	35,1
	Republikaner	30,3	30,2	24,8	24,5	23,8
Katholiken	Demokraten	51,9	61,4	58,4	52,4	51,0
	Unabhängige	26,8	23,0	24,7	32,0	34,9
	Republikaner	21,2	15,7	16,8	15,2	14,1
Arbeiter	Demokraten	50,2	50,4	59,7	52,4	43,9
	Unabhängige	25,4	29,4	25,3	29,1	39,2
	Republikaner	24,3	20,1	15,0	18,5	16,9
Süd-staatler	Demokraten	65,6	60,6	67,7	55,7	49,9
	Unabhängige	16,0	18,0	19,3	31,5	30,5
	Republikaner	18,3	21,5	12,9	12,9	19,5
Schwarze	Demokraten	61,4	50,3	81,0	85,5	68,5
	Unabhängige	15,9	31,3	13,1	11,6	24,0
	Republikaner	22,7	18,4	6,0	2,9	7,6

a) Quelle: siehe Tabelle 8.

ser Gruppen zur Demokratischen Partei kann also für den Untersuchungszeitraum aufrechterhalten werden, auch wenn in den Anteilen der an die Parteien gebundenen und der unabhängigen Befragten in den einzelnen Gruppen beachtliche Schwankungen festgestellt werden können, die - wie dies schon für die Gesamtheit der befragten Wähler beobachtet wurde - parallel zu der Veränderung der tatsächlichen Präsidentschaftswahlergebnisse verlaufen.

Tabelle 11: Durchschnittliche Differenz zwischen den Anteilen der Republikanisch gebundenen bzw. Demokratisch gebundenen Befragten in den Gruppen der Roosevelt-Koalition und den entsprechenden Anteilen in der Gesamtheit der Befragten für 1956 - 1972[a]

Parteiidentifikation	Differenzen	Befragtengruppe			
		Katholiken	Arbeiter	Südstaaten	Neger
Demokratisch	in Prozentpunkten	+ 9,5	+ 5,1	+13,7	+23,2
	in Prozent	+21,1	+11,0	+29,6	+50,4
Republikanisch	in Prozentpunkten	-10,1	- 7,8	- 9,7	-15,2
	in Prozent	-37,8	-29,2	-36,5	-59,3

a) Tabelle 11 ergibt sich aus Tabelle 10.

Als Resultat dieser Schwankungen traten zwischen 1956 und 1972 in allen Gruppen der Roosevelt-Koalition z.T. erhebliche Nettoveränderungen der Anteile der sich mit einer der Parteien identifizierenden und der unabhängigen Befragten auf (siehe Tabelle 12). Unter den Katholiken, den Ar-

Tabelle 12: Nettoänderungen der Struktur der Parteibindungen in den Gruppen der Roosevelt-Koalition zwischen 1956 und 1972[a]

Parteiidentifikation	Nettoänderung in	Befragtengruppe				
		Alle	Katholiken	Arbeiter	Süden	Neger
Demokraten	Prozentpunkten	- 4,3	- 0,9	- 6,3	-15,7	+ 7,1
	Prozent	- 9,5	- 1,7	-12,5	-23,9	+11,6
Unabhängige	Prozentpunkten	+10,7	+ 8,1	+13,8	+14,5	+ 8,1
	Prozent	+30,3	+30,2	+54,3	+90,6	+50,9
Republikaner	Prozentpunkten	- 6,5	- 7,1	- 7,4	+ 1,2	-15,1
	Prozent	-21,1	-33,5	-30,5	+ 6,6	-66,5

a) Tabelle 12 ergibt sich aus Tabelle 10.

beitern und vor allem im amerikanischen Süden nahm der Anteil der Demokraten ab, während sie ihre Gefolgschaft unter den schwarzen Befragten sogar noch vergrößern konnten; die Republikaner mußten - außer in den Südstaaten, in denen ihre Anhängerschaft geringfügig zunahm - in allen Gruppen der Roosevelt-Koalition Verluste hinnehmen, die relativ größer waren als die Einbußen in der Gesamtheit der Befragten. In allen Gruppen wuchs der Anteil der ungebundenen Befragten, in den Südstaaten war sogar nahezu eine Verdoppelung der Unabhängigen zu verzeichnen. Tendenziell war bei den Katholiken, den Arbeitern und den Schwarzen eine relative Stärkung, im Süden der USA eine relative Schwächung der Demokratischen Partei das Resultat dieser Veränderungen.

Aus diesen Beobachtungen können hinsichtlich der Stabilität der Verteilung der Parteiidentifikationen die folgenden Schlüsse gezogen werden (siehe Tabelle 13): die Grup-

Tabelle 13: Überprüfung der Stabilität der Struktur der Parteibindungen in den Gruppen der Roosevelt-Koalition 1956 -1972

Befragtengruppe	Parteiidentifikation	Differenzen signifikant?[a]	Durchschnittliche Gruppengrößen $\bar{n}^b$	Durchschnittliche Anteile $\bar{p}^c$	Bereich der Stabilität ($\bar{p} \pm z$) in % z	Tatsächliche Schwankung in % s^c	Stabil? (ja, wenn $s \leq z$)
Katholiken	Demokraten	ja	413	55,0	7,2	4,1	ja
	Unabhängige	ja		28,3	6,6	4,5	ja
	Republikaner	ja		16,6	6,6	2,5	ja
Arbeiter	Demokraten	ja	525	51,3	6,6	5,1	ja
	Unabhängige	ja		29,7	6,0	5,1	ja
	Republikaner	ja		19,0	5,1	3,2	ja
Süden	Demokraten	ja	607	59,9	6,0	6,5	nein
	Unabhängige	ja		23,1	5,1	6,6	nein
	Republikaner	ja		17,0	4,5	3,5	ja
Neger	Demokraten	ja	259	69,3	8,7	12,8	nein
	Unabhängige	ja		19,2	7,2	7,4	nein
	Republikaner	ja		11,5	6,0	7,7	nein

a) Signifikanztests siehe Tabellen III - VI des Anhangs I.
b) Quellen: siehe Tabelle 8. c) Werte ergeben sich aus Tab. 10.

pen der katholischen Befragten und der Arbeiter sind als perfekt stabil einzustufen, während die Struktur der Parteibindungen in der Gruppe der schwarzen Befragten bei starken Schwankungen zwischen den einzelnen Beobachtungszeitpunkten als perfekt instabil und die Verteilung der Parteiidentifikationen der Südstaatler als bedingt instabil zu klassifizieren sind. Es muß also angenommen werden, daß in der schwarzen Bevölkerung der USA und in den Südstaaten ein Prozeß des Wandels mit großer Relevanz für das Parteiensystem angelaufen ist bzw. noch abläuft.

Für den Süden der USA war das Ergebnis dieser Veränderungen eine bedeutende Schwächung der bis 1944 unangefochtenen Dominanz der Demokratischen Partei.[1] Dieser Vorgang kann im wesentlichen durch vier Faktoren erklärt werden:[2] durch (1) die zunehmende Industrialisierung der Südstaaten und die dadurch ständig verstärkte Urbanisierung (die Republikanische Partei gewann nachweislich in urbanen Gebieten stärker an Unterstützung als in ruralen Gebieten)[3]; (2) die Bevölkerungswanderung, die gekennzeichnet ist durch Abwanderung von Negern und Zuwanderung von weißen Nordstaatlern; (3) die Änderung des ökonomischen und politischen Status der Neger, wobei insbesondere das Eintreten der Demokratischen Partei für die Rechte schwarzer Amerikaner im letzten Jahrzehnt die weißen Südstaatler von den Demokraten entfremdete[4]; (4) ein im Süden der USA perzipierter Richtungswandel der Demokratischen Partei, der die Demokraten auf einer hypothetischen rechts/links-Skala (oder konservativ/liberalen Dimension) in Richtung auf

1) Vgl. R.J. Steamer, Southern Disaffection with the National Democratic Party, in: A.P. Sindler (Ed.), Change in the Contemporary South, Durham 1963, S. 150 ff., hier S. 150 (im folgenden zitiert als: R.J. Steamer, Southern Disaffection).

2) Vgl. ebda., S. 152.

3) Vgl. D.S. Strong, Republicanism in the South, a.a.O., S. 181.

4) Vgl. R.J. Steamer, Southern Disaffection, a.a.O., S.158.

das linke (oder liberale) Skalenende in größere Distanz zu den Wählern rückte.[1]

Als Fazit kann man feststellen, daß "there is no doubt that Southern partisanship is in the process of change"[2]. Dadurch, daß sich mit der Demokratischen Partei identifizierende Südstaatler einmal - zunächst als "Überläufer" - für Republikanische Kandidaten stimmen, wird ihnen der Schritt zu erneuter pro-Republikanischer Stimmabgabe erleichtert.[3] Dies kann zu einer Auflösung der Bindungen an die Demokratische Partei und eventueller Identifikation mit den Republikanern führen - wofür die Daten jedoch bisher keine klaren Indizien liefern, da die Verluste der Demokratischen Partei nicht mit bedeutenden Gewinnen der Republikaner einhergingen, sondern mit einer Zunahme ungebundener Wähler. Wenn diese "Ungebundenheit" vielleicht auch nur ein Durchgangsstadium auf dem Wege des Wechsels zur anderen Partei darstellt, so kann man doch bisher keine Anzeichen dafür erkennen, daß der Süden der Vereinigten Staaten in das Republikanische Lager übertritt;[4] die festgestellten Änderungen haben aber die Parteienkonkurrenz verstärkt.[5]

---

1) Eine Diskussion dieser Ursachen der Wandlung findet sich bei J. Perkins, Bases of Political Cleavage in a Southern Urban County, in: Journal of Politics, Vol. 36 (1974), S. 208 ff.

2) P.E. Converse, Realignment in the South, a.a.O., S. 219 f.

3) Vgl. J.W. Prothro, E.Q. Campbell, and C.M. Rigg, Two-Party Voting in the South: Class vs. Party Identification, in: American Political Science Review, Vol. LII (1958), S. 131 ff., hier S. 139.

4) Vgl. P.E. Converse, Realignment in the South, a.a.O., S. 220.

5) Zu einem ähnlichen Ergebnis gelangt D.S. Gatlin, der ebenfalls keine entstehende Republikanische Mehrheit erkennt, siehe D.S. Gatlin, Party Identification, Status, and Race in the South: 1952 - 1972, in: Public Opinion Quarterly, Vol. 39 (1975), S. 39 ff., insbesondere S. 49 ff.

Die bei den schwarzen Befragten beobachtete Veränderung zugunsten der Demokratischen Partei kann mit nahezu denselben Faktoren erklärt werden wie die Änderungen im Süden der USA: die Schwarzen unterstützten die Partei in zunehmenden Maße, deren Politik sie als ihren Interessen entsprechend perzipierten - genau diese Perzeption der Demokratischen Partei aber bewirkte auch den Rückgang der Demokratischen Anhängerschaft in der - weißen - Bevölkerung in den Südstaaten. Der Zuwachs der Demokratischen Gefolgschaft unter den Schwarzen ist deswegen umso bedeutender, als die Wahlbeteiligung der Neger sich von 1956 bis 1972 nahezu verdoppelte[1] (siehe Tabelle 14):

Tabelle 14: Wahlbeteiligung der schwarzen Befragten[a]

J a h r	1956	1960	1964	1968	1972
Wahlbeteiligung	34,9	52,9	67,8	65,1	65,0

a) Quellen siehe Tabelle 8.

1) Vgl. hierzu die auf einer außergewöhnlich umfangreichen Datenbasis beruhenden Analysen von D.R. Matthews and J.W. Prothro, Social and Economic Factors and Negro Registration in the South, in: American Political Science Review, Vol. LVII (1963), S. 24 ff. und Dieselben, Political Factors and Negro Voter Registration in the South, in: American Political Science Review, Vol. LVII (1963), S. 355 ff. Die Gründe für die erhöhte Partizipation der Neger lassen sich folgendermaßen zusammenfassen: "Many social trends and political events have combined to increase the potential impact of black suffrage. Migration out of the rural South and into the urban areas throughout the nation has reduced the perceived threat to whites and increased the likelihood of black voting. The Supreme Court has eliminated many barriers, from malapportionment to the poll tax. Congress has passed statutes to secure voting rights, and the last of these acts, in 1965, eliminated virtually all formal barriers. These actions have been followed by extensive voting drives among southern blacks and by the organization of integrated factions within the Democratic Party or 'black power' groups.", siehe G.M. Pomper, Elections in America, a.a.O., S. 242. Zur Bedeutung, die dem Ausschluß schwarzer Wähler vom Wahlrecht zugemessen werden muß siehe W.G. Andrews, American Voting Participation, in: W.R. Nelson (Ed.), American Government and Political Change. A Contemporary Reader, New York/London/Toronto 1970, S. 272 ff., hier S. 279. Die dabei angewendeten Techniken der Wahlrechtsbeschränkung beschreibt V.O. Key Jr., Southern Politics. In State and Nation, New York 1950, S. 531 - 663.

In den Befragtengruppen der Roosevelt-Koalition war also teilweise eine von 1956 bis 1972 stabile Verteilung der Parteiidentifikationen festzustellen, daneben aber fanden sich Gruppen, in denen mit hoher Wahrscheinlichkeit eine strukturelle Änderung der Parteibindungen stattgefunden hat oder noch in der Entwicklung begriffen ist. Welche Implikationen diese Ergebnisse für das Parteiensystem der USA und für die Beurteilung des Konzeptes der Normal Vote haben, kann allerdings deswegen noch nicht beurteilt werden, weil bisher nur der Demokratische Teil der Wählerschaft betrachtet wurde. Es ist also eine Analyse auch derjenigen Wählergruppen erforderlich, die tendenziell die Republikanische Partei stärker als der Durchschnitt der Wählerschaft unterstützen.

2.1.3. Analyse tendenziell Republikanischer Wählerschichten

"It is possible to think of the Republicans also as a coalition of minorities ... But the Republican party itself tries to avoid this sort of formulation in favor of the view that Republicans appeal to nonminorities, while the Democrats appeal to minorities. In these terms, the Republicans can be thought of as a coalition of the nonpoor, Whites, nonunion families, Protestants, Northerners ... The Republican groups are larger in size than the corresponding Democratic groups, and they generally have a higher turnout ..."[1]

Dieser Beschreibung der Republikanischen Wählerschichten folgend soll die Stabilität der Parteiidentifikationen im Trend bis 1972 bei Weißen, Nordstaatlern und Protestanten betrachtet werden; an die Stelle der "Nicht-Armen" tritt eine Analyse der relativ gut gebildeten Bevölkerungsschichten. Dies scheint zulässig, weil zwischen Ausbildung und Einkommen i.a. eine starke Beziehung besteht und weil der

1) R. Axelrod, Electoral Coalitions, a.a.O., S. 13.

Gegensatz "Poor - Nonpoor" nur bei Kenntnis der jeweiligen Einkommens- und Vermögensverteilung sowie anderer ökonomischer Daten und daher nur kurzfristig definiert werden kann, während sich die Ausbildung eines Befragten zumeist auch langfristig nicht ändert und durch wirtschaftliche Entwicklungen nicht beeinfluß wird.

Die genannten Gruppen wiesen im Untersuchungszeitraum - mit Ausnahme der Befragten mit der besten Bildung - weder eine absolute noch eine relative Mehrheit für die Republikanische Gefolgschaft auf (siehe Tabelle 15) und können nur deswegen

Tabelle 15: Verteilung der Parteiidentifikation in den tendenziell Republikanischen Befragtengruppen von 1956 bis 1972 in Prozent[a]

Befragtengruppe	Parteiidentifikation	Jahr 1956	1960	1964	1968	1972
Alle	Demokraten	45,3	46,4	52,2	46,0	41,0
	Unabhängige	24,4	23,4	23,0	29,5	35,1
	Republikaner	30,3	30,2	24,8	24,5	23,8
Weiße	Demokraten	44,0	46,0	49,2	41,4	38,1
	Unabhängige	25,1	22,5	24,1	31,5	36,4
	Republikaner	30,9	31,5	26,6	27,0	25,5
Nordstaatler	Demokraten	34,8	36,6	43,7	40,1	36,7
	Unabhängige	27,7	26,1	26,5	30,8	37,5
	Republikaner	37,4	37,2	29,8	29,1	25,9
Protestanten	Demokraten	43,5	42,9	50,4	44,1	38,0
	Unabhängige	23,7	23,6	22,5	28,9	35,3
	Republikaner	32,8	33,6	27,1	27,0	26,8
Befragte[b] mit mittlerer Bildung	Demokraten	42,0	43,8	45,2	39,7	38,0
	Unabhängige	28,9	23,6	26,3	34,3	39,1
	Republikaner	29,2	32,6	28,5	26,0	22,8
Befragte mit hoher Bildung[b]	Demokraten	35,7	35,6	39,5	28,1	28,0
	Unabhängige	22,1	28,3	23,3	37,4	39,0
	Republikaner	42,1	36,1	37,2	34,5	33,0

a) Quellen siehe Tabelle 8.
b) Mittlere Bildung: High-School und eventuell weitere Ausbildung, aber kein College; Hohe B.: College.

als tendenziell Republikanisch orientiert bezeichnet werden, weil die Republikanische Anhängerschaft in allen diesen Gruppen relativ größer und die Demokratische Gefolgschaft relativ geringer war als im Durchschnitt der Befragten (siehe Tabelle 16).

Tabelle 16: Durchschnittliche Differenz zwischen den Anteilen der Republikanisch gebundenen bzw. Demokratisch gebundenen Befragten in den tendenziell Republikanischen Gruppen und den entsprechenden Anteilen in der Gesamtheit 1956-1972[a]

Parteiidentifikation	Differenzen in	Befragtengruppe				
		Weiße	Nordstaatler	Protestanten	Befragte mit mittlerer Bildung	Befragte mit hoher Bildung
Demokratisch	Prozentpunkten	- 2,5	- 7,8	- 2,4	- 4,4	-12,8
	Prozent	- 5,5	-16,8	- 5,3	- 9,5	-27,9
Republikanisch	Prozentpunkten	+ 1,6	+ 5,2	+ 2,7	+ 1,1	+ 9,9
	Prozent	+ 6,2	+18,9	+10,3	+ 4,2	+37,6

a) Tabelle 16 ergibt sich aus Tabelle 15.

In allen tendenziell Republikanischen Befragtengruppen können zwischen den Beobachtungszeitpunkten von 1956 bis 1972 z.T. erhebliche Schwankungen festgestellt werden, die denselben Zusammenhang mit dem Abschneiden der Parteien in den Präsidentschaftswahlen aufweisen, der auch für den Durchschnitt der Befragten und für die traditionell Demokratisch orientierten Gruppen festgestellt wurde. Aus diesen Schwankungen resultierte in allen tendenziell Republikanischen Befragtengruppen eine Nettoveränderung in der Struktur der Parteibindungen (siehe Tabelle 17). Die Demokratische Partei mußte dabei in allen Befragtengruppen - außer in der

Tabelle 17: Nettoänderungen in der Struktur der Parteibindungen in tendenziell Republikanischen Gruppen von 1956-1972[a]

Parteiidentifikation	Differenzen in	Befragtengruppe					
		Alle	Weiße	Nordstaatler	Protestanten	Befragte mit mittlerer Bildung	Befragte mit hoher Bildung
Demokratisch	Prozentpunkten	- 4,3	- 5,9	+ 1,9	- 5,5	- 4,0	- 7,7
	Prozent	- 9,5	-13,0	+ 5,2	-12,6	- 9,5	-21,6
Unabhängig	Prozentpunkten	+10,7	+11,3	+ 9,8	+11,6	+10,2	+16,9
	Prozent	+30,5	+45,0	+26,1	+48,9	+35,3	+76,5
Republikanisch	Prozentpunkten	- 6,5	- 5,4	-11,5	- 6,0	- 6,4	- 9,1
	Prozent	-21,2	-17,5	-30,7	-18,3	-21,9	-21,6

a) Tabelle 17 ergibt sich aus Tabelle 15.

der Nordstaatler, in der ihre Gefolgschaft zunahm - einen relativen Rückgang ihrer Anhängerschaft hinnehmen, der größer oder mindestens so groß wie der in der Gesamtheit der Befragten war. Zwar ging gleichzeitig auch die Republikanische Gefolgschaft in allen Gruppen zurück, aber diese Verluste waren - ausgenommen in den Nordstaaten - relativ geringer oder höchstens relativ gleich groß wie die durchschnittlichen Verluste; allerdings mußten die Republikaner trotzdem in allen Befragtengruppen relativ größere Verluste hinnehmen als die Demokratische Partei. In allen Gruppen trat zwischen 1956 und 1972 eine erhebliche Zunahme der sich als nicht parteigebunden empfindenden Wähler ein. Diese Veränderung war bei den Befragten mit hoher Bildung[1] am ausgeprägtesten. Die Folge dieser Verände-

1) Der Faktor "Bildung" ist nicht nur für die Parteiidentifikation von großer Bedeutung, sondern steht auch mit dem politischen Interesse und der Partizipationsbereitschaft in einem starken Zusammenhang, siehe: A. Campbell, The Passive Citizen, in: W.R. Nelson (Ed.), American Government and Political Change. A Contemporary Reader, New York/London/Toronto 1970, S. 296 ff., hier S. 304.

rungen war, daß die Ausgangssituation der Demokratischen Partei sich zwischen 1956 und 1972 in allen Gruppen - ausser der der Befragten mit hoher Bildung - relativ verbesserte, was am stärksten in den Nordstaaten der Fall war.

Diese Wandlungsprozesse aber rechtfertigen trotz ihrer politischen Relevanz nicht, von einer generellen Instabilität der Struktur der Parteibindungen in den tendenziell Republikanischen Befragtengruppen zu sprechen (siehe Tabelle 18): die Gruppen der Nordstaatler und der Befragten

Tabelle 18: Überprüfung der Stabilität der Struktur der Parteibindungen in den tendenziell Republikanischen Gruppen 1956-1972

Befragtengruppe	Parteiidentifikation	Differenzen zwischen Beobachtungen signifikant?[a]	Durchschnittliche Gruppengrößen $\bar{n}^{b}$	Durchschnittliche Anteile in v.H. $\bar{p}^{c}$	Bereich der Stabilität in % ($\bar{p} \pm z$) z	Tatsächliche Schwankung in % s^{c}	Stabil? (ja, wenn $s \leq z$)
Weiße	Demokratisch	ja	1712	43,7	3,6	3,8	nein
	Unabhängig	ja		27,9	3,3	5,2	nein
	Republikan.	ja		28,3	3,3	2,4	ja
Nordstaatler	Demokratisch	ja	1016	38,4	4,5	3,2	ja
	Unabhängig	ja		29,7	4,2	4,2	ja
	Republikan.	ja		31,9	4,6	4,6	ja
Protestanten	Demokratisch	ja	1316	43,8	4,2	4,0	ja
	Unabhängig	ja		26,8	3,6	4,8	nein
	Republikan.	ja		29,5	3,9	3,1	ja
Befragte mit mittlerer Bildung	Demokratisch	ja	842	41,7	5,1	2,6	ja
	Unabhängig	ja		30,4	4,8	5,6	nein
	Republikan.	ja		27,8	4,5	3,3	ja
Befragte mit hoher Bildung	Demokratisch	ja	213	33,4	9,6	4,6	ja
	Unabhängig	ja		30,2	9,3	7,0	ja
	Republikan.	nein		keine weitere Prüfung erforderlich			ja

a) Zu den entsprechenden Tests siehe Tabellen VI - X in Anhang I.
b) Quellen siehe Tabelle 8.
c) Diese Werte ergeben sich aus Tabelle 15.

mit hoher Bildung sind als perfekt stabil zu klassifizieren, die Befragten mit mittlerer Bildung und die befragten Protestanten sind als bedingt stabil einzustufen;[1] nur für die weißen Befragten muß die Struktur der Parteibindungen als bedingt instabil angesehen werden.

Die in der Gruppe der weißen Befragten festgestellte Instabilität kann als eine Entsprechung zu der für die Schwarzen und die Südstaatler beobachteten Veränderungen angesehen werden: die als (zu stark) den Interessen der Schwarzen entsprechend perzipierte Politik der Demokratischen Partei zog schwarze Wähler in das Demokratische Lager und bewirkte gleichzeitig, daß ein Teil der weißen Bevölkerung des amerikanischen Südens sich von der Demokratischen Partei löste bzw. daß Bindungen an die Republikanische Partei tendenziell stabilisiert oder neu etabliert wurden; dieser Vorgang wirkte sich für die Gesamtheit der weißen Befragten in einem überdurchschnittlichen relativen Rückgang der Demokratischen Gefolgschaft und einem überproportionalen Anwachsen der Unabhängigen aus, wobei der Anteil der Republikanisch Gebundenen stabil blieb.

Als Katalysator für diese strukturelle Änderung der Parteibindungen können die Präsidentschaftskandidaturen des früheren Gouverneurs von Alabama, George C. Wallace, in den Jahren 1968 und 1972[2] angesehen werden. Wallace entstammt

---

1) Die Einstufung der protestantischen Befragten und der Nordstaatler als bedingt stabil bzw. perfekt stabil darf nicht überbewertet werden, da in beiden Gruppen wegen der noch sehr hohen Aggregationsstufe die Wahrscheinlichkeit groß ist, daß die eingetretenen Veränderungen sich zu einem erheblichen Teil kompensiert haben und nur zu einem geringen Teil in den Nettoveränderungen sichtbar werden.

2) Nach seinen Erfolgen im Jahre 1968 mußte Wallace 1972 nach einem auf ihn verübten Attentat seine Bemühungen um die Demokratische Präsidentschaftskandidatur aufgeben (vgl. T.H. White, The Making of the President - 1972, New York 1973, S. 237). Daraufhin hofften beide großen Parteien, die Stimmen der Wähler zu gewinnen, (Fußnote 2 wird auf S. 50 fortgesetzt)

der politischen Tradition der Südstaaten und des "Populist Movement"[1] und hatte als sein politisches Hauptthema ursprünglich die Rassenproblematik gewählt, wobei er gegen eine völlige Integration der Schwarzen eintrat[2]. In den Präsidentschaftswahlkämpfen von 1968 und 1972 nahm er jedoch auch Aussagen zu anderen Komplexen der amerikanischen Politik in sein politisches Programm auf, mit dem er die wachsende Entfremdung vieler Amerikaner von ihrem politischen System und das zunehmende Mißtrauen gegen die Bundesregierung in Washington artikulierte.[3] Aufgrund seiner politischen Selbstdarstellung[4] gelang es Wallace 1968, knapp

---

Fortsetzung der Fußnote 2 von S. 49:
die 1968 für Wallace gestimmt hatten. In der Präsidentschaftswahl konnte Nixon die Mehrheit dieser Wähler gewinnen, in den Repräsentantenhauswahlen waren die Demokraten erfolgreich. Die Wallace-Wähler von 1968 zeigten 1972 eine überdurchschnittlich hohe Wahlbeteiligung und ein außergewöhnliches Maß an Ticket-Splitting; siehe hierzu die ICPR-Wahlstudie 1972; vgl. auch Th. Komm, Strategie und Wahlkampfführung der Republikaner, in: W.Kaltefleiter u. E. Keynes (Hrsg.), Das labile Gleichgewicht, Jahrbuch "Verfassung und Verfassungswirklichkeit" 1973 II, Köln/Berlin/Bonn/München 1974, S. 27 ff., hier S. 31; P. Nißen und D.H. Schmidt, Das Wahlergebnis 1972, in: W. Kaltefleiter u. E. Keynes (Hrsg.), Das labile Gleichgewicht, a.a.O., S. 219 ff., hier S. 232 - 234; F. Oldenburg, Parteiensystem im Wandel: Der Tiefe Süden, a.a.O., S. 85; T.H. White, The Making of the President - 1972, a.a.O., S. 237.

1) Vgl. M. Frady, Wallace. New York/Cleveland 1970, S. 138.
2) Vgl. N.V. Bartley, From Thurmond to Wallace. Political Tendencies in Georgia 1948-1968, Baltimore/London 1970, S. 84 f. und M. Frady, Wallace, a.a.O., S. 6 f.
3) Vgl. T.H. White, The Making of the President - 1968, New York 1969, S. 350 u. Ders., The Making of the President - 1972, a.a.O., S. 343 sowie A.H. Miller, Political Issues and Trust in Government: 1964-1970, Paper prepared for delivery at the 1972 Annual Meeting of the APSA (unveröffentlichtes Manuskript), Washington, D.C. 1972, S.1.
4) Die wesentlichen Punkte seiner Programmatik lassen sich folgendermaßen zusammenfassen: Er griff die politische Unzufriedenheit der Wähler auf, indem er sich gegen bundesstaatliche "Eingriffe" in die Rechte und das Leben der Einzelnen wandte und sich für größere politische Vollmachten der Bundesstaaten gegenüber der Bundesregierung einsetzte, indem er die hohen Verwaltungskosten des Bundes auf Kosten der Steuerzahler als ungerechtfertigt

(Fußnote 4 wird forgesetzt auf S. 51)

9,9 Millionen Stimmen (das waren 13,6%)[1] zu gewinnen, wobei die regionale Verteilung seiner Wähler[2] und die Struktur ihrer Parteibindungen negative Konsequenzen für die Demokratische Partei anzeigte:[3] die Wallace-Wähler waren zum großen Teil Angehörige der weißen unteren Mittelschicht (auch in den Nordstaaten), die normalerweise die Demokratische Partei unterstützten.[4] Aus dieser Beobachtung, aus der veränderten Struktur der Parteibindungen bei Weißen, Südstaatlern und Schwarzen sowie aus dem Wahlverhalten der ehemaligen Wallace-Wähler im Jahre 1972 kann die Annahme

---

Fortsetzung der Fußnote 4 von S. 50:
brandmarkte und indem er dem verbreiteten Mißtrauen gegen "die Intellektuellen" in der Politik eine Stimme verlieh. Seine anti-integrationistische Haltung in der Rassenfrage machte er zur Grundlage der Wahlentscheidungen seiner Anhänger, indem er die wachsende Besorgnis der Bevölkerung über die Kriminalität artikulierte und mit der Rassenfrage verquickte (wobei er zum "law and order"-Issue so harte Standpunkte bezog, daß zeitweilig mehr als 50 % der Wähler ihn für den geeigneten Mann zur erfolgreichen Verbrechensbekämpfung hielten) und indem er das allgemein unbeliebte "Busing" anprangerte (Busing: Weiße und schwarze Schüler werden zu Schulen in anderen Wohnbezirken transportiert, um eine rassisch ausgewogene Schülerstruktur in den einzelnen Schulen zu erreichen). Vgl. hierzu T.H. White, The Making of the President - 1972, a.a.O., S. 93, 151, 228 u. 343; Ders., The Making of the President - 1968, a.a.O., S. 349 u. 364.

1) Siehe L.H. Long (Ed.), The 1971 World Alamanac, a.a.O., S. 704.

2) Wallace gewann knapp die Hälfte seiner Stimmen außerhalb des Südens und der "border states". Vgl. W. Kaltefleiter, Wahlkampf und Wahlverhalten in der amerikanischen Präsidentschaftswahl vom 5.11.1968, in: Jahrbuch "Verfassung und Verfassungswirklichkeit" 1969, Köln/Opladen 1969, S. 155 ff., hier S. 163.

3) Vgl. ebda., S. 163-165; N.V. Bartley, From Thurmond to Wallace, a.a.O., S. 101 P. Nißen und D.H. Schmidt, Das Wahlergebnis 1972, a.a.O., S. 232 - 234.

4) Die demographische Struktur der Wallace-Wähler von 1968 weicht nur in einem Punkt wesentlich vom Durchschnitt ab: nur jeder 200. Wallace-Wähler war ein Schwarzer (bei ca. 12 % schwarzem Bevölkerungsanteil!); vgl. dazu Peter Nißen und D.H. Schmidt, Das Wahlergebnis 1972, a.a.O., S. 232 sowie W. Kaltefleiter, Wahlkampf und Wahlverhalten in der amerikanischen Präsidentschaftswahl vom 5.11.1968, a.a.O., S. 165 f.

abgeleitet werden, daß ein Teil der Wechsler von Demokratischer zu Republikanischer Parteiidentifikation in der Wallace-Anhängerschaft zu suchen ist. Die Überprüfung dieser Hypothese zeigt, daß knapp 60 Prozent der Befragten, die 1968 Wallace wählten und sich 1972 mit der Republikanischen Partei identifizierten oder dieser nahestanden, früher einmal Demokraten waren oder zumindest der Demokratischen Partei näherstanden als der Republikanischen (siehe Tabelle 19). Nahezu die Hälfte dieses Wechsels erfolgte

Tabelle 19: Wechsel der Parteibindung bei den Wallace-Wählern von 1968, die sich 1972 als Republikanisch oder "zu den Republikanern neigend" einstuften[a]

	Anteil an "Republikanischen" Wallace - Wählern	frühere Parteibindung in %			Jahr des Wechsels	Wechsler (%)
		Rep.	Dem.	Unabhängig		
"Republikanische" Wallace-Wähler	45,5	48,0	28,0	24,0	bis 1960	24,9
					1961 -64	16,7
					1965 -68	25,0
					1969 -72	33,3
"Zu den Republikanern neigende" Wallace - Wähler	54,5	36,7	63,3	----	bis 1960	35,4
					1961 -64	29,4
					1965 -68	23,5
					1969 -72	11,8
Es waren immer Republikaner oder diesen nahestehend	41,8	----------------------------				
Es waren früher Demokraten oder standen den Demokraten nahe	58,2	----------			bis 1960	31,0
					1961 -64	24,2
					1965 -68	24,2
					1969 -72	20,6

a) Quelle: Inter-University Consortium for Political Research (Hrsg.), The 1972 Election Study, Study-No. 7010, Ann Arbor, Mich. 1973 (im folgenden zitiert als: ICPR-Wahlstudie 1972).

zwischen 1965 und 1972, in einer Zeit also, in der die Demokratische Partei die Rassenintegrations- und Sozialpolitik zu zentralen Punkten ihrer Programmatik werden ließ und in der eine Reihe liberaler Politiker in der Demokratischen Partei Bedeutung erlangte. Dies legt den Schluß nahe, daß die früher Demokratisch orientierten Wallace-Wähler eine Wählerschicht bilden, die - gemessen an ihren eigenen politischen Einstellungen - eine Positionsveränderung der Demokratischen Partei perzipiert und nicht akzeptiert hat. Dies hat Implikationen sowohl für das Concept of a Normal Vote als auch für das amerikanische Parteiensystem. Hinsichtlich des "Normal-Vote"-Konzeptes ergibt sich aus dieser Beobachtung der Schluß, daß offenbar die Parteiidentifikation durch andere Einstellungen beeinflußt und verändert werden kann; für das amerikanische Parteiensystem wird durch diese Beobachtung die Frage aufgeworfen, ob die Wählerschaft der USA sich in einem tiefgreifenden Realignment-Prozeß befindet.

Hierzu sind in den letzten Jahren stark divergierende Ansichten vorgetragen worden: einerseits wurde eine globale Stabilität der Wählerstruktur behauptet und andererseits wurde aus dem Wählerverhalten die These abgeleitet, daß eine nationale Republikanische Mehrheit in der Entstehung begriffen sei,[1] daß also ein bedeutendes Realignment stattfinde. Die Ergebnisse der Zeitreihenanalyse widersprechen beiden Thesen. Bei einer als bedingt stabil anzusehenden Struktur der Parteibindungen in der Gesamtpopulation konnten sechs der neun untersuchten Befragten-

1) Diese Ansicht wird vor allem vertreten von K.P. Philipps, The Emerging Republican Majority, Garden City 1970. Nach Ansicht d. Verf. ist allerdings schon das methodische Vorgehen Philipps für eine wissenschaftliche Analyse nicht haltbar, da hier ohne theoretische Begründung wahllos Aggregatdaten von Wahlen in einzelnen Bezirken, Congressional Districts, Counties etc. zur Untermauerung der Argumentation herausgegriffen werden.

gruppen als perfekt oder bedingt stabil eingestuft werden[1] und nur drei Befragtengruppen waren - aufgrund eines einheitlichen Wandlungsprozesses - als bedingt oder perfekt instabil zu klassifizieren[2]. Diese Beobachtungen indizieren eine weitgehende Stabilität der weißen Wählerschaft ausserhalb des Südens der USA. Im amerikanischen Süden allerdings sind Ansätze zu einer Befreiung der Republikanischen Partei aus ihrer strukturellen Minderheitsposition zu erkennen, aber dieser Prozeß allein rechtfertigt die Annahme einer stabilen zukünftigen Mehrheit der Republikaner auf nationaler Ebene nicht.[3] Statt dessen scheint eine vorsichtige Interpretation der beobachteten Änderungen vonnöten. Definiert man die von den Parteien angestrebte Mehrheit der Wähler als eine "coalition that incorporates a large piece of the attitudinal center [der Wählerschaft, d. Verf.], understanding that this center can move"[4], dann lassen sich die folgenden Aussagen treffen: im Süden der USA hat eine relative Standortveränderung der Wählerschaft in bezug auf die beiden großen Parteien stattgefunden, wobei die Republikanische Partei dem "attitudinal center" näherkam als zuvor. Außerhalb des Südens scheint die Zuordnung der Parteien zum "attitudinal center" der Wähler nur in unbedeutendem Ausmaß verändert worden zu sein. Das Fazit hieraus lautet: "The nation's basic politics have not changed"[5], auch wenn regional begrenzte Realignmentansätze die Ausgangsposition Republikanischer Kandidaten (für nationale Ämter) geringfügig verbessert haben mögen. Dieses Ergebnis führt zu einer ersten Schlußfolgerung hinsichtlich der Gültigkeit des "Concept of a Normal Vote".

1) Dies waren: Katholiken, Arbeiter, Nordstaatler, Befragte mit hoher bzw. mit mittlerer Bildung, Protestanten.

2) Diese Gruppen sind: Südstaatler, Schwarze, Weiße.

3) Vgl. R.M. Scammon and B.J. Wattenberg, The Real Majority, New York 1971, S. 290.

4) Ebda., S. 78 (Hervorhebung im Original kursiv).

5) Ebda., S. 307.

2.1.4. Konsequenzen der Ergebnisse der Zeitreihenanalyse für das "Normal-Vote"-Konzept

Die in den untersuchten Befragtengruppen aufgetretenen Schwankungen in der Struktur der Parteibindungen waren - mit einigen Ausnahmen - so gering, daß die Verteilung der Parteiidentifikationen als stabil bezeichnet werden konnte. Dieses Ergebnis läßt das Konzept der "normal vote" als plausibel erscheinen. Die in einzelnen Gruppen festgestellte Instabilität reichte zwar nicht aus, um gemeinsam mit den generell erkennbaren Verlusten der Demokratischen Partei[1] die These eines Realignments zugunsten der Republikanischen Partei zu begründen, zeigte aber, daß die Parteibindungen durch andere politische Einstellungen verändert werden können. Diese Aussage wird noch durch ein weiteres Ergebnis der Trendanalyse unterstützt.

In allen untersuchten Gruppen folgte die Verteilung der Parteibindungen den Schwankungen der tatsächlichen Präsidentschaftswahlergebnisse. Daraus aber muß gefolgert werden, daß die individuellen Parteiidentifikationen von kurzfristigen Perzeptionen und Einstellungen beeinflußt werden, die in das "Normal-Vote"-Konzept nur sehr pauschal einbezogen wurden, ohne diese Einflußfaktoren befriedigend zu operationalisieren oder ihre Rückwirkungen auf die Parteibindung zu berücksichtigen. Es muß also die Forderung nach einer diese Schwächen beseitigenden Erweiterung des Normal-Vote-Konzeptes gestellt werden.

Weiterhin offenbarte die Zeitreihenanalyse einen Trend zur Verringerung der sich mit einer der Parteien identifizierenden Wähler und damit zur Zunahme der nicht Parteigebundenen. Diese Beobachtung kann z.T. damit erklärt werden, daß die zwischen 1956 und 1972 in die Wählerschaft hinein-

1) Nur bei den katholischen Befragten traten keine solchen Verluste auf.

gewachsenen Bürger der USA stets einen über dem Durchschnitt liegenden Anteil nicht Parteigebundener aufwiesen; unter den Erstwählern von 1968 und 1972[1] bildeten die Ungebundenen die absolute Mehrheit (siehe Tabelle 20). Die Folge

Tabelle 20: Parteiidentifikation der Erstwähler von 1956 bis 1972 in v.H.[a]

Identifikation	Jahr	1956	1960	1964	1968	1972
Alle Befragten	Demokraten	45,3	46,4	52,2	46,0	41,0
	Unabhängige	24,4	23,4	23,0	29,5	35,1
	Republikaner	30,3	30,2	24,8	24,5	23,8
Erstwähler	Demokraten	41,4	44,4	52,1	33,9	35,8
	Unabhängige	39,4	29,6	32,7	56,3	50,9
	Republikaner	19,3	25,9	15,9	9,8	13,3

a) Quellen siehe Tabelle 8.

1) Im Jahre 1972 wurde erstmals das 26. Amendment zur Verfassung wirksam, das das Wahlalter auf 18 Jahre herabsetzte, wodurch gut 25 Millionen 18- bis 24jährige erstmals wahlberechtigt wurden (etwa 18,4 % der Gesamtwählerschaft). Diese wichtige Wählergruppe hofften beide Parteien für sich gewinnen zu können und unternahmen daher bedeutende auf die Jungwähler ausgerichtete organisatorische Anstrengungen. Bei beträchtlichen Unterschieden im Wahlverhalten der Erstwähler gegenüber dem der Gesamtwählerschaft (siehe dazu die ICPR - Wahlstudie 1972) stimmte in den Kongreßwahlen eine deutliche Mehrheit der Erstwähler für die Demokratische Partei, in der Präsidentschaftswahl fand sich (nach der ICPR-Wahlstudie 1972) eine knappe Mehrheit von 50,5 % für McGovern (wobei zu beachten ist, daß die nichtakademische Jugend stärker für Nixon wählte, während die Studenten über 60 % der Stimmen McGovern gaben). Vgl. hierzu: W. Hartmann, Eine Vietnam-Generation? Eine Analyse des Wahlverhaltens der akademischen Jugend in ausgewählten Stimmbezirken Kaliforniens 1972, in: W. Kaltefleiter u. E. Keynes (Hrsg.), Das labile Gleichgewicht, a.a.O., S. 199 ff., hier S. 199 f., 203, 207 ff., 212; T. Komm, Strategie und Wahlkampfführung der Republikaner, a.a.O., S. 35, 38 ff.; W. Neve, Strategie und Wahlkampfführung der Demokraten, in: W. Kaltefleiter u. E. Keynes, Das labile Gleichgewicht, a.a.O., S. 51 ff., hier S. 54 f. u. 59.

dieser Zunahme ungebundener Wähler ist, daß die Variable Parteiidentifikation im Zeitablauf einen immer geringer werdenden Teil des Wahlverhaltens zu erklären vermochte,[1] so daß auch aus dieser Sicht eine steigende Bedeutung kurzfristiger Einflußfaktoren resultierte.

Damit wird die Kritik am Konzept der Normal Vote erhärtet, die eine stärkere Berücksichtigung und bessere Operationalisierung dieser Einflußfaktoren verlangt. Grundsätzlich aber bestätigen die Ergebnisse der Zeitreihenanalyse die Plausibilität des Konzepts der Normal Vote. Deswegen können aus den Zeitreihenanalysen auch Schlußfolgerungen auf die Ausgangsposition der Parteien für die Wahlen von 1972 gezogen werden.

Diese lassen sich kurz zusammenfassen: Die Demokratische Partei verfügte - gemessen an den Parteibindungen der Befragten - über eine erheblich stärkere Position als die Republikaner, obwohl dieser Vorteil selbst dann nicht zur Sicherung der Mehrheit ausgereicht hätte, wenn es den Demokraten gelungen wäre, ihn vollständig in Wählerstimmen umzusetzen. Beide Parteien mußten also aus dem Potential ungebundener Wähler stimmen gewinnen, um die Mehrheit zu erreichen. Dies galt für die Republikanische Partei stärker als für die Demokratische.

Diese Schlußfolgerungen aus der Zeitreihenanalyse sind jedoch mit einiger Vorsicht zu betrachten, weil die Zeitreihenanalyse nicht in der Lage ist, die Veränderungen der Wählerschaft in erforderlichem Umfang Rechnung zu tragen, und weil die Auswahl der untersuchten Untergruppen weder Vollständigkeit noch eine gesicherte theoretische Relevanz beanspruchen kann. Deswegen ist es erforderlich, das Kon-

1) Vgl. N.H. Nie with K. Andersen, Mass Belief Systems Revisited: Political Change and Attitude Structure, in: Journal of Politics, Vol. 36 (1974), S. 540 ff., hier S. 585 (im folgenden zitiert als: N.H. Nie with K. Andersen, Mass Belief Systems).

zept der Normal Vote hinsichtlich der Stabilität der Parteiidentifikationen auch mit einem anderen Verfahren zu überprüfen, das die Schwächen der Trendanalyse nicht aufweist; dazu muß eine neue Prüfungshypothese eingeführt werden.

2.2. Überprüfung des "Normal-Vote"-Konzeptes durch eine Kontrastgruppenanalyse

2.2.1. Methode und Anwendung

Auch bei der Formulierung der zweiten Prüfhypothese wird wieder von der zentralen Aussage des "Concept of a Normal Vote" ausgegangen, die eine langfristige Konstanz der individuellen Parteibindungen behauptet. Diese Parteiidentifikationen werden von den Individuen im Sozialisationsprozeß erworben. Da die Sozialisation stark von sozio-ökonomischen Faktoren abhängig ist,[1] läßt sich ein Zusammenhang zwischen sozioökonomischen Variablen und Parteiidentifikation herstellen, so daß aus dem diskutierten Konzept - seine Gültigkeit vorausgesetzt - geschlossen werden kann: ist die individuelle Parteibindung langfristig konstant, dann muß sich für gegebene Richtung und Intensität der Parteibindung immer wieder eine durch dieselben sozioökonomischen Merkmale definierte Gruppe als Träger dieser Parteibindung ermitteln lassen. Daher wird die zweite Prüfhypothese wie folgt formuliert:

> Gruppen der Wählerschaft mit (annähernd) konstanter Parteiidentifikation zu verschiedenen Zeitpunkten sind zu jedem dieser Zeitpunkte durch (annähernd) gleiche Merkmalsausprägungen auf den untersuchten sozioökonomischen Dimensionen gekennzeichnet.

---

1) Vgl. O. Stammer und P. Weingart, Politische Soziologie. Unter Mitarbeit von H.-H. Lenke, (Grundfragen der Soziologie, 14), München 1972, S. 60; F. Fürstenberg, Soziologie. Hauptfragen und Grundbegriffe, 2. verb. Aufl., Berlin/New York 1974, S. 16 ff.; K. Mollenhauer, Sozialisation und Schulerfolg, in: H. Roth (Hrsg.), Begabung und Lernen, (Deutscher Bildungsrat, Gutachten und Studien der Bildungskommission, 4), Stuttgart 1974, S. 269 ff., hier S. 270 f., 279 ff.

Diese Hypothese wird mit dem Instrument der Kontrastgruppenanalyse (oder "tree-analysis") untersucht, das es ermöglicht, multivariate Zusammenhänge zwischen einer abhängigen und mehreren unabhängigen Variablen darzustellen.[1] Dem Instrument der Kontrastgruppenanalyse kann der Vorwurf des Eklektizismus, der bei den Zeitreihenanalysen erhoben werden konnte, keinesfalls gemacht werden. Denn die Kontrastgruppenanalyse bietet den Vorteil, daß nicht der durch "conventional wisdom", die daran empfundenen Zweifel und den gegenwärtigen Erkenntnisstand in gewisser Weise prädeterminierte Analytiker in zweifelhafter Weise festlegen muß, welche Faktoren als erklärungskräftig angesehen werden. "Statt der inhaltlichen Vorwegentscheidung (wie sie für Tabellen offensichtlich notwendig ist) wird nur bestimmt, daß eine Aufgliederung nach der relativen Stärke"[2] der einzelnen unabhängigen Variablen im Hinblick auf ihre Fähigkeit zur Erklärung der abhängigen Variablen erfolgen soll. Dabei kann mit Hilfe der Kontrastgruppenanalyse ermittelt werden, welche "Kombinationen von Merkmalsausprägungen der in eine Analyse eingehenden unabhängigen Variablen ... die Stellung der Untersuchungseinheiten auf der abhängigen Merkmalsdimension ... am besten vorhersagen bzw. zu erklären vermögen"[3]. Dazu wird die Varianz des abhängigen Merkmals der Untersuchungseinheiten durch Dichotomisierung der unabhängigen Variablen so zerlegt, daß die durch die Dichotomisierung entstehenden Untergruppen der Untersuchungsgesamtheit in bezug auf die abhängige Variable homogener sind als die Ursprungs- oder Elterngruppen,

1) Vgl. T. Harder, Werkzeug der Sozialforschung, München 1970, S. 179.

2) E.K. Scheuch, Entwicklungsrichtungen bei der Analyse sozialwissenschaftlicher Daten, in: R. König (Hrsg.), Handbuch der empirischen Sozialforschung, Bd. 1 - 4, 3. umgearb. u. erw. Aufl. des "Handbuch für empirische Sozialforschung" Band I, Geschichte und Grundprobleme, Stuttgart 1973, S. 161 ff., hier S. 181 (im folgenden zitiert als: E.K. Scheuch, Entwicklungsrichtungen).

3) R. Mayntz, K. Holm und P. Hübner, Methoden, a.a.O., S.219.

während zwischen den entstandenen Tochtergruppen größtmögliche Heterogenität bestehen soll.[1] Diesen Aufgliederungsvorgang nimmt ein Computerprogramm[2] vor, das bezeichnet werden kann als eine "prestated ... strategy simulating the procedures of a .. researcher in searching the predictors that increase his power to account for the variance of the dependent variable"[3]. Dabei wird zunächst nach derjenigen Zweiteilung einer der unabhängigen Variablen gesucht, bei der sich die "größte Reduktion der Voraussagefehler ergibt. Dann wird die Gesamtheit nach dieser Variablen geteilt. Das ist der erste Schritt ... Nach dem ersten Schritt fängt man wieder von vorne an. Der Computer berechnet wieder für alle unabhängigen Variablen, für welche Gruppierung sich die größte Voraussagefehler-Reduktion ergibt."[4]

---

1) Vgl. E.K. Scheuch, Entwicklungsrichtungen, a.a.O., S. 180; J. Friedrichs, Methoden empirischer Sozialforschung, Reinbek 1973, S. 392 f.; R. Mayntz, K. Holm und P. Hübner, Methoden, a.a.O., S. 219.

2) In der vorliegenden Analyse wird das dem OSIRIS-Programmpaket entnommene Programm "AID" (= Automatic Interaction Detector) verwendet. Dieses Programm wird beschrieben in: Inter-University Consortium for Political Research. The Institute for Social Research. The University of Michigan (Ed.), OSIRIS II. OS Users Manual, Level 2, Ann Arbor, Mich. 1971, S. 373 - 387. Zur Anwendung siehe: J.A. Sonquist, Finding Variables That Work, in: Public Opinion Quarterly, Vol. 33 (1969), S. 83 ff. und J.A. Sonquist and J.N. Morgan, The Detection of Interaction Effects, Survey Research Center Monograph No. 35, Institute for Social Research. The University of Michigan, Ann Arbor, Mich. 1964.

3) J.A. Sonquist, E.L. Baker, and J.N. Morgan, Searching for Structure. An approach to analysis of substantial bodies of micro-data and documentation for a computer program, rev. ed., Survey Research Center. Institute for Social Research. The University of Michigan, Ann Arbor, Mich. 1973, S. 1 f.

4) K. Liepelt und A. Mitscherlich (Hrsg.), Thesen zur Wählerfluktuation. Bericht des Instituts für angewandte Sozialwissenschaft, (res novae, Veröffentlichungen zu Politik, Wirtschaft, Soziologie und Geschichte, Bd. 60; Veröffentlichungen des Instituts für angewandte Sozialwissenschaft, Bd. 6), Frankfurt a.M. 1968, S. 75.

Diese schrittweise Aufspaltung der Untersuchungsgesamtheit in immer kleinere Untergruppen wird so lange fortgesetzt,[1] bis einer der in den Stopregeln festgelegten und vom Analytiker spezifizierten Fälle eintritt: (1) die Besetzung einer der Teilgruppen wird zu klein und damit der Stichprobenfehler zu groß; (2) die in einer Teilgruppe auftretende Varianz wird zu klein, was bedeutet, daß bereits ein durch weitere Spaltung nicht mehr wesentlich zu verbesserndes Maß an Homogenität erreicht wurde; (3) das Verhältnis von externer Quadratsumme zu gesamter Quadratsumme wird zu klein, so daß eine erneute Spaltung nicht mehr erklärungskräftig wäre; (4) die Anzahl der Endgruppen überschreitet eine definierte Höchstzahl.[2]

Die Ergebnisse der Spaltungen lassen sich graphisch als ein "Baum" von Verzweigungen darstellen. Die in den Endgruppen auftretenden Merkmalskombinationen beschreiben dann, unter welchen Bedingungen eine bestimmte Ausprägung der abhängigen Variablen wahrscheinlich wird, z.B. werden "Wählergruppen so sortiert, daß die .. sozialen Daten optimal mit dem .. Wahlverhalten übereinstimmen"[3].

Das Instrument der Kontrastgruppenanalyse wird im Rahmen der Überprüfung der zweiten Prüfhypothese eingesetzt, um festzustellen, welche der verwendeten unabhängigen Variablen die abhängige Variable "Struktur der Parteibindung"

1) Das statistische Kriterium bei der Auswahl der vorzunehmenden Teilung aus allen möglichen ist, das Verhältnis zwischen externer Quadratsumme (der Abweichungen vom Mittelwert der Gruppen) zur gesamten Quadratsumme (der Differenzen vom Mittelwert in der Ursprungsgruppe) zu maximieren (between sum of squares:total sum of squares $\stackrel{!}{=}$ max.), vgl. R. Mayntz, K. Holm und P. Hübner, Methoden, a.a.O., S. 220 f.

2) Vgl. ebda., S. 224.

3) W. Kaltefleiter, Zur Chancengleichheit der Parteien in der Bundesrepublik, a.a.O., S. 223.

nach Richtung und Intensität "erklären".[1] Es werden also - analog zum "cross-pressure"-Konzept-die sozialen Umwelteinflüsse gesucht, die den Wähler hinsichtlich seiner Bindungen an das Parteiensystem beeinflussen.[2] Die Prüfhypothese wird dann bestätigt, wenn zu den einzelnen Beobachtungszeitpunkten von 1952 bis 1972 annähernd gleiche Merkmalskombinationen der unabhängigen Variablen einer annähernd gleichen Parteiidentifikation zugeordnet werden. Hierzu werden in drei Analysetypen einmal dreizehn, einmal vierzehn und einmal sechszehn unabhängige Variable eingesetzt.

In den Analysen des Typs I werden folgende sozioökonomische Variablen eingesetzt: (1) Geschlecht (2 Kategorien); (2) Rasse (2 Kategorien); (3) Alter (3 Kategorien); (4) Einkommen (4 Kategorien); (5)Geburtsort in den USA oder nicht (2 Kategorien); (6) Größe des gegenwärtigen Wohnorts (3 Kategorien); (7) Religion (4 Kategorien); (8) Bildung (3 Kategorien);(9) Art der Beschäftigung (3 Kategorien); (10) Selbständig oder abhängig beschäftigt (3 Kategorien); (11) Gewerkschaftsmitgliedschaft (2 Kategorien); (12) Region der USA, in der der Wähler lebt (4 Kategorien); (13) Größe des Ortes, in dem der Befragte aufgewachsen ist (3 Kategorien).

---

1) Die Variable Parteiidentifikation wird hierbei in der ursprünglichen Skalierung eingesetzt: 0 = stark Demokratisch, 1 = schwach Demokratisch, 2 = unabhängig mit Neigung zu den Demokraten, 3 = unabhängig (da die "unabhängigen" Befragten aus der Analyse ausgeschlossen wurden, bedeuten Werte um "3", daß die jeweilige Gruppe sowohl aus Demokratisch als auch aus Republikanisch gebundenen bzw. zu einer dieser Parteien neigenden Wählern zusammengesetzt ist), 4 = unabhängig mit Neigung zu den Republikanern, 5 = schwach Republikanisch, 6 = stark Republikanisch.

2) Für die Analysen wurden die Fälle aus den Stichproben ausgeschlossen, die sich an keine Partei gebunden fühlten und keiner der Parteien näherstanden: im Rahmen der Überprüfung werden nur Untersuchungseinheiten betrachtet, die tatsächlich einer der Parteien zugerechnet werden können. So wird ein stärkerer Kontrast zwischen Demokratischen und Republikanischen Teilgruppen und so eine leichtere Interpretierbarkeit der Ergebnisse möglich.

Diese dreizehn unabhängigen Variablen werden auch in den Analysen vom Typ II verwendet. Als vierzehnte Variable wird zusätzlich die "Subjektive Klassenbindung" der Befragten (2 Kategorien) verwendet.

In den Kontrastgruppenanalysen vom Typ III werden außer den schon genannten Variablen zusätzlich benutzt: (15) Parteiidentifikation der Mutter (4 Kategorien) und (16) Parteiidentifikation des Vaters (4 Kategorien). Diese beiden Variablen wurden in den Umfragen der Jahre 1956 und 1960 nicht erfragt, so daß für diese Jahre keine Analysen des Typs III möglich sind.

2.2.2. Ergebnisse der Kontrastgruppenanalysen

2.2.2.1. Analysetyp I

Die Zusammenfassung der in den Analysen vom Typ I - in denen nur sozioökonomische unabhängige Variable verwendet wurden - erzielten Ergebnisse[1] zeigt, daß die (abhängige Variable) Richtung und Intensität der Parteiidentifikation durch die verwendeten Variablen zu einem nicht unbedeutenden Teil erklärt werden kann (Varianzreduktion im Durchschnitt 18,0 %, bei Schwankungen von 10,3 % bis 22,7 %).

Es wird ein relativ stabiles Muster der den verschiedenen Intensitäten der Parteibindung zugeordneten Eigenschaftskombinationen sichtbar (siehe Schaubild 3), wobei auch die Bedeutung der einzelnen Variablen bei der Erzeugung der Endgruppen (trotz häufiger Abweichungen) einem weitgehend stabilen Schema folgt (siehe Schaubild 4).[2]

---

1) Die Ergebnisse der Analysen für die Jahre 1952 - 1972 werden im Anhang II, 1. Teil graphisch dargestellt.

2) Über die Stabilität der Parteiidentifikation im Zeitablauf wird anhand der Stabilität bzw. Instabilität der Beziehungen zwischen den in die Analysen einbezogenen Variablen und der Parteibindung wie folgt entschieden: Für jede Merkmalsausprägung jeder Variablen wird ausgezählt, wie oft sie in den Einzelanalysen (für 1952 bis 1972) insgesamt als Spaltungskriterium benutzt wurde und wie häufig sie dabei (ausgedrückt in v.H.) tendenziell in Richtung einer Demokratischen bzw. einer Republikanischen Parteibindung wirkt. Anhand

(Fußnote 2 wird auf S. 64 fortgesetzt)

Schaubild 4: Grundmuster der Wirkung und Bedeutung der die Parteiidentifikation erklärenden Variablen in Kontrastgruppenanlysen vom Typ I[a]

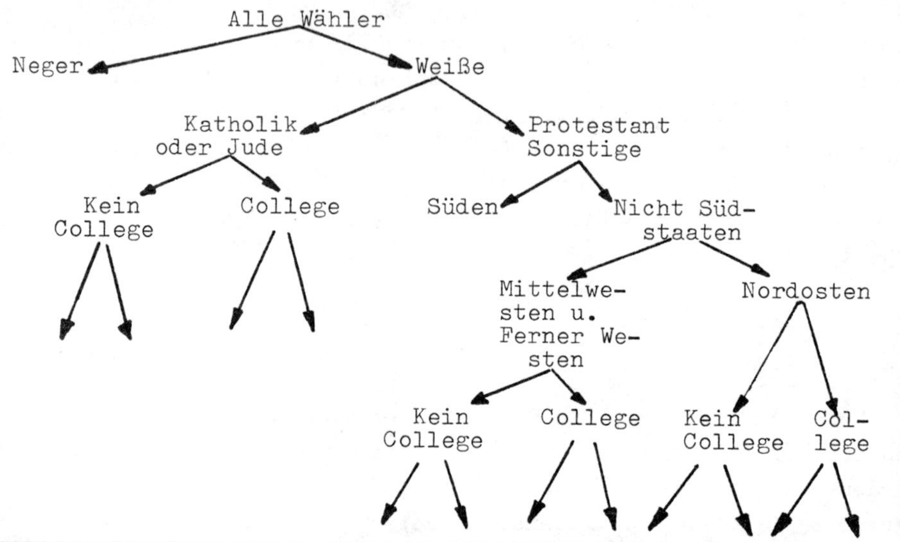

Weitere pro-Demokratisch wirkende Kräfte (=Republikanische Bindungen mindernde):	Weitere pro-Republikanisch wirkende Kräfte (=Demokratische Bindungen mindernde):
- Gewerkschaftsmitgliedschaft	- Nicht Gewerkschaftsmitglied
- Blue-collar-job	- White-collar-job
- Unselbständig Beschäftigt	- Selbständig
- jünger als 50 Jahre	- 50 Jahre alt und älter

a) Ein nach links weisender Pfeil zeigt an, daß die betreffende Eigenschaft zugunsten Demokratischer bzw. zuungunsten Republikanischer Bindungen wirkt, ein rechtsgerichteter Pfeil ist analog zu interpretieren.

Fortsetzung der Fußnote 2 von S. 63:

der beiden sich ergebenden prozentualen Häufigkeiten wird jeder Merkmalsausprägung eine als Stabilitätsindex dienende Punktzahl zugeordnet, und zwar für eine Häufigkeit von

- 50 bis 59 % : 0 Pkte. (= perfekt instabil)
- 60 bis 69 % : 1 Pkt. (= bedingt instabil)
- 70 bis 79 % : 2 Pkte. (= tendenziell instabil)
- 80 bis 89 % : 3 Pkte. (= tendenziell stabil)
- 90 bis 99 % : 4 Pkte. (= bedingt stabil)
- 100 % : 5 Pkte. (= perfekt stabil).

(Fortsetzung der Fußnote auf S. 65)

Die Struktur der Parteiidentifikation erweist sich - gemessen an der Zuordnung individueller Eigenschaften zur Variable Parteibindung - in den Analysen vom Typ I als "bedingt stabil"[1], so daß die These von der Existenz langfristig stabiler Parteibindungen durch die Analysen vom Typ I zumindest nicht widerlegt werden kann.

Dieses Bild wird auch in den Analysen vom Typ II nur unwesentlich modifiziert.

2.2.2.2. Analysetyp II

Gegenüber den Analysen vom Typ I wird nun zusätzlich eine nicht-sozioökonomische Variable verwendet: die subjektive

---

Fortsetzung der Fußnote 2 von S. 63:
Die Punktzahlen aller mindestens zweimal als Spaltungskriterium benutzten Merkmalsausprägungen werden addiert und durch die Anzahl der mindestens zweimal benutzten Merkmalsausprägungen dividiert; das Ergebnis der Division wird auf- oder abgerundet und ergibt den zwischen "0" und "5" liegenden Wert des Stabilitätsindexes, der den Stabilitätsgrad der in den Kontrastgruppenanalysen beobachteten Wirkungen der unabhängigen Variablen auf die Parteiidentifikation entsprechend der oben aufgeführten Punkteskala bezeichnet.
Entsprechend der Prüfhypothese wird die Parteiidentifikation also als stabil bezeichnet, wenn einer bestimmten Parteibindung im Zeitablauf immer wieder Befragte mit gleichen Merkmalskombinationen zugeordnet werden (was der Fall ist, wenn Merkmalsausprägungen immer in die gleiche Richtung wirken), wenn also immer die gleiche Befragtengruppe die gleiche Parteibindung hat. Dies spricht zwar nicht automatisch auch für eine individuelle Konstanz der Parteibindungen, macht aber eine solche Konstanz wahrscheinlicher als für den Fall, daß bestimmte Merkmalskombinationen mit anderen Parteiidentifikationen verknüpft werden.
Nicht entscheidend für die Stabilität ist die Wichtigkeit einer Variablen als Spaltungskriterium; da diese vom jeweiligen Wahlkampf abhängt bzw. abhängen kann (z.B. war in den Kontrastgruppenanlysen vom Typ I 1960 "Konfession" und 1964 "Rasse" die wichtigste Variable: 1960 wurde Kennedys katholischer Glaube als Wahlkampfthema benutzt; 1964 wurden Rassenfragen wegen der als anti-integrationistisch perzipierten politischen Vorstellungen Goldwaters bedeutsam).

1) Der Wert des Stabilitätsindexes beträgt 4; zur Berechnung siehe Tabelle XI im Anhang I.

Klassenbindung der Befragten, d.h. das von ihnen geäußerte Empfinden der Zugehörigkeit zu einer bestimmten sozialen Schicht. Diese Variable wird klassifiziert nach Identifikation mit der Unter-und Arbeiterschicht einerseits und der Identifikation mit der Mittel- und Oberschicht andererseits.

Die Einführung dieser Variablen verbessert die Erklärungsfähigkeit hinsichtlich der abhängigen Variablen "Parteiidentifikation" gegenüber den Analysen vom Typ I nur unwesentlich: im Durchschnitt konnte die Varianz der abhängigen Variablen um 19,2 % reduziert werden (die Werte der einzelnen Analysen lagen zwischen 10,3 % und 22,7 %).

Dabei zeigen die Merkmalskombinationen in vergleichbaren Endgruppen eine relativ hohe Stabilität (siehe Schaubild 5). Allerdings läßt sich kein so klares Bild von der Struktur der Variableneinflüsse geben wie bei den Analysen vom Typ I: die Variable "Subjektive Klassenbindung" tritt nicht in jeder Analyse auf und wird ansonsten relativ unregelmäßig zur Aufspaltung der Gruppen verwendet. Will man trotzdem eine generelle Aussage über die Wirkungsweise der Variablen treffen, so kann man folgendes Fazit ziehen: das in Schaubild 4 wiedergegebene Muster bleibt auch in den Analysen vom Typ II grundsätzlich erhalten, wobei die Variable "Subjektive Klassenbindung" in unregelmäßiger Weise derart einwirkt, daß das Merkmal "Bindung an die Unter- bzw. Arbeiterschicht" bei Demokratischen Bindungen verstärkend und bei Republikanischen Loyalitäten abschwächend wirkt, während eine Identifikation mit der Mittel- und Oberschicht zu stärkerer Republikanischer bzw. schwächerer Demokratischer Parteibindung beiträgt.

Aufgrund der Kontrastgruppenanalysen vom Typ II ist die Struktur der Parteibindungen zwischen 1952 und 1972 wiederum als "bedingt stabil" einzustufen.[1]

1) Der Wert des Stabilitätsindexes beträgt 4; die Berechnung ist in Tabelle XII des Anhangs I durchgeführt worden.

2.2.2.3. Analysetyp III

In den Analysen vom Typ III werden als erklärende Variable auch die Parteiidentifikation der Mutter und des Vaters der Wähler eingesetzt. Hierdurch wird eine wesentliche Verbesserung der Erklärungsfähigkeit hinsichtlich der abhängigen Variablen "Parteiidentifikation der Befragten" erreicht: die Kontrastgruppenanlysen vom Typ III "erklären" durchschnittlich 31,0 % der Varianz, wobei Schwankungen zwischen 29,7 % und 32,2 % Varianzreduktion auftreten; diese Schwankungen liegen in einem deutlich kleineren Bereich als bei den Analysen der Typen I und II. Das kann nur darin begründet sein, daß die Parteibindung der Eltern - die allein im Durchschnitt 25,1 % (22,3 - 29 %) der Varianz erklärt - ein Einflußfaktor ist, der unabhängig von aktuellen Konstellationen für die Parteibindung der Befragten von gleichbleibender Bedeutung ist, während die sonst verwendeten unabhängigen Variablen einzeln und insgesamt in jeder Wahl unterschiedliche Bedeutung und Erklärungsfähigkeit besitzen. Aus dieser hohen und konstanten Erklärungsfähigkeit der beiden Variablen "Parteiidentifikation der Eltern" kann eine Bestätigung der aus der Sozialisationstheorie stammenden Aussagen abgeleitet werden, nach denen Kinder schon sehr früh Haltungen von politischer Relevanz erwerben,[1] wobei insbesondere die Parteiidentifikation sehr früh entwickelt wird[2] und gerade hier das Elternhaus den bedeutendsten Einfluß ausübt.[3] "The significance of early impressions is that these values and attitudes acquired in childhood are likely to change much more slowly than

1) Vgl. D. Easton and J. Dennis, The Child's Acquisition of Regime Norms: Political Efficacy, in: American Political Science Review, Vol. LXI (1967), S. 25 ff., hier S. 38.

2) Vgl. M.K. Jennings and R.G. Niemi, Patterns of Political Learning, in: E.C. Dreyer and W.A. Rosenbaum (Eds.), Political Opinion and Behavior: Essays and Studies, 2. Aufl., Belmont, Cal. 1970, S. 139 ff., hier S. 146 f.; D. Easton and R.D. Hess, The Child's Political World, in: E.C. Dreyer and W.A. Rosenbaum (Eds.), Political Opinion and Behavior: Essays and Studies, a.a.O., S. 125 ff., hier S. 137.

3) K.P. Langton, Political Socialization, a.a.O., S. 52.

those developed trough later experience, especially in maturity."[1]

Auch die Endgruppen der in den Analysen vom Typ III auftretenden, relativ stabilen Merkmalskombinationen bei vergleichbarer Intensität der Parteiidentifikation (siehe Schaubild 6) zeigen, daß die beiden Variablen "Parteiidentifikation der Mutter bzw. des Vaters" die weiteren unabhängigen Variablen stark dominieren. Bei den Analysen vom Typ III wird es wieder möglich, ein relativ stabiles Muster von der Wirkungsweise der unabhängigen Variablen aufzuzeigen (siehe Schaubild 7).

Schaubild 7: Wirkungsmuster der die Parteiidentifikation der Befragten erkärenden Variablen in den Kontrastgruppenanlysen vom Typ III

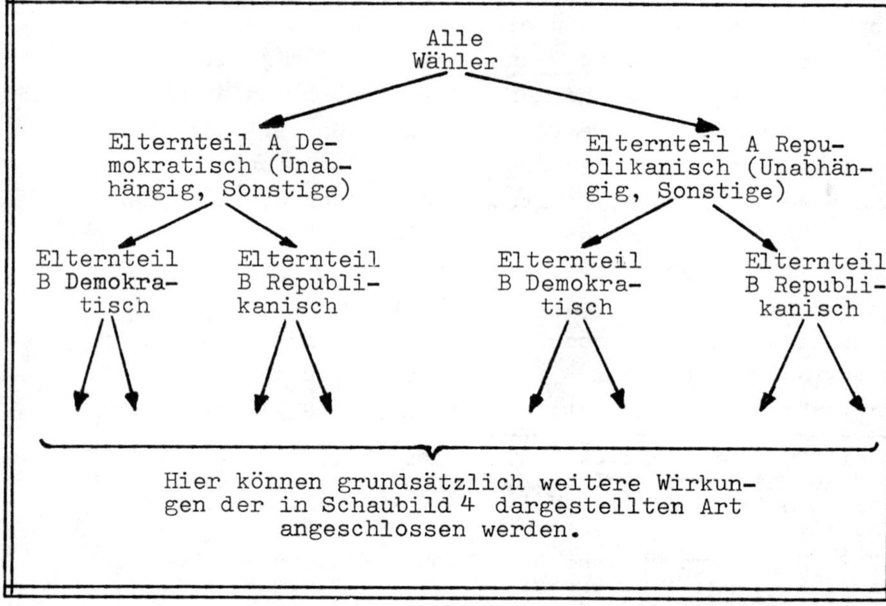

1) D. Easton and R.D. Hess, The Child's Political World, a.a.O., S. 125.

Anhand der zwischen Parteiidentifikation und unabhängigen Variablen in den Analysen vom Typ III erkennbar gewordenen Beziehungen kann die Struktur der Parteiidentifikationen als im Zeitablauf von 1952 bis 1972 "bedingt stabil" eingestuft werden.[1]

Aus diesen und den anderen Ergebnissen der Kontrastgruppenanalysen ergeben sich wichtige Schlußfolgerungen für das "Concept of a Normal Vote" und das Parteiensystem der USA.

2.2.3. Schlußfolgerungen

Das Ergebnis der Kontrastgruppenanalysen bestätigt, daß die beiden großen Parteien der Vereinigten Staaten als Wählerkoalitionen aus verschiedenen, sich politisch überlappenden Bevölkerungsgruppen aufgefaßt werden können,[2] wobei - wie die Kontrastgruppenanalysen zeigten - die Verteilung der individuellen Parteibindungen nur zu einem kleinen Teil soziostrukturell und stärker als Ergebnis des familiären Sozialisationsprozesses erklärt werden kann. Die so entstandenen Wählerkoalitionen sind nur sehr lokkere Verbindungen. "They are loose .. in the sense that most group loyalties are not total. Except for Blacks none of the groups that have been examined ... ever gave more than 80 per cent of their votes to one party."[3] Allerdings ist die Struktur der Parteibindungen in den Kontrastgrup-

1) Der Wert des Stabilitätsindexes beträgt 4; zur Berechnung siehe Tabelle XIII des Anhangs I.

2) Vgl. S. Eldersveld, Political Parties: A Behavioral Analysis, Chicago 1964, S. 6; C. Kurtzman Ban, Factionalism in the Democratic Party: Social Origins and Attitudes of Southern and Northern Democratic Party Activists, Paper prepared for delivery at the 1972 Annual Meeting of the American Political Science Association, unveröffentlichtes Manuskript, Washington D.C. 1972, S. 6 und S. 37.

3) R. Axelrod, Electoral Coalitions, a.a.O., S. 17.

penanalysen aller drei Typen relativ stabil gewesen, und auch eine Zusammenfassung der Beziehungen zwischen den unabhängigen Variablen und der Parteiidentifikation über alle Analysetypen führt zu dem Resultat, daß die Struktur der Parteibindungen als "bedingt stabil" einzustufen ist.[1] Dieses Ergebnis ist für die Beurteilung des "Normal Vote"-Konzeptes von Bedeutung.

Die These, daß die Parteiidentifikation eine langfristig konstante individuelle Eigenschaft ist, konnte auch durch die Kontrastgruppenanalysen nicht widerlegt werden. Auch wenn die Ergebnisse der Analysen nicht als Beweis für eine längerfristige individuelle Konstanz der Parteibindungen angesehen werden können, da ein solcher Beweis nur durch eine Panalanalyse zu erbringen wäre, so ist durch die Kontrastgruppenanalysen doch die Plausibilität der zentralen Annahme des Normal-Vote-Konzeptes bestätigt worden. Damit ist jedoch noch keine Aussage darüber möglich, wie die Erklärungsfähigkeit der Variable Parteiidentifikation im Hinblick auf das tatsächliche Wahlverhalten zu beurteilen ist. Eine bessere Urteilsgrundlage ergibt sich, wenn man die Ergebnisse aller Falsifikationsversuche, also von Zeitreihen- und Kontrastgruppenanalysen, gemeinsam betrachtet.

2.3. Zusammenfassung der Resultate der Falsifikationsversuche

Sowohl anhand der Zeitreihenanalyse als auch anhand der Kontrastgruppenanalysen konnte eine beträchtliche Stabilität der Struktur der Parteiidentifikationen festgestellt werden. Diese Beobachtung ist - bei aller gebotenen Vorsicht - als eine Bestätigung des "Concept of a Normal Vote" zu bewerten, auch wenn in den Zeitreihenanalysen einige Befragtengruppen eine instabile Verteilung der Parteiiden-

1) Für die Kontrastgruppenanalysen der Typen I - III insgesamt ergab sich der Stabilitätsindex-Wert 4; zur Berechnung siehe Tabelle XIV des Anhangs I.

tifikationen aufwiesen. Aus dieser Instabilität sowie aus den parallel zu den Präsidentschaftswahlen verlaufenden Schwankungen der Struktur der Parteibindungen konnte die Folgerung abgeleitet werden, daß die Parteiidentifikation von kurzfristigen politischen Faktoren beeinflußt wird, d.h. aber auch, daß diese kurzfristigen Perzeptionen auf das Wahlverhalten einwirken. Die Bedeutung kurzfristiger Einflußmomente ist dabei im Zeitablauf auch dadurch vergrößert worden, daß die Zahl der ungebundenen Wähler im Verhältnis zu den Parteigebundenen sehr stark zugenommen hat; ein Wähler, der sich mit keiner der Parteien identifiziert, kann seine Wahlentscheidung nur aufgrund aktueller oder aktualisierter politischer Perzeptionen treffen. Das Resultat des Trends zur Zunahme nicht parteigebundener Wähler ist also eine Abnahme der Erklärungsfähigkeit der Variable "Parteiidentifikation" gewesen. Dieses Ergebnis wirft die Frage auf, inwieweit die Variable Parteiidentifikation - deren theoretische Relevanz nicht widerlegt werden konnte - das Ergebnis der Wahlen des Jahres 1972 zu erklären vermag.

3. PARTEIIDENTIFIKATION UND WAHLVERHALTEN 1972

Schon die Divergenzen zwischen den Resultaten der Präsidentschafts-, Senats- und Repräsentantenhauswahl legen den Schluß nahe, daß das Verhalten der Wähler nicht in allen diesen Wahlen gleichermaßen von ihren Parteiidentifikationen bestimmt worden ist. Wäre dies der Fall gewesen, dann hätten die Ergebnisse der einzelnen Wahlen größere Ähnlichkeit miteinander aufweisen müssen als dies in der Realität der Fall war. Es scheint also, daß die Parteiidentifikation in den verschiedenen Wahlen eine je andere relative Bedeutung für die Stimmabgabe gehabt hat. Überprüft man diese Annahme anhand des Zusammenhangs zwischen Parteiidentifikation und Wahlverhalten in der gesamten

Wählerschaft, so wird erkennbar, daß in der Tat je nach Parteibindung und Art der Wahl deutliche Unterschiede in der Umsetzung von Parteiidentifikation in Stimmmabgabe zu verzeichnen waren (siehe Tabelle 21).

Tabelle 21: Tatsächliches Wahlverhalten in den Wahlen von 1972 nach Parteiidentifikation und Wahl in v.H.[a]

		Demokraten		Unabhängige			Republikaner	
		stark	schwach	Neigung zu den Demokraten	Unabhängig	Neigung zu den Republikanern	schwach	stark
Bevölkerungsanteil		15,0	26,0	11,2	13,3	10,6	13,3	10,5
Stimmabgabe für Präsident	Dem.	73,4	48,5	60,2	28,9	12,9	8,8	3,3
	Rep.	26,6	51,5	39,1	67,4	86,0	90,4	96,7
	Sonst.	0,0	0,0	0,6	3,7	1,1	0,8	0,0
Stimmabgabe Senat	Dem.	79,4	66,2	60,5	44,4	21,1	23,0	12,4
	Rep.	18,4	29,6	36,8	50,0	72,4	74,6	85,7
	Sonst.	1,4	3,7	1,3	2,8	1,3	1,6	1,0
Stimmabgabe Haus	Dem.	89,0	75,2	76,1	50,4	25,8	23,3	14,7
	Rep.	7,3	18,2	19,6	39,8	68,6	72,2	83,2
	Sonst.	1,4	0,3	0,0	0,8	0,0	0,4	0,0
Split - Tickets		36,1	62,5	72,3	72,3	70,5	59,9	40,3
Straight-Tickets für Partei, an die gebunden		62,2	30,2	----	----	----	37,0	58,8
Wahlbeteiligung[b]		79,6	70,5	71,5	53,4	75,9	79,4	87,3

a) ICPR-Wahlstudie 1972.

b) Bezogen auf registrierte Wähler.

Zunächst fällt auf, daß in der Präsidentschaftswahl ein weitaus höherer Prozentsatz der sich als Demokraten empfindenden Wähler für den Kandidaten der anderen Partei stimmte, als dies bei den Republikanisch gebundenen Befragten der Fall war. Diese Beobachtung ist insofern nicht ungewöhnlich, als sie in nahezu jeder Wahl gemacht werden konnte - 1972 allerdings war der Anteil Demokratischer Überläufer bedeutend größer als in der Vergangenheit.[1] Auffallend ist auch, daß die Unabhängigen mit Neigung zur Demokratischen Partei sich zumindest in der Präsidentschaftswahl stärker zugunsten des Demokratischen Kandidaten entschieden als diejenigen, die sich selbst als "schwach Demokratisch" gebunden einstuften.

Auch in den Senatswahlen lag die Quote von der Parteibindung abweichender Stimmabgabe bei den Anhängern der Demokratischen Partei höher als unter den Republikanern, wobei jedoch die Differenz geringer war als in der Präsidentschaftswahl. In den Wahlen zum Repräsentantenhaus schließlich fanden sich geringfügig relativ mehr Republikaner zu einer von der Parteibindung abweichenden Stimmabgabe bereit als dies bei den Demokraten der Fall war.

Insgesamt können keine bedeutenden Unterschiede zwischen den Anhängern der beiden Parteien hinsichtlich der von den Parteibindungen abweichenden Stimmabgabe festgestellt werden: der Anteil der von Demokraten bzw. Republikanern abgegebenen Straight-Tickets und das jeweils betriebene Maß an Stimmensplitting wiesen keine gravierenden Unterschiede auf. Erwartungsgemäß wurde das Ticket-Splitting am stäksten von der Gruppe der Unabhängigen betrieben.

---

1) Vgl. Survey Research Center. The University of Michigan (Ed.), Who Votes and for Whom, Ann Arbor, Mich. 1965, S. 6; Political Behavior Program. Survey Research Center. The University of Michigan (Ed.), Who Voted and for Whom in 1968, Ann Arbor, Mich. 1970, S. 3; P. Nißen und D.H. Schmidt, Das Wahlergebnis 1972, a.a.O., S. 229.

Die Wahlbeteiligung[1] war am höchsten bei der Republikanischen Gefolgschaft, an zweiter Stelle lagen die Anhänger der Demokratischen Partei und die geringste Partizipation war bei den Unabhängigen festzustellen, wobei unter diesen wiederum diejenigen ungebundenen Wähler die geringste Beteiligung zeigten, die weder der einen noch der anderen Partei zuneigten.

Hinsichtlich der Quote von Überläufern fällt auf, daß sie unter den Anhängern der beiden Parteien eine gegenläufige Tendenz aufwies: Bei den Demokraten nahm sie in der Richtung Präsidentschaftswahl - Senatswahlen - Repräsentantenhauswahlen ab, während sie bei den Republikanern in dieser Richtung zunahm (siehe Schaubild 8).

Dies spricht dafür, daß - anders als in den Kongreßwahlen - in der Präsidentschaftswahl starke Tendenzen gegen den Demokratischen Kandidaten und zugunsten des Kandidaten der Republikanischen Partei wirksam gewesen sein müssen, die die Demokratische Gefolgschaft zu einer weit überdurchschnittlichen Abweichung ihrer Wahlentscheidungen von ihrer Parteibindung veranlaßt haben.

Aus diesem Wahlverhalten und der 1972 festgestellten Struktur der Parteibindungen können Schlüsse auf die Beziehung

1) Die Wahlbeteiligung von 1972 war die niedrigste, die seit 1956 in Präsidentschaftswahlen zu beobachten war (vgl. P. Nißen und D.H. Schmidt, Das Wahlergebnis 1972, a.a.O., S. 228). Diese geringe Wahlbeteiligung spricht dafür, daß die Wähler keine der von den beiden großen Parteien angebotenen Alternativen akzeptierten: Nicht-Wählen wurde hier zu einer speziellen Form des Protestwahlverhaltens, das sich 1972 wegen des Fehlens relevanter Drittkandidaten nicht anders artikulieren konnte. Die Motivation zur Stimmabgabe ist möglicherweise auch dadurch herabgesetzt worden, daß der Wahlsieger schon lange vor der Wahl festzustehen schien: seit Februar 1972 führte Nixon in der Wählergunst eindeutig. Im Oktober war sein Vorsprung vor McGovern so klar, daß auch durch die noch unentschiedenen Wähler keine Wende zugunsten McGoverns mehr hätte bewirkt werden können (siehe dazu ICPR-Wahlstudie 1972 und The Gallup Opinion Index.-Political, Social, and Economic Trends-, Princeton N.J., Reports No.81, S.8; No. 83, S.2; No. 84, S. 6; No. 85, S.5; No.87, S.4).

Schaubild 8: Relative Häufigkeit von der Parteibindung abweichender Stimmabgabe nach Parteiidentifikation und Wahl 1972[a]

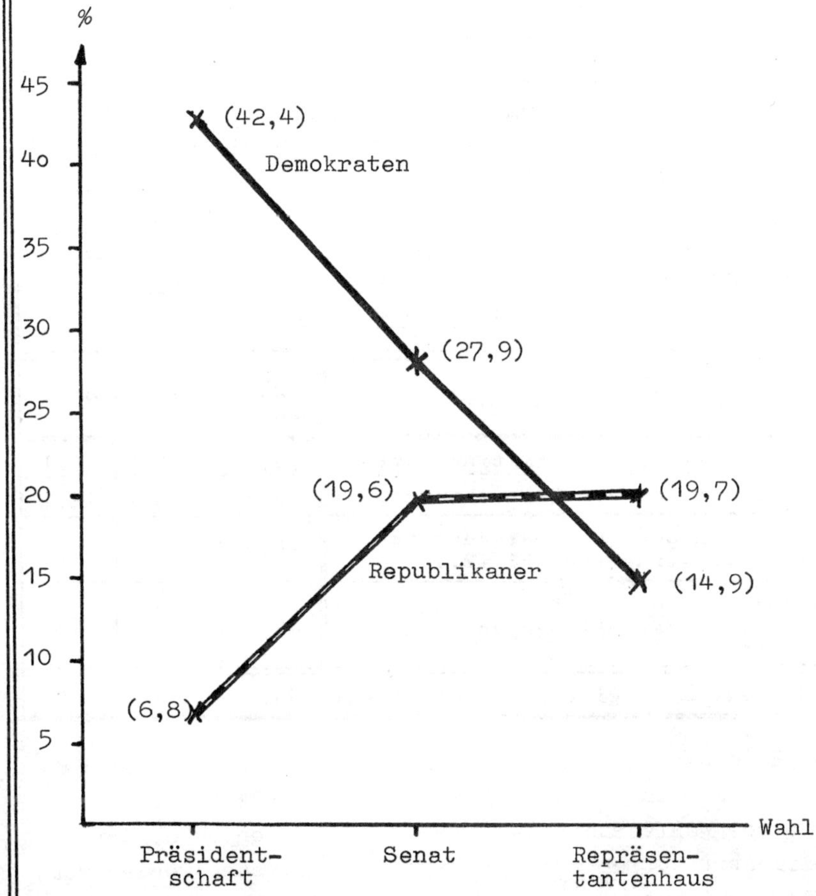

a) Schaubild 8 ergibt sich aus Tabelle 21.

zwischen Parteiidentifikation und Wahlverhalten gezogen werden: der Parteiidentifikation kann bei der Erklärung des Wahlergebnisses von 1972 nur eingeschränkte Bedeutung zuerkannt werden.

Insgesamt waren 35,1 % der Wähler ohne Bindung an eine Partei, die als Wahlentscheidungshilfe hätte dienen können. Von den Parteigebundenen wichen von ihrer Parteibindung ab: 29,1 % in der Präsidentschaftswahl (= 18,9 % der Befragten), 25,1 % in der Senatswahl (= 16,3 % der Befragten) und in den Wahlen zum Repräsentantenhaus 16,7 % (=10,8 Prozent der Befragten). Tabelle 22 zeigt, daß die Parteibindung nur in 46 % bis 54,1 % der Fälle die Wahlentscheidungen gänzlich erklären könnte.[1]

Tabelle 22 : Durch die Parteiidentifikation erklärte Stimmabgabe 1972 in v.H.[a]

	Präsident	Senat	Haus
1. Keine Parteiidentifikation hatten	35,1	35,1	35,1
2. Es wichen von der Parteibindung ab	18,9	16,3	10,8
3. Nicht von der Parteibindung bestimmtes Verhalten (=1.+2.)	54,0	51,4	45,9
4. Anteil mit der Parteibindung übereinstimmender Stimmabgabe (=100%-3.)	46,0	48,6	54,1

a) Tabelle 22 ergibt sich aus Tabelle 21.

Dieses Ergebnis aber bedeutet, daß bei der Analyse der Wahlen von 1972 - und theoretisch darüber hinaus bei jeder Analyse des Wahlverhaltens - anderen Faktoren außer der Parteiidentifikation große Bedeutung zugemessen werden muß, die die Abweichung zwischen "normal" und "actual vote" zu erklären vermögen.

---

1)Diese Aussage stimmt mit der bei N.H. Nie with K. Andersen. Mass Belief Systems, a.a.O., S. 584 ermittelten Korrelation zwischen Parteibindung und Präsidentschaftswahlverhalten überein: aufgrund einer Korrelation von 0,7 ergibt sich, daß die Parteiidentifikation 49 % (der Varianz) des Wahlverhaltens "erklären" kann.

III. KAPITEL: AKTUELLE UND AKTUALISIERTE PERZEPTIONEN ALS GRUNDLAGE DER WAHLENTSCHEIDUNGEN

1. DIE RELEVANTEN EINFLUSSFAKTOREN

Das Konzept der "Normal Vote" ist so zu erweitern, daß diejenigen Einflußfaktoren theoretisch erfaßt und analytisch operationalisiert werden, die die Divergenz zwischen dem tatsächlichen Ergebnis einer Wahl und der "normal vote" bewirken. Diese Einflüsse ergeben sich der zur Zeit einer Wahl bestehenden Konfliktstruktur und der Zuordnung der politischen Akteure zu den politischen Problemen sowie aus der jeweiligen Kandidatenkonstellation. Derartige Faktoren können eine je Wahlkampf wechselnde Funktion haben.[1]

Für die Wahlentscheidungen sind dabei nicht objektive Tatsachen relevant, sondern das Bild der Wähler von der Realität.[2] Dieses Bild wird von Informationen geprägt, die im allgemeinen einen doppelten Informationsfilter zu durchlaufen haben.

Den ersten dieser Filter bilden die Massenkommunikationsmedien. Die Medien geben nicht alle für sie verfügbaren Informationen an die Kommunikationskonsumenten weiter, sondern bieten nur dasjenige Spektrum an, das ihnen nach bestimmten Kriterien relevant erscheint. Diese Selektion bewirkt mit hoher Wahrscheinlichkeit, daß nicht alle für die Wahlentscheidungen bedeutsamen

1) Vgl. M.D. Irish and J.W. Prothro, The Politics of American Democracy, 5. Aufl., Englewood Cliffs 1971, S. 193 ff. (im folgenden zitiert als: M.D. Irish and J.W. Prothro, American Democracy).

2) Vgl. G. Sjöblom, Party Strategies in a Multiparty System, (Lund Political Studies, 7), Lund 1970, S. 222 (im folgenden zitiert als: G. Sjöblom, Party Strategies); W. Kaltefleiter, Wirtschaft und Politik in Deutschland, Köln/Opladen 1966, S. 122 ff.; D. Roth, Ökonomische Variablen und Wahlverhalten. Eine empirische Untersuchung zur Validität von Einschätzungsfragen, in: Politische Vierteljahresschrift, XIV. Jg. (1973), S. 257 ff., hier S. 259 (im folgenden zitiert als: D. Roth, Ökonomische Variablen); B.R. Berelson, P.F. Lazarsfeld, and W.N. McPhee, Voting, a.a.O., S. 215 f., wobei auch auf eine "normative Qualität" der Perzeptionen hingewiesen wird: "The parties are not only what their leaders do and say; the parties are also what their followers believe they are, expect them to be, and therefore think they should be."

Informationen für die Wähler erreichbar sind. Zudem werden die gesendeten Informationen von den Medien - bewußt oder unbewußt - in interpretierter Form weitergegeben. Diese Selektion und Interpretation durch die Medien kann u.U. die politischen Einstellungen der Wähler beeinflussen. Insbesondere kann den Medien die Fähigkeit zugesprochen werden, neue Problembereiche in die politische Diskussion einzuführen und hierbei auch Bewertungen und Meinungen zu vermitteln. Dagegen sind die Medien nur in geringem Umfang in der Lage, bereits bestehende Einstellungen zu verändern, sondern werden eher zur Bestätigung dieser Einstellungen genutzt.[1] Diese geringe Fähigkeit der Medien zur Änderung von vorhandenen Ansichten ist mit dem zweiten Informationsfilter zu erklären, der im Wähler selbst liegt. Denn die von den Medien ausgestreuten Informationen werden von den Wählern - aufgrund ihrer bisherigen politischen Erfahrungen und Urteile - selektiv aufgenommen und interpretiert.

Diese derartig gefilterten Wahrnehmungen oder "Perzeptionen" ergeben ein Vorstellungsbild, ein "Image" von der Realität, das die komplexe Gesamtheit von Einstellungen, Meinungen und Gefühlen enthält, die mit dem wahrgenommenen Gegenstand verbunden werden. Derartige Images entstehen also durch Lernprozesse, durch Kommunikation,[2] in der die das Image konstituierenden Wahrnehmungen durch ein sich ständig wandelndes System von Normen, Meinungen und Einstellungen gefiltert werden,[3] die eine mehr oder minder starke Verzerrung der Realität bewirken. Diese Divergenz **zwischen** Bild und Wirklichkeit mindert die subjektive Wihctigkeit des Wahrgenommenen nicht: "Our image includes within itself ... the notion that the commonsense world around us is actually 'there', and it certainly does not include the idea that all we see around us is an illusion."[4]

In dieser subjektiven Weise[5] bilden die Wähler sich ein Urteil über die Fähigkeit der Parteien und Kandidaten, die politischen

1) Siehe hierzu I. de Sola Pool, Die Auswirkungen der Kommunikation auf das Wählerverhalten, in: W. Schramm (Hrsg.), Grundfragen der Kommunikationsforschung, 5. Aufl., München 1973, S. 155 ff., hier S. 162; T. Klapper, The Effects of Mass Communication, New York 1969, S. 50 u. 60 f.
2) Vgl. K.E. Boulding, The Image, Ann Arbor 1956, S. 54 f.
3) Vgl. ebda., S. 14 und S. 72.
4) Ebda., S. 166.
5) Eine große Rolle spielt hier die "selektive Wahrnehmung" von Informationen, siehe dazu: D.O. Sears and J.L. Freedman, Selective Exposure to Information: A Critical Review, in: Public Opinion Quarterly, Vol. 31 (1967), S. 194 ff., passim.

Probleme so zu lösen oder zu behandeln, wie dies die Wähler für erforderlich halten: diese "perzipierte Issue-Kompetenz" ist einer der Einflußfaktoren, die die Wähler bei der Stimmabgabe beeinflussen können. Ein weiteres Einflußmoment sind die Persönlichkeiten der Kandidaten. Über die Bedeutung dieser Determinanten des Wahlverhaltens ist eine lange theoretische Diskussion geführt worden, die sich im wesentlichen auf die Relevanz von Issues für das Wahlverhalten konzentrierte. Erhebliche Teile dieser Diskussion sind jedoch analog auch auf die von den Kandidatenpersönlichkeiten ausgehenden Einflüsse anwendbar.

2. ISSUES UND WAHLENTSCHEIDUNGEN

2.1. Ergebnisse älterer Analysen

Damit Issues[1] für die Stimmabgabe Bedeutung erlangen, müssen die Wähler sie wahrnehmen, sie als wichtig ansehen und sie mit den politischen Akteuren in Zusammenhang bringen.[2] In älteren Untersuchungen wurde angezweifelt, daß die Masse der Wähler in der Lage sei, solche komplexen Entscheidungen zu treffen.[3]
In ihrer Analyse der Wahlen von 1948 in Elmira County stellten Berelson u.a. fest, daß nur etwa ein Drittel der Wählerschaft die politischen Positionen der Kandidaten genau erkannt hatte[4] und in ihren Analysen der Wahlen von 1952 bis 196o kamen die

1) Der Begriff des politischen "Issues" ist sehr breit zu definieren, etwa im Sinne von "politischen Aufgaben", Fragen, zu denen politische Akteure Entscheidungen treffen können, vgl. H.D. Klingemann, Issue-Kompetenz und Wahlentscheidung. Die Einstellung zu wertbezogenen politischen Problemen im Zeitvergleich, in: Politische Vierteljahresschrift, XIV. Jg. (1973), S. 227 ff., hier S. 227 (im folgenden zitiert als: H.D. Klingemann, Issue-Kompetenz).

2) Vgl. ebda., S. 228.

3) Diese mögliche Verknüpfung von politischen Ansichten der "Masse" mit den politischen Entscheidungen der Gewählten ist in demokratischen Systemen für Elitenbildung und Gestaltung des politischen Lebens von großer potentieller Relevanz, siehe dazu: V.O. Key Jr., Public Opinion and American Democracy, 2. Aufl., New York 1967, S. 7, S. 432 f., S. 459 u. S. 554 (im folgenden zitiert als: V.O. Key, Public Opinion); M.D. Irish and J.W. Prothro, American Democracy, a.a.O., S. 163; H.D. Laswell, Democracy Through Public Opinion, Menasha 1941, S.15. Wie die Ansichten der Wähler mit der Politik der Gewählten verknüpft werden beschreibt unter der Bezeichnung "rule of anticipated reactions" C.J. Friedrich, Man and His Government. An Empirical Theory of Politics, New York/San Francisco/Toronto/London 1963, S. 199 ff.

4) Siehe B.R. Berelson, P.F. Lazarsfeld, and W.N. McPhee, Voting, a.a.O., S. 233.

Begründer der "Normal-Vote"-Theorie zu Schlußfolgerungen, die Berelson u.a. unterstützten. Die Wähler wurden als unfähig beschrieben, politische Issues als wesentliches Kriterium der Wahlentscheidung zu benutzen, weil ihnen das hierzu erforderliche Interesse und die nötigen Informationen fehlten.[1] Wenn den Wähein derartiges Zeugnis schon für Präsidentschaftswahlen ausgestellt wurde, so war das Urteil für Kongreßwahlen noch negativer.[2] "Voters are almost totally unaware of issues in congressional elections and a majority are unaware of the candidates."[3] Unter diesen Bedingungen erstaunte es nicht, daß man in der Wählerschaft kaum Ansätze eines konsistenten Systems politischer Einstellungen fand.[4] Messungen auf einer konservativ/liberalen Dimension ergaben eine geringe, "ideologisch"[5] genannte, Ko-

1) Vgl. A. Campbell, P.E. Converse, W.E. Miller, D.E. Stokes, The American Voter, a.a.O., ch. 10; ähnlich auch R.J. Benewick, A.H. Birch, J.G. Blumler, A. Ewbank, Floating Voter, a.a.O., S. 178 u. 194.

2) Vgl. C.O. Jones, The Role of the Campaign in Congressional Politics, in: M.K. Jennings and L.H. Zeigler (eds.), The Electoral Process, Englewood Cliffs 1966, S. 21 ff., hier S. 27.

3) Ebda., S. 38.

4) Vgl. A. Campbell, P.E. Converse, W.E. Miller, D.E. Stokes, The American Voter, a.a.O., ch. 10.

5) Der Begriff Ideologie wird - vor allem auch in den USA - in sehr verschiedenen Verwendungen gebraucht und häufig sehr breit definiert, wie etwa als "the whole field of propositions - political, economic, religious, philosophical, scientific, or otherwise" (H. Walsby, The Domain of Ideologies. A Study of the Origin, Development and Structure of Ideologies, Glasgow 1947, S. 142). Gegen eine derartig breite Verwendung des Ideologiebegriffes wendet sich W.A. Mullins, On the Concept of Ideology in Political Science, in: American Political Science Review, Vol. LXVI (1972), S. 498 ff. Mullins hält den von Converse gemeinten Ideologiebegriff als konsistentes Anschauungssystem auf der Basis liberal/konservativer Kategorien für zulässig, da ein solches System die Elemente "kognitive Stärke", "Bewertungsfunktion", "Handlungsorientierung" und "logische Kohärenz" aufweise. In der vorliegenden Analyse wird "Ideologie" in dem so legitimierten Sinne verwendet. Trotzdem schiene es dem Verfasser hierfür der Terminus "konsistentes Einstellungssystem" besser, während als Ideologie bezeichnet werden sollte: der politisch relevante Teil von Einstellungssystem, die eine geschlossene, dogmatisch abgeschlossene Struktur mit zahlreichen affektiven Komponenten aufweisen (siehe G. Sartori, Politics, Ideology, and Belief Systems, in: American Political Science Review, Vol. LXIII (1969), S. 398 ff., hier S. 400 - 405). Eine Diskussion dieser Fragen findet sich bei D.W. Minar, Ideology and Political Behavior, in: Midwest Journal of Political Science, Vol. 5 (1961), S. 317 ff.

härenz der politischen Ansichten der Wähler, worin sich nach Auffassung der Analytiker der Tatbestand dokumentierte, daß politische Probleme für die Wähler nur von geringer Bedeutung sind.[1] Es wurde weiter angenommen, daß dieser Zustand sich nur mit geringer Wahrscheinlichkeit je ändern würde,[2] da kognitive Beschränkungen[3] die Wählerschaft daran hinderten, ein besseres Verständnis politischer Prozesse zu entwickeln und diesen mit mehr Aufmerksamkeit zu folgen. Konsistente Einstellungssysteme wurden als Merkmal der Eliten, nicht aber der breiten Wählerschaft angesehen,[4] in der höchstens stark parteigebundene Wähler Ansätze zur Konsistenz erkennen ließen.[5] Insgesamt

---

1) Vgl. W.H. Flanigan, Political Behavior of the American Electorate, Boston 1968, S. 88 (im folgenden zitiert als: W.H. Flanigan, Political Behavior).

2) Vgl. A. Campbell, P.E. Converse, W.E. Miller, D.E. Stokes, The American Voter, a.a.O., S. 253 - 265.

3) Ebda., S. 256.

4) Vgl. P.E. Converse, The Nature of Belief Systems in Mass Publics, in: D.E. Apter (Ed.), Ideology and Discontent, (International Yearbook of Political Behavior Research, Gen. Ed. H. Eulau, Vol. 5), New York/London 1964, S. 206 ff., hier S. 231 u. S. 255 (im folgenden zitiert als: P.E. Converse, Belief Systems); H. McClosky, Consensus and Ideology in American Politics, in: American Political Science Review, Vol. LVIII (1964), S. 361 ff., hier S. 374. Diese Ansicht wird jedoch dadurch sehr stark relativiert, daß mit Hilfe einer Faktorenanalyse nachgewiesen werden konnte, daß die Anschaaungssysteme von relativen Eliten nur geringfügig höhere Konsistenz aufwiesen als die der breiten Wählerschichten, siehe dazu N.R. Luttbeg, The Structure of Beliefs Among Leaders and the Public, in: Public Opinion Quarterly, Vol. 32 (1968), S. 398 ff., passim, insbes. S. 403 u. 407 ff.

5) Vgl. A. Campbell, P.E. Converse, W.E. Miller, D.E. Stokes, The American Voter, a.a.O., S. 143; Dies., Elections and the Political Order, a.a.O., S. 139; S.H. Barnes, Ideology and the Organization of Conflict: On the Relationship between Political Thought and Behavior, in: Journal of Politics, Vol. 28 (1966), S. 513 ff., hier S. 523. Es ist jedoch zu beachten, daß andere Analysen ergaben, daß gerade Wähler mit inkonsistenten Einstellungssystemen den politischen Problemen große Aufmerksamkeit widmeten, siehe S.A. Kirkpatrick, Political Attitudes and Behavior: Some Consequences of Attitudinal Ordering, in: Midwest Journal of Political Science, Vol. 14 (1970), S. 1 ff., hier S. 15 f.

hielt man die Bedeutung politischer Vorgänge für die Bürger für gering.[1]

Weiterhin wurde behauptet, daß die Parteiidentifikation bei den schlecht informierten Wählern die Issue-Perzeptionen entscheidend beeinflusse,[2] und zwar bis zu einem so starken Ausmaß, daß "voters will even see the party as taking the same position on issues as they themselves do even when this is not the case"[3]. Aufgrund dieser Behauptung wurde das Verhalten der Wähler als "irrational" bezeichnet,[4] obwohl die Kritik, daß die Wähler ihre Entschei-

1) Vgl. R. Axelrod, The Structure of Public Opinion on Policy Issues, in: Public Opinion Quarterly, Vol. 31 (1967), S. 51 ff., hier S. 59.

2) Vgl. D.J. Palumbo, American Politics, New York 1973, S. 360.

3) L.A. Froman, Congressmen and Their Constituencies, Chicago 1963, S. 52. Ähnlich auch B. Berelson, Democratic Theory and Public Opinion, in: Public Opinion Quarterly, Vol. 16 (1952), S. 313 ff., hier S. 322.

4) Ein solches Urteil beruht immer darauf, daß der Analytiker seine eigenen Rationaltätskriterien als allgemein verbindlich erklärt, ein Vorgehen, das schon deswegen zweifelhaft ist, weil jeder Analytiker **in gleicher Weise** aufgrund subjektiver und möglicherweise nicht der Realität entsprechender Perzeptionen urteilt wie der Wähler. Daher sollte ein solches Urteil nicht gefällt werden. Rationales Verhalten ist immer nur in subjektiver Weise definierbar. Die Unmöglichkeit einer generellen Beurteilung der **"Rationalität"** der Wähler zeigt sich schon darin, daß hierzu höchst unterschiedliche und jeweils konsistente Ansichten vorgetragen werden. So gibt es Theorien, die zu dem Schluß gelangen, daß es oft nicht rational ist, überhaupt zu wählen, da die Stimmabgabe dem Wähler in vielen Fällen mehr "Kosten" als "Nutzen" verursache (so z.B. A. Downs, An Economic Theory of Democracy, New York 1957, S. 36-50 u. 260-276). Andere Autoren halten dagegen, daß sowohl die Entscheidung zu wählen als auch die, nicht zu wählen, im allgemeinen aufgrund rationaler Erwägungen getroffen wird, daß es also doch wohl rationale Gründe für die Stimmabgabe der meisten Wähler gebe (W.H. Riker and P.C. Ordeshook, A Theory of the Calculus of Voting, in American Political Science Review, Vol. LXII (1968), S. 25 ff.). Schließlich werden sogar Zweifel daran vorgebracht, ob der Wähler sich - wie in den älteren Analysen implizit gefordert - rational verhält, wenn er seine Entscheidung aufgrund der perzipierten politischen Positionen der Parteien, der Kandidaten und seiner selbst zu einem oder

(Fußnote 4 wird forgesetzt auf S. 83)

dungen an Fehleinschätzungen ausrichten,[1] lediglich die Bedeutung subjektiver Wahrnehmungen betont. Die Realität der Issue-Positionen wird dem Wähler durch eine Vielzahl (sich oft widersprechender) Kommunikatoren mitgeteilt, und bei der Entscheidung, wem er glauben soll, können schon vorhandene Einstellungen wie die Parteiidentifikation dem Wähler - vor allem bei unvollständiger Information[2] - als Selektionskriterium dienen.[3] Diese selektive Wahrnehmung bedeutet nicht, daß issuebezogene Perzeptionen gänzlich von der Parteibindung abhängig sind; die selektive Wahrnehmung dient vor allem dazu, potentiellen "Stress" zu vermeiden[4] und kognitive Dissonanzen[5] aufzulösen, die dadurch entstehen, daß Parteibindung und Beurteilung der Issuepositionen von Parteien und Kandidaten nicht im Einklang miteinander stehen. In dieser Beziehung zwischen Richtung und Intensität der Parteibindung und den Einschätzungen der politischen Standpunkte von Parteien[6] und Kandidaten kann sich die Parteibindung auch als die schwächere Einstellungskomponente erweisen: die Issue-Perzeptionen können eine die Parteibindung überwindende Wirkung auf die Wahlentscheidung ausüben und langfristig sogar die Parteiidentifikation ändern,[7] wie

Fortsetzung der Fußnote 4 von S. 83: mehreren Issues trifft, da es wegen der sich ändernden politischen Problemstruktur wichtiger sein kann, dem politischen Personal durch die Wahlentscheidung ein generalisiertes Vertrauen und Legitimität zuzusprechen (siehe hierzu: T. Parsons, "Voting" and the Equilibrium of the American Political System, in: E. Burdick and A.J. Brodbeck (Eds.), American Voting Behavior, New York/London 1968, S. 80 ff., hier S. 88; F.U. Pappi, Wahlverhalten und politische Kultur. Eine soziologische Analyse der politischen Kultur in Deutschland unter besonderer Berücksichtigung von Stadt-Land-Unterschieden, (Politik und Wähler, hrsg. v. F.A. Hermens, R. König, E. Scheuch, R. Wildenmann, Bd. 1), Meisenheim am Glan 1970, S. 26).

1) Vgl. W.H. Flanigan, Political Behavior, a.a.O., S. 109.
2) Vgl. D. Roth, Ökonomische Variablen, a.a.O., S. 269 f.
3) Vgl. ebda., S. 265 f.
4) Vgl. B.R. Berelson, P.F. Lazarsfeld, and W.N. McPhee, Voting, a.a.O., S. 230.
5) Siehe L. Festinger, A Theory of Cognitive Dissonance, Evanston, Ill. 1957.
6) Vgl. L.A. Froman and J.K. Skipper, Factors Related to Misperceiving Party Stands on Issues, in: Public Opinion Quarterly, Vol. 26 (1962), S. 265 ff., hier S. 271.
7) Vgl. R.W. Boyd, Presidential Elections, a.a.O. S. 510.

dies für einen Teil der Anhänger von George C. Wallace gezeigt werden konnte. Deswegen scheint das Bild von der durch Issues nicht beeinflußten Wählerschaft revisionsbedürftig. Selbst wenn die Parteiidentifikation die Issue-Perzeptionen beeinflußt, so bedeutet das nicht Empfindungslosigkeit der Wähler gegenüber politischen Problemen, zumal Issues auch die Parteibindungen beeinflussen können. Für die Analyse des Wahlverhaltens ist weniger der Ursprung politischer Ansichten entscheidend als deren Parallelität zur Wahlentscheidung.[1]

2.2. Die Revision älterer Erkenntnisse

Aufgrund der von ihm gesammelten Daten sah V.O. Key als einer der ersten Analytiker Anlaß, das Bild vom "unpolitischen" Wähler zu korrigieren. Zwar sah auch er, daß es Wähler mit einer so starken Parteibindung gibt, daß sie ihre Stimme ohne Berücksichtigung der jeweiligen Umstände einer Wahl immer der gleichen Partei geben, aber er zog aus seinen Beobachtungen trotzdem den Schluß, daß "elections are not occasions at which solid partisan phalanxes march to the polls; they are opportunities for decicion ..."[2]. Es wurde festgestellt, daß die Wähler die Parteien nach ihrer politischen Vergangenheit beurteilen[3] und daß die Wähler

1) Vgl. V.O. Key, Responsible Electorate, a.a.O., S. 53.

2) Ders., Public Opinion, a.a.O., S. 458.

3) Vgl. Ders., Responsible Electorate, a.a.O., S. 61. Dabei beobachtet Key: "These tendencies of the electorate ... make plain how completely the minority party is a captive of the majority - and of the situation ... The minority party does not play the role of an imaginative advocate heralding the shape of a new world." Hierin könnte ein interessanter Unterschied zwischen der Oppositionsrolle im Präsidialsystem der USA (in dem "Opposition" diejenige Partei ist, die nicht den Präsidenten stellt) und in parlamentarischen Systemen gesehen werden. In letzteren ist die Opposition sehr viel weniger die "Gefangene" der Regierungspartei, sondern kann in der Auseinandersetzung mit der Mehrheit stets sichtbar bleiben und Profil gewinnen oder hat zumindest die Chance dazu.

in ihren Handlungen beträchtliche Sensibilität für politische Vorgänge beweisen[1] (siehe Tabelle 23).

Tabelle 23: Wahlentscheidung in Abhängigkeit von der von den Wählern perzipierten Nähe der Parteien zu den Positionen der Wähler bei 16 Issues im Jahre 1956[a] (Stimmanteil des Demokratischen Kandidaten in v.H.)

Anzahl Pro-Demokratischer Issue-Perzeptionen	Anzahl Pro-Republikanischer Issue-Perzeptionen			
	0	1 - 2	3 - 5	6 - 16
0	36	14	3	2
1 - 2	72	41	16	3
3 - 5	81	60	33	14
6 - 16	89	78	b	--

a) Quelle: V.O. Key, Public Opinion, a.a.O., S. 461. (Berechnet nach Daten des Survey Research Center, Wahlstudie 1956).

b) Nur 12 Fälle, wovon 8 Demokratisch stimmten.

Selbst 1956, zu einer Zeit also, als konsistente Einstellungssysteme nur selten gefunden wurden,[2] konnte gezeigt

1) Vgl. V.O. Key, Responsible Electorate, a.a.O., S. 52; ähnlich W.D. Burnham, American Voting Behavior and the 1964 Election, in: Midwest Journal of Political Science, Vol. 12 (1968), S. 1 ff., hier S. 36 f.; G.M. Pomper, Elections in America, a.a.O., S. 89 - 92.

2) Es sei auch auf die Möglichkeit hingewiesen, daß viele Wähler nur unbewußt solche Einstellungssysteme aufweisen (vgl. J.O. Field and R.E. Anderson, Ideology in the Public's Conceptualization of the 1964 Election, in: Public Opinion Quarterly, Vol. 33 (1969), S. 380 ff., hier S. 381; im folgenden zitiert als: J.O. Field and R.E. Anderson, Ideology). Daraus muß gefolgert werden, daß möglicherweise manche Wähler ihre vorhandenen Einstellungen nicht artikulieren können, weil sie sich ihrer nicht bewußt sind: so bliebe Konsistenz dem Analytiker verborgen und dem Wähler würden vorhandenen Eigenschaften abgesprochen. Der Begriff der Konsistenz sowie seine Operationalisierung sind kontrovers; diese Kontroverse wird dargestellt bei S.R. Brown, Consistency and the Persistence of Ideology: Some Experimental Results, in: Public Opinion Quarterly, Vol. 34 (197o), S. 60 ff., passim.

werden, daß die Wähler von politischen Vorstellungen beeinflußt werden:[1] "Voters are not fools ... In the large the electorate behaves about as rationally as we should expect, given the clarity of the alternatives presented to it and the character of the information available to it."[2] Auch wenn die Wähler keine konsistenten Einstellungssysteme erkennen lassen, "we cannot ipso facto assume that their voting choices are irrational, capricious, irresponsible, or even non-policy oriented"[3].

In den Analysen der amerikanischen Wählerschaft seit 1964 konnte dann festgestellt werden, daß die Wähler politische Vorgänge zunehmend in "liberal/konservativen" Kategorien beurteilten[4] und es konnte eine Kongruenz zwischen Issue-Perzeptionen und Wahlentscheidungen festgestellt werden.

In einer eingehenden Analyse der Konsistenz politischer Einstellungen und deren Beziehungen zum Wahlverhalten betonen Nie und Andersen, daß "attitude consistency ... grew rapidly at some point between 1960 and 1964, moving the corre-

1) Vgl. V.O. Key, Responsible Electorate, a.a.O., S. 40 f.

2) Ebda., S. 7. Eine gewisse Rationalität spricht den Wählern auch zu R.E. Lane, Political Ideology. Why the American Common Man Believes What He Does, New York/London 1962, S. 459; Lane meint, die amerikanischen Wähler besäßen eine "low-density, loosely articulated ideology" (ebda., S. 465). Die von Key angesprochenen Möglichkeiten der Information über politische Vorgänge sieht Graber hinsichtlich der Massenmedien als nicht sehr ergiebig an, siehe D.A. Graber, Press Coverage and Voter Reaction in the 1968 Presidential Election, in: Political Science Quarterly, Vol. 89 (1974), S. 68 ff.

3) M.J. Shapiro, Rational Political Man: A Synthesis of Economic and Social-Psychological Perspectives, in: American Political Science Review, Vol. LXIII (1969), S. 1106 ff., hier S. 1107 (Hervorhebung im Original).

4) Vgl. J.O. Field and R.E. Anderson, Ideology, a.a.O., S. 397; J.C. Pierce, Party Identification and the Changing Role of Ideology in American Politics, in: Midwest Journal of Political Science, Vol. 14 (1970), S. 25 ff., hier S. 41.

lation among attitudes to a new level which remains at each subsequent point in time trough 1972"[1] (siehe Schaubild 9)[2].

Schaubild 9: <u>Änderung der Konsistenz politischer Einstellungen von 1956 - 1972</u>[a]

(Gemessen mit durchschnittlichen Korrelationen /Gamma/ zwischen fünf Issue-Bereichen /vier Innenpolitik, einer Außenpolitik/).

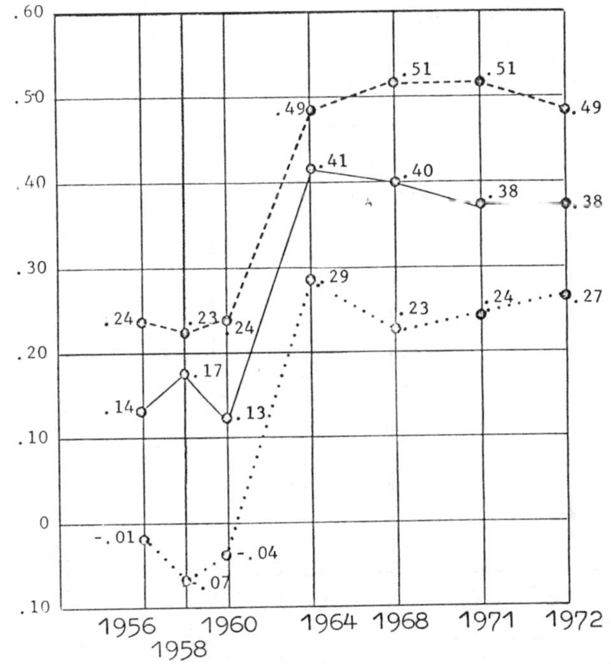

——————— Gesamt-Index der Konsistenz

- - - - - - - Konsistenz-Index für innenpolitische Probleme

· · · · · · · Index der Konsistenz zwischen innen- und außenpolitischen Einstellungen.

a) Quelle: N.H. Nie with K. Andersen, Mass Belief Systems, a.a.O., S. 558.

---

1) N.H. Nie with K. Andersen, Mass Belief Systems, a.a.O., S. 553 f.

2) Zu den Eigenschaften des in Schaubild 9-11 verwendeten Gamma-Korrelationskoeffizienten siehe H. Benninghaus, Deskriptive Statistik. Statistik für Soziologen 1, (Studienskripten zur Soziologie, hrsg. von E.K. Scheuch und H. Sahner), Stuttgart 1974, S. 149 - 167.

Ab 1968 kann eine "generalisierte Ideologie" (gemessen auf der konservativ/liberalen Dimension) festgestellt werden,[1] deren Entstehen von einem starken Anstieg der Korrelation zwischen den Issuepositionen der Wähler und ihren Wahlentscheidungen begleitet war[2] (siehe Schaubild 10). Die Folge

Schaubild 10: <u>Durchschnittliche Korrelation zwischen (liberal/konservativen) politischen Einstellungen und Präsidentschaftswahlentscheidung 1956-1972</u>[a]

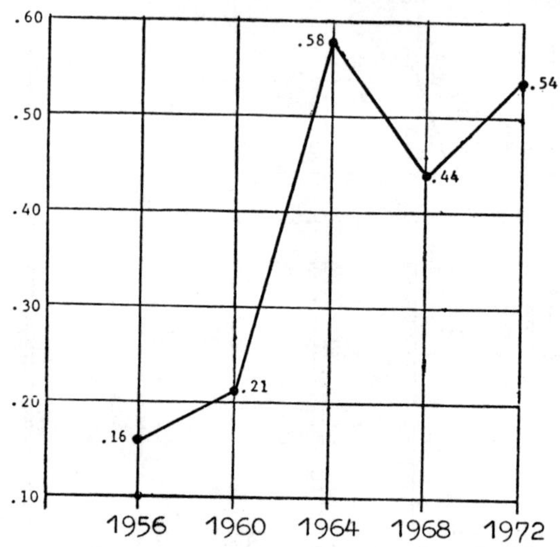

a) Quelle: siehe Schaubild 9, hier S. 582.

davon war, daß in den Wahlen seit 1964 die Issue-Positionen der Befragten eine größere Bedeutung für die Wahlentscheidung gewannen, während gleichzeitig der Einfluß der Parteiidentifikation beträchtlich abnahm[3] (siehe Schaubild 11).

1) Vgl. N.H. Nie with K. Andersen, Mass Belief Systems, a.a.O., S. 563 u. 559 f.
2) Vgl. ebda., S. 583.
3) Vgl. ebda., S. 585 u. D.A. Graber, Press Coverage and Voter Reaction in the 1968 Presidential Election, a.a.O., S. 92.

Schaubild 11: Korrelationen zwischen (liberal/konservativen) politischen Einstellungen und Präsidentschaftswahlentscheidung und zwischen Parteiidentifikation und Präsidentschaftswahlentscheidung 1956 - 1972[a]

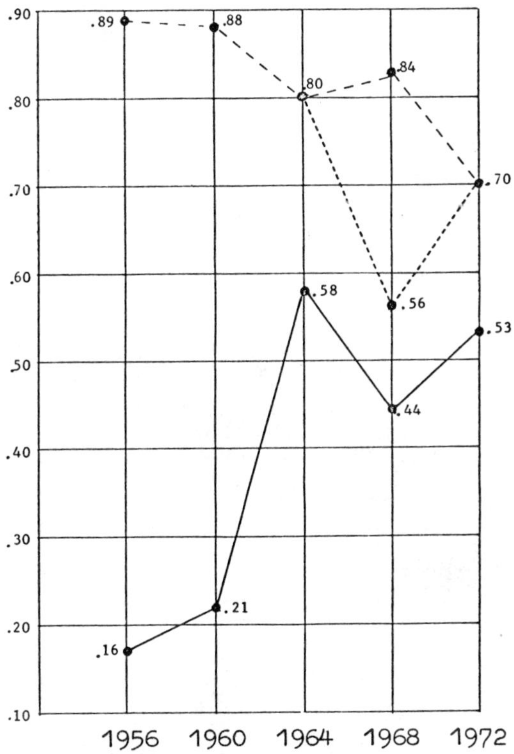

- - - - - - - Parteiidentifikation und Wahlentscheidung (ohne Wallace-Wähler)

------------- Parteiidentifikation und Wahlentscheidung (mit Wallace-Wählern)

——————— Politische Einstellungen und Wahlentscheidung

a) Quelle: siehe Schaubild 9, hier S. 584.

"We seem to be witnessing a 'creeping politicization' of the electorate, and we should not let the slow rate of this change blind us to its potential significance."[1] Es scheint also, daß die Wähler der USA von Einstellungen zu politischen Problemen (im weitesten Sinne) beeinflußt werden;[2] daß sie durchaus in der Lage sind, Parteien und Kandidaten politisch zu beurteilen; daß sie ihre politische Umwelt als Kriterium der Wahlentscheidung benutzen; und daß sie nicht total uninformiert und politisch gefühllos sind - zumal im Wahlkampf die Hinwendung zur Politik noch tendenziell verstärkt wird. Alles dies aber sind Beobachtungen, die nicht nur für die USA, sondern z.B. auch in der Bundesrepublik gemacht wurden, und die wegen ihrer Feststellbarkeit in unterschiedlichen politischen Systemen die Zweifel an Behauptungen über eine generell unpolitische Haltung der Wähler weiter verstärken.[3]

---

1) J.H. Kessel, The Goldwater Coalition. Republican Strategies in 1964, Indianapolis/New York 1968, S. 331 (im folgenden zitiert als: J.H. Kessel, Goldwater Coalition).

2) Siehe D.E. Stokes, Some Dynamic Elements of Contests for the Presidency, in: American Political Science Review, Vol. LX (1966), S. 19 ff., passim, inbes. S. 20 f., Schaubilder 1 u. 2 (im folgenden zitiert als: D.E. Stokes, Dynamic Elements); S.A. Kirkpatrick, Political Attitude Structure and Component Change, in: Public Opinion Quarterly, Vol. 34 (1970), S. 403 ff., hier S. 404; J.P. Robinson, Public Reaction to Political Protest: Chicago 1968, in Public Opinion Quarterly, Vol. 34 (1970), S. 1 ff., hier S. 9.

3) Vgl. dazu H.-D. Klingemann, Bestimmungsgründe der Wahlentscheidung im Bundestagswahlkreis Heilbronn. Eine regionale Wahlanalyse, Diss., Köln 1966, S. 183 - 204; M..Kaase, Die Bundestagswahl 1972: Probleme und Analysen, in: Politische Vierteljahresschrift, XIV. Jg. (1973), S. 145 ff., hier S. 157; Ders., Wechsel von Parteipräferenzen. Eine Analyse am Beispiel der Bundestagswahl 1961, (Politik und Wähler, hrsg. v. F.A. Hermens, R. König, E.K. Scheuch und R. Wildenmann, Bd. 3), Meisenheim am Glan 1967, S. 118 ff. u. S. 146; V. Gemmecke, Parteien im Wahlkampf. Eine Analyse der Bundestagswahl 1961 im Wahlkreis Arnsberg Soest, (Politik und Wähler, hrsg. v. F.A. Hermens, R. König, E.K. Scheuch und R. Wildenmann, Bd. 7), Meisenheim am Glan 1967, S.1.

Die Tatsache, daß die Wähler in den USA in immer größerer Zahl politische Unterschiede zwischen den Parteien erkennen, hat einen realen Hintergrund: Die Analyse von Kongreßabstimmungen hat immer schon beträchtliche Unterschiede zwischen den Parteien offenbart,[1] die als Verschiedenheit der programmatischen Grundpositionen interpretiert werden könnten.[2] Die Parteien bezogen durchaus verschiedene Positionen zu den politischen Problemen,[3] und ihre Kandidaten "quite naturally align themselves on an ideological dimension"[4], wobei die Demokratischen Kandidaten im Regelfall

1) Vgl. J. Turner, Party and Constituency: Pressures on Congress, (Reprinted from the John Hopkins University Studies in Historical and Political Science, Series LXIX, No. 1), Baltimore 1951, S. 23. Dabei wird darauf hingewiesen, daß Unterschiede nicht bei jeder Arl Issuc gefunden werden konnten, siehe ebda., S. 70 f. Siehe auch D.B. Truman, The Congressional Party. A Case Study, New York/London 1959, S. 91. Das Bestehen konsistenter Unterschiede im Abstimmungsverhalten von Republikanern, Südstaaten- bzw. Nichtsüdstaaten-Demokraten im Kongreß weist auch nach H. Norpoth, Toward an Explanation of Party Cohesion in the U.S. Congress: Shared Policy Attitude v. Partisan Communication, A paper prepared for delivery at the Joint Sessions of Workshops of the European Consortium for Political Research, London, April 7 - 13, 1975, passim, insbes. S. 29.

2) Vgl. D. MacRae (with the collaboration of F.H. Goldner), Dimensions of Congressional Voting. A Statistical Study of the House of Representatives in the Eighty-first Congress, (University of California Publications in Sociology and Social Institutions, Vol. 1, No. 3, pp. 203 - 390), Berkeley/Los Angeles 1958, S. 279 (im folgenden zitiert als: D. MacRae with F.H. Goldner, Congressional Voting).

3) Vgl. F.J. Sorauf, Political Parties in the American System, Boston 1964, S. 61 ff.

4) J. Fishel, Party, Ideology, and the Congressional Challenger, in: American Political Science Review, Vol. LXIII (1969), S. 1213 ff., hier S. 1218. Die Wahrnehmbarkeit von Unterschieden könne allerdings dadurch gemindert werden, daß sich Kandidaten der Minderheitspartei den Positionen der Wahlkreismehrheitspartei annähern, wenn die Mehrheitspartei den Wahlkreis stark dominiert. Es darf trotz bestehender Unterschiede nicht übersehen werden, daß "ideological unanimity or homogeneity has not been a hallmark of the major American parties", siehe F.J. Sorauf, In Search of the Political Parties, in: W.R. Nelson (Ed.), American Government and Political Change. A Contemporary Reader, New York/London/Toronto 1970, S. 168 ff., hier S. 169.

"liberaler" erschienen als ihre Republikanischen Konkurrenten.[1] Es scheint also nicht mehr als plausibel, daß die Wähler Unterschiede zwischen den Parteien erkennen und die Demokraten als liberaler und die Republikaner als konservativer einstufen, wie dies in den letzten Jahren zu beobachten war.[2] Es ist nun zu fragen, ob es Gründe dafür gibt, daß die Wähler heute mehr als früher zwischen den Parteien differenzieren.

2.3. Mögliche Ursachen der beobachteten Entwicklung

Eine erste Erklärung könnte darin gesehen werden, daß ständig neue, junge Wähler ihren Einfluß zum Tragen brachten. Es konnte jedoch nachgewiesen werden, daß die in den letzten Jahren beobachteten Veränderungen in der politischen Differenzierungsbereitschaft oder -fähigkeit der Wähler in allen Altersgruppen gleichermaßen stattfanden.[3] Ein weiterer Grund, der häufig zur Erklärung der beobachteten Wandlung vorgebracht wird, ist die bedeutende Verbesserung der formalen Ausbildung der Wähler,[4] aber auch dieses Phänomen ergibt keine befriedigende Erklärungsgrundlage[5]. "There is no obvious demographic cause for the changed awareness ... by the electorate."[6]

1) Vgl. J. Fishel, Party, a.a.O., S. 1231; J.L. Sullivan and R.E. O'Connor, Electoral Choice and Popular Control of Public Policy: The Case of the 1966 House Elections, in: American Political Science Review, Vol. LXVI (1972), S. 1256 ff., hier S. 1264 f.; S.J. Eldersveld, Political Parties, a.a.O., S. 475 f.

2) Vgl. G.M. Pomper, From Confusion to Clarity, a.a.O., S.421.

3) Vgl. ebda., S. 420; dennoch hat auch der Generationswechsel in den USA Konsequenzen für die Wettbewerbspositionen der Parteien und das Wahlverhalten gehabt, siehe P.R. Abramson, Generational Change in American Electoral Behavior, in:American Political Science Review, Vol. LXVIII (1974), S. 93 ff., passim.

4) Vgl. D.J. Palumbo, American Politics, a.a.O., S. 541 u. P.E. Converse, Belief Systems, a.a.O., S. 224 f.

5) Vgl. G.M. Pomper, From Confusion to Clarity, a.a.O., S. 421; N.H. Nie with K. Andersen, Mass Belief Systems, a.a.O., S. 567 - 571.

6) G.M. Pomper, From Confusion to Clarity, a.a.O., S. 421.

Deswegen wird von einigen Analytikern die Ansicht vertreten, daß die gestiegene Wichtigkeit politischer Vorgänge für die Wahlentscheidungen durch Veränderungen der politischen Problemstruktur ausgelöst wurde: weniger abstrakte und für die Wähler leichter zu verstehende Issues gewannen Bedeutung - mit der Folge, daß die Wähler generell issueorientierter wurden.[1] Dabei wird häufig angenommen, daß der durch starke programmatische Unterschiede zwischen den Spitzenkandidaten gekennzeichnete Wahlkampf des Jahres 1964 der amerikanischen Öffentlichkeit das Bestehen politischer Unterschiede deutlich demonstrierte und dadurch die Fähigkeit zur Wahrnehmung solcher Unterschiede vergrössert hat.[2]

Wenn diese Behauptung richtig ist, dann muß sich das in der Meinung der Wähler darüber manifestieren, welches das wichtigste politische Problem sei, wobei auch der Zeitpunkt eventueller Änderungen zu beachten ist.

Zunächst scheint hier die Frage wichtig, inwieweit die Wähler einen Vorrang innen- bzw. außenpolitischer Probleme gesehen haben, denn "domestic issues arouse the public and the government alike, but only rarely is the public acti-

1) Vgl. N.H. Nie with K. Andersen, Mass Belief Systems, a.a.O., S. 571-578 u. A.H. Miller, Political Issues and Trust in Government: 1964 - 1970, a.a.O., S. 38. Diese Erklärung für die gesunkene Bedeutung der Parteiidentifikation wird auch von den Vertretern der "Normal-Vote"-Theorie akzeptiert, die dadurch - zu Recht - die theoretische Relevanz ihres Konzeptes nicht widerlegt sehen, siehe W.E. Miller, The Cross-National Use of Party Identification as a Stimulus to Political Inquiry, Paper to be presented at the Workshop on Participation, Voting, and Party Competition, ECPR Joint Sessions, Strasbourg, 28 March - 2 April 1974, S. 2.

2) Vgl. G.M. Pomper, From Confusion to Clarity, a.a.O., S. 423. Es konnte gezeigt werden, daß auch 1964 die Parteibindung die Stimmabgabe nur zu einem kleinen Teil erklären konnte, siehe J.H. Kessel, Goldwater Coalition, a.a.O., S. 295, Schaubild 15. Kessel nimmt an, daß die anstelle der Parteiidentifikation dominierenden Einstellungen, vor allem die 1964 gestiegene Bedeutung von Issues (ebda., S. 344), auch nach der Wahl die Wähler weiter beeinflußten (ebda., S. 301).

vated by questions of foreign policy"[1]. Tabelle 24 zeigt, daß ab 1964 außenpolitische Probleme (ausgenommen im Jahre 1968) eine **geringere** Rolle gespielt haben als zuvor: diese Beobachtung deckt sich zeitlich mit denen über die geänderte Bedeutung politischer Probleme für die Wähler.

Tabelle 24: Anteil der Nennungen als wichtigstes nationales Problem 1956 - 1972 in v.H. (Bei Fragen mit mehr als einer Antwort bezogen auf alle erfolgten Nennungen)

Problembereich	1956[a]	1960[b]	1964[c]	1966[d]	1968[e]	1970[f]	1972[g]
Innenpolitische Probleme	49,5	58,8	64,7	60,5	48,7	75,3	68,9
Außenpolitische Probleme	50,5	41,2	35,3	39,5	51,3	25,7	31,1

a) G.H. Gallup, The Gallup Poll. Public Opinion 1935 - 1971. Vol. 2, 1949 - 1958, New York 1972, S. 1447 f.

b) Inter-University Consortium for Political Research (Hrsg.), The 1960 Election Study (SRC 440), revid. ICPR-Ausg., Ann Arbor/Mich. 1971

c) Ders. (Hrsg.), The 1964 Election Study (S 473), revid. ICPR-Ausgabe, Ann Arbor/Mich. 1971.

d) Ders. (Hrsg.), The SRC 1966 American National Election Study (SRC 504 - ICPR 7259), ICPR-Ausg., 2. Aufl., Ann Arbor/Mich. 1972.

e) Ders. (Hrsg.), The SRC 1968 American Election Study (SRC 45523), Ann Arbor/Mich. 1971.

f) Ders. (Hrsg.), The CPS 1970 American National Election Study (CPS 49517), ICPR-Ausgabe, Ann Arbor/Mich. 1971.

g) Ders. (Hrsg.), The 1972 Election Study, Study-No. 7010, Ann Arbor/Mich. 1973.

Schlüsselt man die Struktur der als wichtig perzipierten Probleme nun weiter auf, so wird erkennbar, daß 1964, 1966

1) J.N. Rosenau, Foreign Policy as an Issue-Area, in: J.N. Rosenau (Ed.), Domestic Sources of Foreign Policy, New York 1967, S. 11 ff., hier S. 34.

und 1970 die Außenpolitik kaum als wichtiger angesehen wurde als andere, den Wähler direkter berührende Probleme wie Wirtschaftsfragen, öffentliche Ordnung ("Law and Order") und Wohlfahrtsprobleme (siehe dazu Tabelle 25). Dabei ist

Tabelle 25: Nennungen einzelner Probleme als "wichtigstes nationales Problem" 1956 - 1970 in v.H.[a]

(in Klammern: Rangplatz des Problems)

Problembereich	1956[b]	1960	1964	1966	1968	1970
öffentl. Wohlfahrt	----[b]	41,3 (2)	55,2 (2)	16,6 (4)	11,9 (3)	52,8 (3)
Landwirtschaft u. Umwelt	5 (4)	19,8 (6)	5,9 (6)	1,4 (8)	1,1 (7)	16,5 (5)
"Labor Problems"	----[b]	7,3 (8)	2,4 (8)	1,6 (6)	0,5 (8)	3,5 (7)
Rassenprobleme u. öffentl. Ordnung	23 (2)	20,1 (5)	41,4 (3)	17,4 (3)	27,6 (2)	70,9 (1)
Wirtschaft	17 (3)	29,2 (3)	19,0 (4)	21,7 (2)	6,4 (4)	40,1 (4)
Außenpolitik	46 (1)	60,8 (1)	62,9 (1)	39,7 (1)	50,2 (1)	60,4 (2)
Verteidigung	2 (5)	27,4 (4)	7,7 (5)	1,4 (7)	1,1 (6)	2,7 (8)
Funktionieren der Regierung	----[b]	8,0 (7)	5,6 (7)	4,5 (5)	1,7 (5)	8,4 (6)
Summen	119[c]	213,9	200,1	104,3	100,5	255,3

a) Quellen siehe Tabelle 35; die Zahl der Nennungen addiert sich zu mehr als 100 %, wenn mehr als eine Antwort gegeben werden durfte und gecodet wurde (1966 und 1968 entsteht die über 100 % liegende Summe durch Rundungsfehler).

b) Die Kategorien für 1956 (Gallup-Daten) weichen z.T. erheblich von denen des SRC für 1960 - 1970 ab. Der Verfasser hat versucht, die Daten für 1956 so neu zu gruppieren, daß bestmögliche Vergleichbarkeit über den gesamten Zeitraum hinweg hergestellt wurde.

c) Die Differenz zwischen der Summe und den in der Tabelle für die einzelnen Problembereiche genannten Häufigkeiten entfallen auf nicht vergleichbar kategorisierbare Bereiche (siehe Anmerkung b).

zu beachten, daß Außenpolitik den Wähler dann recht stark bewegen kann, wenn sie inländische Interessen unmittelbar berührt[1] - und das kann für den Zeitraum ab 1968 mit Sicherheit angenommen werden, da hier die dominierende Komponente der von den Befragten als wichtig perzipierten außenpolitischen Problematik der Vietnamkonflikt war: der Vietnam-Krieg war durch die mit ihm verbundene allgemeine Wehrpflicht und seine zahlreichen Opfer in vielen amerikanischen Haushalten direkt oder indirekt spürbar.

Andererseits spricht auch die große Bedeutung von Wirtschafts- und Wohlfahrtsproblemen für die These, daß die Änderungen des Wahlverhaltens ihre Ursache in der politischen Problemstruktur haben können: das Ausmaß als legitim angesehener staatlicher Eingriffe in den Wirtschaftsprozeß ist ein Issue, das starke parteipolitische Differenzierungen aufweist, bei dem deutlich die Demokratische Partei als die Partei perzipiert wird, die solche Interventionen eher vorzunehmen bereit ist, und hinsichtlich dessen die größte Konsistenz der politischen Anschauungen der Wähler festgestellt werden konnte.[2] Die Ansicht, daß die Änderung des Wahlverhaltens aus Veränderungen der Konfliktstruktur resultieren könnte, scheint also begründet zu sein. Es kann angenommen werden, daß die Bedeutung von Issues von der jeweiligen Problemstruktur abhängt. Anders formuliert: die Relevanz politischer Issues für das Wahlverhalten wird vom gesamten politischen Umfeld einer Wahl bestimmt.[3] Dieses Ergebnis hat wichtige Implikationen für die Theorie des Wahlverhaltens.

---

1) Vgl. J.N. Rosenau, Foreign Policy as an Issue-Area, a.a.O., S. 49.

2) Vgl. J. Fishel, Party, Ideology and the Congressional Challenger, a.a.O., S. 1219.

3) Vgl. J.O. Field and R.E. Anderson, Ideology, a.a.O., S. 397 und W. Kaltefleiter, Zwischen Konsens und Krise. Eine Analyse der Bundestagswahl 1972, Jahrbuch "Verfassung und Verfassungswirklichkeit" 1973 I, Köln/Berlin/Bonn/München 1973, S. 75 f.

2.4. Die Bedeutung der eingetretenen Wandlung

Aufgrund der aus empirischen Untersuchungen abgeleiteten Aussagen über die Änderungen des Wahlverhaltens haben die Vertreter der "Normal-Vote"-Theorie implizit oder explizit zugestehen müssen, daß der politischen Problemstruktur größere Bedeutung zukommt, als sich aus früheren Wahlstudien ergeben hatte, und daß die Anerkennung der gewachsenen Bedeutung der Issue-Perzeptionen ein wichtiges Korrektiv zum "Concept of a Normal Vote" darstellt.[1]

Die in den fünfziger Jahren gewonnenen Ansichten der Begründer der "Normal-Vote"-Theorie waren zeitgebunden. Neuere Analysen belegen, daß von den politischen Problemen ein bedeutender Einfluß auf die Wahlentscheidungen ausgeübt werden kann.[2] Dabei muß man sich darüber im klaren sein, daß "one and the same issue can determine the voting in different ways on **separate occasions** and different issues can determine various election campaigns"[3].

Das wichtigste Fazit der Diskussion über die Bedeutung politischer Problemstrukturen für das Wahlverhalten aber

1) P.E. Converse, W.E. Miller, J.G. Rusk, and A.C. Wolfe, Continuity and Change in American Politics, a.a.O., S. 1o95 f.; W.E. Miller, Voting and Foreign Policy, in: J.N. Rosenau (Ed.), Domestic Sources of Foreign Policy, New York 1967, S. 213 ff., hier S. 214 und 226; D.E. Stokes, Dynamic Elements, a.a.O., S. 19 u. 25; P.E. Converse, A.R. Clausen, and W.E. Miller, Electoral Myth and Reality: The 1964 Election, in: American Political Science Review, Vol. LIX (1965), S. 321 ff., hier S. 327 - 331.

2) Daß Issues potentiell einen Einfluß auf das Wahlverhalten ausüben können und daß die Bedeutung von Issues für das Wahlverhalten in jeder Wahl unterschiedlich sein kann - obwohl die Relevanz von Issues tendenziell zugenommen hat - zeigen anhand des bundesrepublikanischen Wahlverhaltens K.L. Baker, R.J. Dalton, and K. Hildebrandt, Political Affiliations: Transition in the Bases of German Partisanship, Paper to be presented at the Workshop on Empirical and Theoretical Analysis of Party Systems, ECPR Joint Sessions, London, April 7 - 12, 1975, insbes. S. 22 - 26.

3) G. Sjöblom, Party Strategies, a.a.O., S. 209.

scheint zu sein: Issues und die Perzeption der Issue-Positionen von Parteien und Kandidaten müssen a priori für die Analyse einer gegebenen Wahl als Faktoren von größter Relevanz betrachtet werden, und so "kommt schließlich und endlich die Politik wieder in die Analyse von Wahlverhalten hinein"[1], anstatt Untersuchungen vorwiegend auf relativ stabile sozioökonomische oder psychologische Variable zu konzentrieren. Das Wahlverhalten zeigt auch in den USA genügend Instabilität, um analytisches Gewicht auf dynamische Elemente der Politik zu legen.[2] Eines der dynamischsten Elemente aber sind die politischen Konflikte. "Politics ... cannot be conceptualized apart from conflict. Politics is the conflicts and tensions between the various groups and between the several purposes of society, and the acts and events related to them ..."[3]

2.5. Vorgehen bei der Analyse von Issue-Einflüssen

Wie Issue-Einflüsse analytisch optimal erfaßt werden können, ist eine nicht abschließend geklärte Frage. Neben einigen Ansätzen, die fiktive "Kosten" oder "Nutzen"[4] des Wählens benutzen, gibt es andere, die die Wählerschaft in "issue publics"[5] aufteilen und eine große Vielfalt eher

---

1) M. Kaase, Determinanten des Wahlverhaltens bei der Bundestagswahl 1969, in: Politische Vierteljahresschrift, XI. Jg. (1970), S. 46 ff., hier S. 55.

2) Vgl. R.M. Merelman, Electoral Instability and the American Party System, in: Journal of Politics, Vol. 32 (1970), S. 115 ff., hier S. 120.

3) P.W. Sperlich, Conflict and Harmony in Human Affairs: A Study of Cross-Pressures and Political Behavior, (American Politics Research Series, ed. by A. Wildavsky), Chicago 1971, S. 183 (Hervorhebung im Original).

4) Vgl. M.J. Shapiro, Rational Political Man, a.a.O., S. 1112 ff. u. A. Downs, An Economic Theory of Democracy, New York 1957.

5) P.B. Natchez and I.C. Bupp, Candidates, Issues, and Voters, in: E.C. Dreyer and W.A. Rosenbaum (Eds.), Political Opinion and Behavior: Essays and Studies, 2. Aufl., Belmont 1970, S. 427 ff., passim (ursprünglich veröffentlicht in: Public Policy 1968, S. 409 - 437).

deskriptiver Ansätze. Am vielversprechendsten scheint der von Butler und Stokes vorgetragene Ansatz zu sein:[1] um den Einfluß von issue-bezogenen Perzeptionen zu bestimmen, muß man (1) untersuchen, welche Issues der Wählerschaft als am wichtigsten[2] erscheinen, (2) ermitteln, wie die Meinungen zu diesen Problemen in der Öffentlichkeit verteilt sind, und (3) bestimmen, wie die Positionen der Parteien und Kandidaten zu diesen Problemen beurteilt werden. "The sharpest impact ... will be made by issues ... on which attitudes are widely formed, on which opinion is far from evenly divided and on which the parties are strongly differentiated in the public's mind."[3]

Es ist nun zu prüfen, ob die Wähler - entsprechend den Thesen neuerer Analysen - auch 1972 zwischen den Parteien und Kandidaten differenziert haben und ob diese Differenzierungen mit issuebezogenen Einstellungen erklärt werden können.

---

1) D. Butler and D. Stokes, Political Change in Britain, London 1969, S. 341 ff.; siehe auch H.D. Klingemann, Issue-Kompetenz, a.a.O., S. 229 f.; ähnlich auch S.J. Eldersveld, Political Parties, a.a.O., S. 484.

2) "Wichtig" wird hier im Sinne des englischen Terminus "salient" verwendet, für den keine adäquate Überstzung existiert. Salient bedeutet etwa, daß ein Issue vom Wähler als für die nationale Politik bedeutsam angesehen wird und daß das Issue darüber hinaus von persönlicher Wichtigkeit für den Wähler ist, daß der Wähler diesem Issue Aufmerksamkeit widmet und daß er es als für sei- Wahlentscheidung relevant ansieht. Für derartige Einschätzungen der Wähler können die Medien von großer Relevanz sein (s.o., S. 77 f.). Der Terminus salient wird im folgenden mit "relevant", "wichtig" und ähnlichen Ausdrücken umschrieben.

3) D.Butler and D.Stokes, Political Change in Britain, a.a.O., S. 342. Butler/Stokes kategoriesieren Issues dabei in "policy defined" Issues (bei denen der Bürger - dem professionellen Politiker gleich - zielmittelrationale Entscheidungen treffen muß, die ihn i.a. überfordern) und "goal or value defined issues" (bei denen die Bürger die Ziele lediglich bewerten und die Sachentscheidungen den Politikern überlassen bleiben) und differenzieren weiter in "position issues" (gekennzeichnet durch Konflikt in Parteien und Wählerschaft) und "valence issues" (Konsens bei Parteien und Wählern), vgl. D.Butler and D.Stokes, ebda., S. 174 u. 189; H.D. Klingemann, Issue-Kompetenz, a.a.O., S. 229 f.; D.E. Stokes, Dynamic Elements, a.a.O., S. 19 ff.; ähnlich auch R.Rose, The Problem of Party Government, London and Basingstoke 1974, S. 98 ff.

2.6. Perzipierte Differenzen zwischen Parteien und Kandidaten 1972

2.6.1. Perzipierte generelle Differenzen

Zunächst ist hier an Differenzierungen zwischen den politischen Akteuren zu denken, die nicht nur aus der speziellen, für 1972 relevanten Problemstruktur, sondern vor allem aus den in der Vergangenheit gemachten Erfahrungen der Wähler resultieren.

Diese Erfahrungen äußern sich in ihrer einfachsten Form in einer globalen Sympathie oder Antipathie für die konkurrierenden politischen Akteure.

Tabelle 26 zeigt dazu, daß der Durchschnitt der Befragten 1972 die Demokratische Partei positiver einschätzte als

Tabelle 26: Anteil der Befragten, die an den Parteien und den Kandidaten etwas mögen oder etwas nicht mögen in v.H.[a]

Befragtengruppen		Parteien		Kandidaten	
		Demokratische	Republikanische	McGovern	Nixon
Alle	es mögen etwas	51,0	41,9	39,9	66,8
	es mögen etwas nicht	46,3	49,3	60,1	33,2
Demokraten	es mögen etwas	72,2	27,9	53,7	52,6
	es mögen etwas nicht	37,5	63,2	46,3	47,4
Republikaner	es mögen etwas	27,2	73,9	21,3	91,6
	es mögen etwas nicht	65,4	35,6	78,8	8,4
Unabhängige	es mögen etwas	43.3	36,3	37,5	67,4
	es mögen etwas nicht	44,6	44,0	62,5	32,6

a) Quelle: ICPR-Wahlstudie 1972.

die Republikanische, wobei erwartungsgemäß diejenigen, die sich mit einer der Parteien identifizierten, die Partei bevorzugten, an die sie sich gebunden fühlten. Die Unabhängigen fanden an beiden Parteien überwiegend Züge, die sie "nicht mochten", wobei allerdings die Demokraten günstiger beurteilt wurden als die Republikaner. Die Beurteilung der Kandidaten wich stark von der der Parteien ab: in allen Befragtengruppen wurde McGovern eindeutig schlechter als die Demokratische Partei beurteilt, während Nixon ebenso deutlich in allen Gruppen seiner Partei vorgezogen wurde. Insgesamt entdeckten nur ca. 40 % der Befragten an McGovern Eigenschaften, die ihn in einem positiven Licht erscheinen ließen; Nixon dagegen wurden solche Eigenschaften von zwei Dritteln der Befragten zugesprochen. Selbst unter den Anhängern der Demokratischen Partei wurde McGovern nicht signifikant besser beurteilt als Nixon. Während also für die Parteien hier kein eindeutiger Vorteil aufzufinden ist, wird gleichzeitig erkennbar, daß Nixon in einer sehr viel günstigeren Position war als McGovern. Diese ausgeprägte Differenzierung wird durch die Messungen auf dem Sympathie-Thermometer[1] noch verdeutlicht(siehe Tabelle 27 und Schaubilder 12 u. 13): Im Durchschnitt wurde

Tabelle 27: Mittelwerte der Einschätzung der Parteien und Kandidaten auf dem Sympathiethermometer[a]

Befragtengruppen	Parteien		Kandidaten	
	Demokratische	Republikanische	McGovern	Nixon
Alle Befragten	66,1	62,9	48,9	65,5
Demokraten	75,6	58,2	59.6	55,8
Republikaner	55,9	73,6	31,6	83,3
Unabhängige	62,8	60,7	47,8	65,1

a) Quelle: ICPR-Wahlstudie 1972.

1) Die Skala des Sympathiethermometers ist wie folgt zu interpretieren: ein Wert von 50 zeigt neutrale Gefühle an, ein Wert von 97 steht für größtmögliche Sympathie und ein Wert von 0 sagt aus, daß für das zu beurteilende Objekt absolut kalte Gefühle bestehen.

Schaubild 12: Einschätzung der Parteien auf dem Sympathie-Thermometer

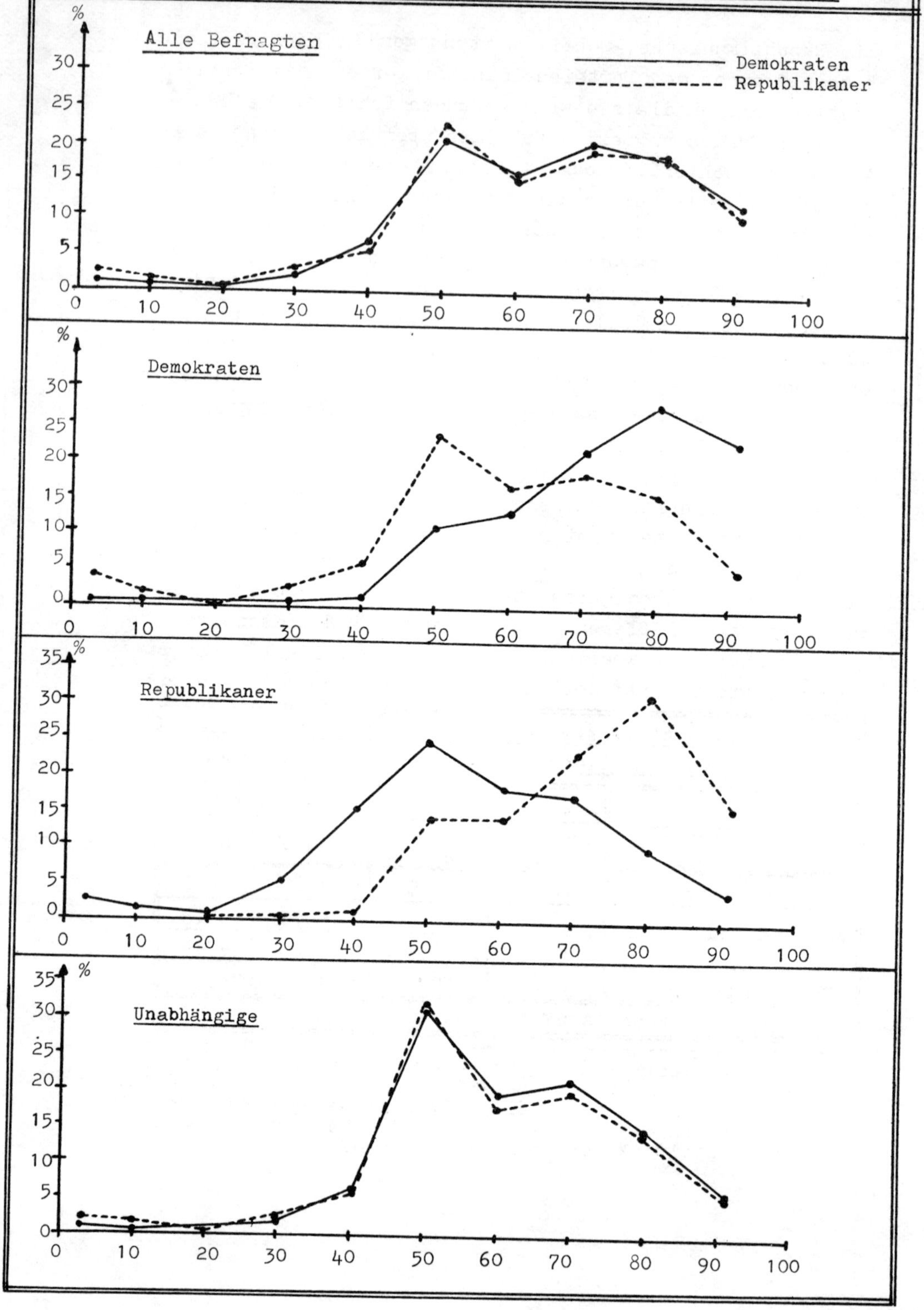

Schaubild 13: Verteilung der Einstufung der Kandidaten auf dem Sympathie-Thermometer - Relative Häufigkeiten in Prozent

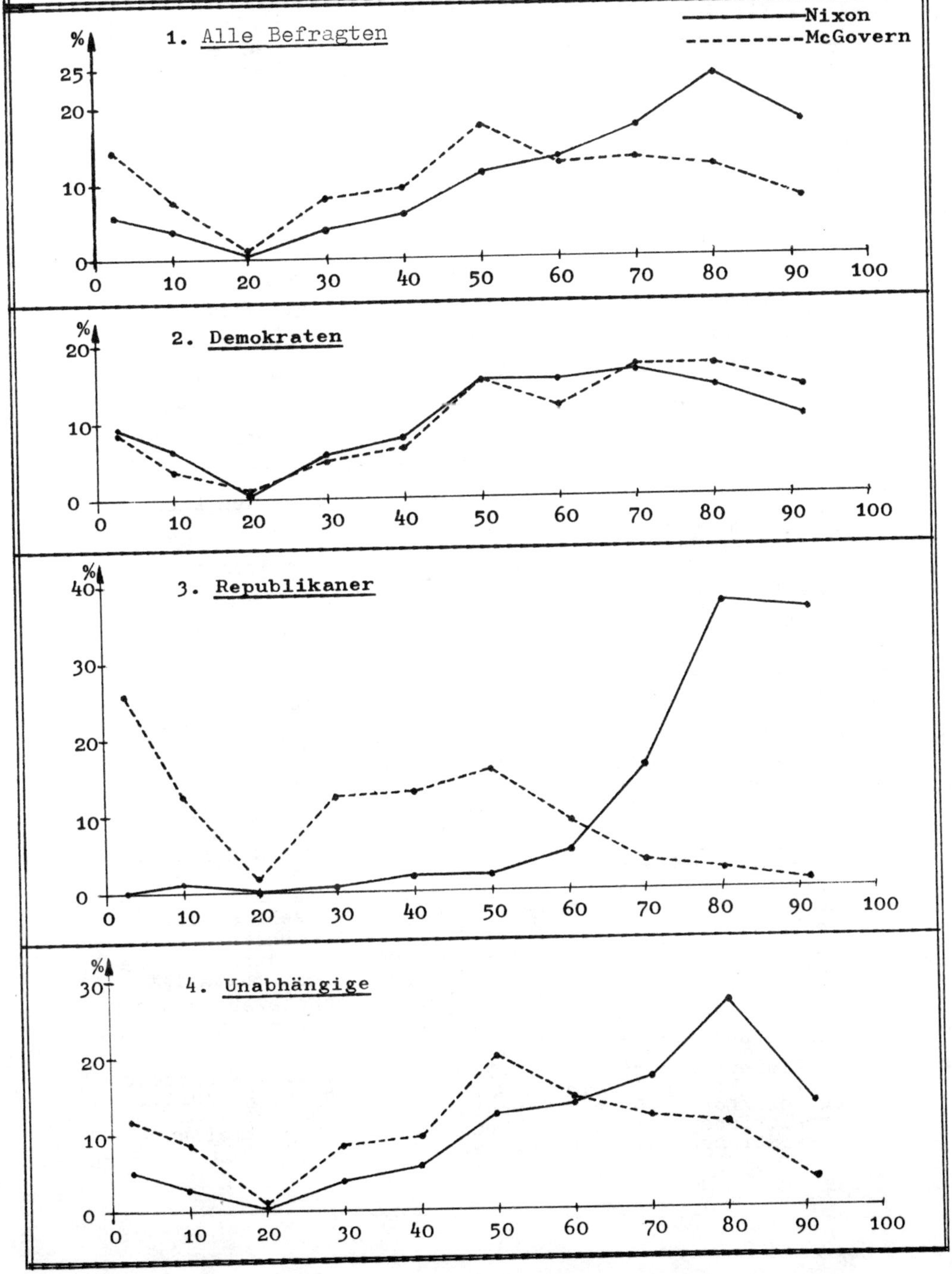

die Demokratische Partei als am sympathischsten eingestuft, mit nur geringem Abstand gefolgt von Nixon und der Republikanischen Partei; McGovern dagegen wurde mit weitem Abstand zu den anderen Akteuren von den Befragten als etwas unsympathisch eingestuft.[1] Die Parteigebundenen zogen eindeutig "ihre" Partei vor und den Ungebundenen waren die Demokraten sympathischer als die Republikanische Partei, wobei - wie in der Gesamtpopulation - die Einstufung der Parteien nicht sehr unterschiedlich war. Zwischen den Kandidaten wurde sehr viel stärker **differenziert** als zwischen den Parteien, wobei McGovern eindeutig weniger Sympathien fand als Nixon und selbst bei den Anhängern der Demokratischen Partei kaum besser als Nixon eingeschätzt wurde. Auch die Messungen auf dem Sympathie-Thermometer offenbaren also eine Unterscheidung zwischen den Parteien und ihren Kandidaten, die nicht mit den in der Vergangenheit gemachten Erfahrungen der Befragten erklärt werden kann, wenn die Kandidaten als Exponenten ihrer Parteien angesehen werden. Dabei **bestehen** sowohl zwischen der Sympathie für die Parteien als auch zwischen der Sympathie für die Kandidaten und der Parteiidentifikation der Befragten z.T. beachtliche Korrelationen[2] (siehe dazu Tabelle 28). Dieser

1) Schaubilder 12 u. 13 beruhen auf den Daten der Tabelle 27, die folgendermaßen gruppiert wurden: Sympathiewerte von 0-5/6-15/16-25/26-35/36-45/46-55/56-65/66-75/76-85/86-97; die relativen Häufigkeiten wurden über den Klassenmittelpunkten eingetragen. Die Schaubilder zeigen deutlicher als die Tabelle, wie ähnlich die Parteien von der Gesamtheit und den Unabhängigen eingestuft und wie klar andererseits zwischen den Kandidaten und zwischen Kandidaten und Parteien differnziert wurde. Bei den Parteigebundenen waren die Verteilungen für die jeweils "eigene" und jeweils **"gegnerische"** Partei sehr ähnlich. Die Vermutung, daß Sympathie für eine tendenziell mit Ablehnung der anderen Partei einhergeht, wird durch die Berechnung entsprechender Korrelationen **nicht bestätigt**, sondern es zeigt sich, daß es keinen nennenswerten Zusammenhang gibt: Alle: r=0,0244; Dem.: r=0,0668; Rep.: r= 0,1265; Unabh.: r=0,2771.

2) Koeffizienten nach Bravais-Person, siehe T.H. Wonnacott and R.J. Wonnacott, Introductory Statistics, 2. Aufl., New York/London/Sydney/Toronto 1972, S. 329-336. Die Korrelationen für die Teilgruppen ähneln partiellen Korrelationen, siehe ebda., S. 349 ff.

Tabelle 28: Bravais-Pearson-Korrelationen zwischen Richtung und Intensität der Parteiidentifikation und Einstufung der Parteien bzw. der Kandidaten auf dem Sympathie-Thermometer[a]

	Alle Befragten	Demokraten	Republikaner	Unabhängige
Demokratische Partei	-0,4479	-0,3101	-0,0945	-0,1593
Republikanische Partei	0,3266	0,1730	0,1454	0,2594
McGovern	-0,4318	-0,2289	-0,2250	-0,3404
Nixon	0,4548	0,2374	0,2123	0,3485

a) Quelle: Eigene Berechnungen nach ICPR-Wahlstudie 1972.

Zusammenhang legt den Schluß nahe, daß die Sympathie der Befragten für Parteien und Kandidaten stark dadurch beeinflußt wird, an welche Partei sich jemand mit welcher Intensität gebunden fühlt.

Diese Beobachtungen lassen sich graphisch durch lineare Regressionen[1] veranschaulichen, die in den Schaubildern 14 und 15 dargestellt werden: Demokraten hielten die Demokratische Partei für sympathischer als die Republikanische, Republikanisch Gebundene bevorzugten die Republikanische Partei und die Unabhängigen schätzten die Demokraten mehr, wenn sie zu dieser Partei tendierten und hielten die Republikanische Partei für sympathischer, wenn sie sich ihr näher fühlten als den Demokraten. Dabei zeigt Schaubild 14 einen bedeutsamen Unterschied zwischen den Befragten, die sich mit der Demokratischen bzw. der Republikanischen Partei identifizierten: die sich nur schwach

1) Siehe T. Yamane, Statistics. An Introductory Analysis, New York/Evanston/London/Tokyo 1966, S. 368 - 403.

Schaubild 14: Beziehung zwischen Parteiidentifikation (X) und Einstufung der Parteien auf dem Sympathiethermometer ($\hat{Y}$)
- Lineare Regressionen -

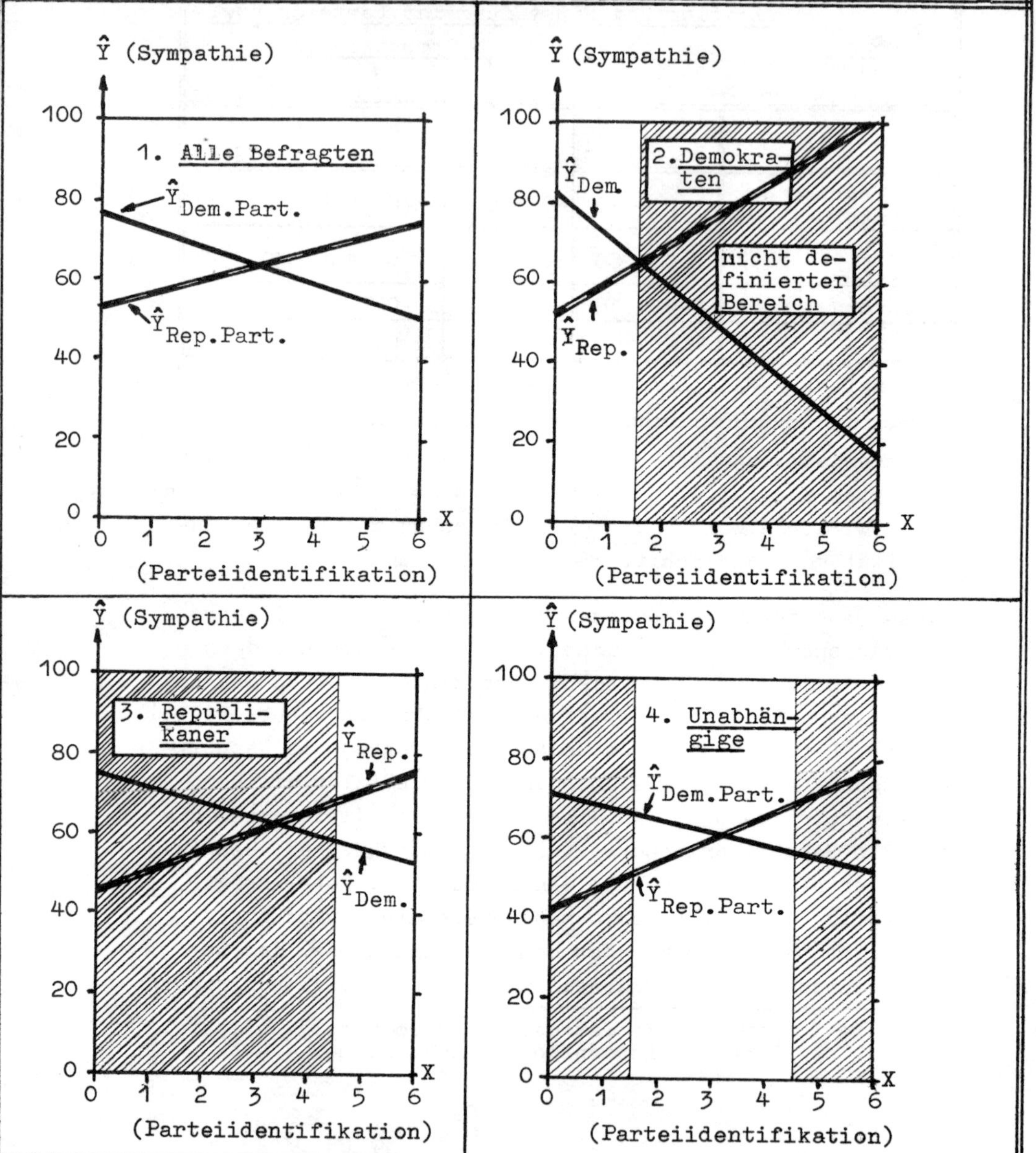

Skalenwerte: X ≙ Parteiidentifikation, wobei 0 ≙ stark Demokratisch, 3 ≙ Unabhängig, 6 ≙ stark Republikanisch.
$\hat{Y}$ ≙ Sympathie für Partei, wobei 0 ≙ keine Sympathien, 50 ≙ neutral, 100 ≙ äußerst sympathisch.

Schaubild 15: Beziehung zwischen Richtung und Intensität der Parteiidentifikation (X) und Sympathie für die Präsidentschaftskandidaten ($\hat{Y}$) - Lineare Regressionen

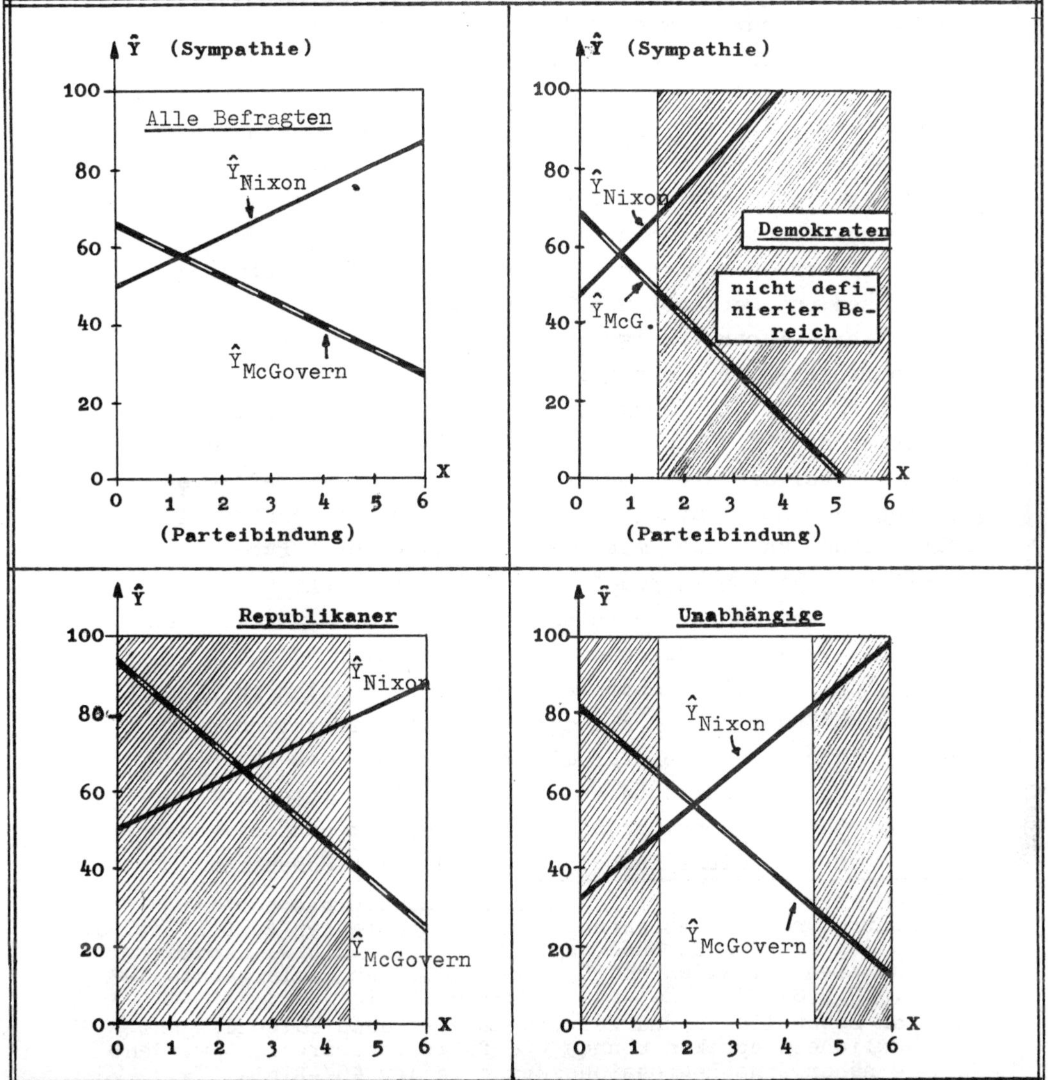

Skalenwerte: Parteibindung: 0 = stark Demokratisch, 1 = schwach Demokratisch, 2=Unabhängig mit Dem. Tendenz, 3 = Unabhängig ohne Tendenz, 4 = Unabhängig mit Rep. Tendenz, 5 = schwach Republikanisch, 6 = stark Republikanisch.

Sympathie: 0 = keine Sympathie, 50 = neutral, 100 = äußerst sympathisch mit der Demokratischen Partei identifizierenden Befragten fanden die Republikanische Partei nahezu genauso sympathisch wie die Demokratische, während die Republikanisch Gebundenen auch bei nur schwacher Intensität der Bindung noch klar ihre eigene Partei bevorzugten. Dies könnte entweder ein Ausdruck dafür sein, daß die Bindungen an die Demokratische Partei - vielleicht wegen ihrer Spaltung in Südstaaten-Konservative und Nordstaaten-Liberale - weniger stark sind als die an die Republikanische Partei, oder diese Beobachtung könnte ein Hinweis darauf sein, daß im Jahre 1972 bei den Befragten mit Demokratischer Parteibindung Einflüsse und Perzeptionen wirksam wurden, die diesen Wählern "ihre" Partei weniger sympathisch erscheinen ließen als normalerweise - ein solcher Einfluß könnte von der Nominierung McGoverns ausgegangen sein.[1] Diese Annahme wird durch Schaubild 15 unterstützt, das zeigt, daß für McGovern nur bei den stark Demokratisch gebundenen Befragten eindeutig größere Sympathien erwartet werden konnten als **für Nixon und daß mit der Änderung der Par**teiidentifikation in pro-Republikanischer Richtung eine rasche Abnahme der Sympathien für McGovern zu verzeichnen war. Ein Vergleich zwischen den Schaubildern 14 und 15 zeigt, daß (a) die Sympathien für die Kandidaten in einem stärkeren Zusammenhang mit der Parteiidentifikation standen als die Sympathien für die Parteien und daß (b) McGovern allgemein schlechter als seine Partei eingestuft wurde, während Nixon seiner Partei auf der Sympathiedimension überlegen war; diese Beobachtung wird durch Schaubild 16[2]

1) Für diese These spricht auch, daß McGovern einer der Hauptgründe zur Ablehnung der Demokratischen Partei war. Zu den Gründen für und gegen die Parteien bzw. Kandidaten siehe P. Nißen und D.H. Schmidt, Das Wahlergebnis 1972, a.a.O., S. 240 - 243 und ICPR-Wahlstudie 1972.

2) Das Schaubild 16 und weitere im Text noch folgende ganz ähnliche Graphiken können wie folgt interpretiert werden: je näher eine Regressionsgerade an der 45°-Linie ($\hat{Y}=X$) liegt, desto ähnlicher sind abhängige und unabhängige Variable verteilt, je größer die Fläche zwischen der Gerade und 45°-Linie, desto ungleicher sind diese Verteilungen. Je höher eine Gerade liegt, desto größer ist die Sympathie für einen Kandidaten. Je steiler (bei positiver oder negativer Steigung) eine Gerade verläuft, desto stärker ist der Zusammenhang zwischen unabhängiger und abhängiger Variable.

Schaubild 16: Beziehungen zwischen Sympathie der Wähler für die Parteien (X) und der Sympathie der Wähler für die Kandidaten ($\hat{Y}$) - Lineare Regressionen

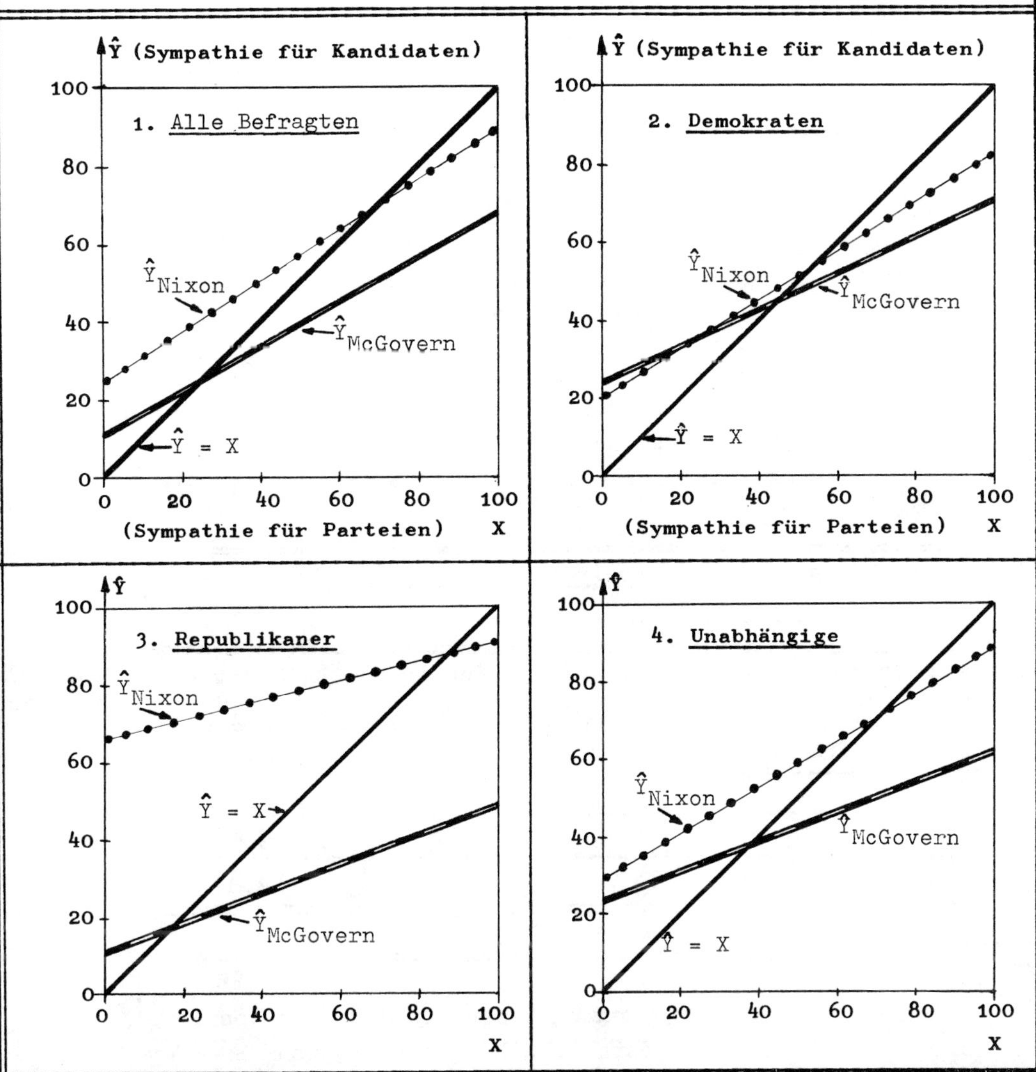

Skalenwerte: 0 ≙: keinerlei Sympathie; 50 ≙: neutral; 100 ≙: äußerst sympathisch.

klar veranschaulicht. Hinsichtlich der Wählersympathie ergab sich 1972 ein Vorteil für die Demokratische Partei und den Republikanischen Präsidentschaftskandidaten.

Diese starke Differenzierung zwischen den Parteien und ihren Kandidaten, die hinsichtlich der perzipierten Unterschiede zwischen Demokratischer Partei und McGovern bzw. zwischen Nixon und seiner Partei nicht aus den politischen Erfahrungen der Vergangenheit erklärt werden kann, wird auch bei einer zweiten Art von Einstellungen erkennbar, die auf der langfristigen Informationsspeicherung der Wähler beruhen: bei den vermuteten Unterschieden zwischen den politischen Grundtendenzen der Parteien und der Kandidaten.

Diese Einstufungen werden auf einer (angenommenen) liberal/konservativen Dimension gemessen. Dabei zeigte sich 1972, daß die Wähler ganz überwiegend die Republikanische Partei für konservativer ansahen als die Demokratische (siehe Tabelle 29).

Tabelle 29: Welche Partei ist konservativer? Nennungen 1972 in %[a]

Befragtengruppe	Demokrat. Part.	Republik. Partei	Kein Unterschied
Alle Befragte	15,1	57,3	27,6
Demokraten	22,1	49,2	28,7
Republikaner	11,2	59,2	29,6
Unabhängige	12,7	58,4	28,8

a) Quelle: ICPR-Wahlstudie 1972.

Dabei perzipierten die Republikaner mit dem höchsten Anteil der in Tabelle 29 dargestellten Befragtengruppen ihre Partei als die konservativere; allerdings fand sich auch die Ansicht, daß die Parteien keine generell unterschiedliche

Tendenz hätten, bei den Republikanisch gebundenen Befragten am häufigsten. Die Demokratische Gefolgschaft vertrat die Auffassung, daß die Republikaner konservativer seien als die Demokratische Partei, am seltensten, was vielleicht mit einer Tendenz konservativer Demokraten - insbesondere der konservativen Demokraten in den Südstaaten der USA - erklärt werden kann, die politische Linie ihrer Partei in Übereinstimmung mit ihren persönlichen Ansichten zu bringen. Daß die überwiegende Zahl der Befragten die Parteien nicht nur aufgrund bekannter Klischees als liberaler oder konservativer einstuft, läßt sich zeigen, wenn man die Sympathie der Befragten für die Parteien mit ihrer Sympathie für "Konservative" bzw. "Liberale" in Beziehung setzt, wie dies in den Schaubildern 17 und 18 getan wurde.

Diese Schaubilder zeigen, daß die Demokratische Partei und McGovern von solchen Befragten sympathisch gefunden wurden, die "Liberale" als sympathisch und "Konservative" als unsympathisch einstuften, unsympathisch waren die Demokraten denen, die eher Sympathie für "Konservative" als für "Liberale" empfanden. Die Republikanische Partei und Nixon waren den Befragten umso sympathischer, je sympathischer (unsympathischer) die Befragten die "Konservativen" (Liberalen) fanden. Die Schaubilder zeigen auch, daß die Sympathien für die Kandidaten stärker als die Sympathien für die Parteien mit den Einstellungen der Befragten zu "Liberalen" bzw. "Konservativen" verbunden wurden. Dabei wurde Richard Nixon bei den Republikanischen Befragten nahezu unabhängig von den Einstellungen zu "Liberalen" bzw. "Konservativen" und weitaus besser als McGovern als sehr sympathisch eingestuft, während die Sympathie der Demokratischen Gefolgschaft für McGovern sehr stark davon abhing, welche Sympathie diese Befragten für "Konservative" bzw. "Liberale" empfanden: McGovern war nur dem liberalen Teil der Demokratisch orientierten Befragtengruppe sympathisch,

Schaubild 17: Beziehung zwischen der Einstufung von "Liberalen" bzw. "Konservativen" auf dem Sympathiethermometer (X) und der Einstufung der Parteien auf dem Sympathiethermometer ($\hat{Y}$) - Lineare Regressionen

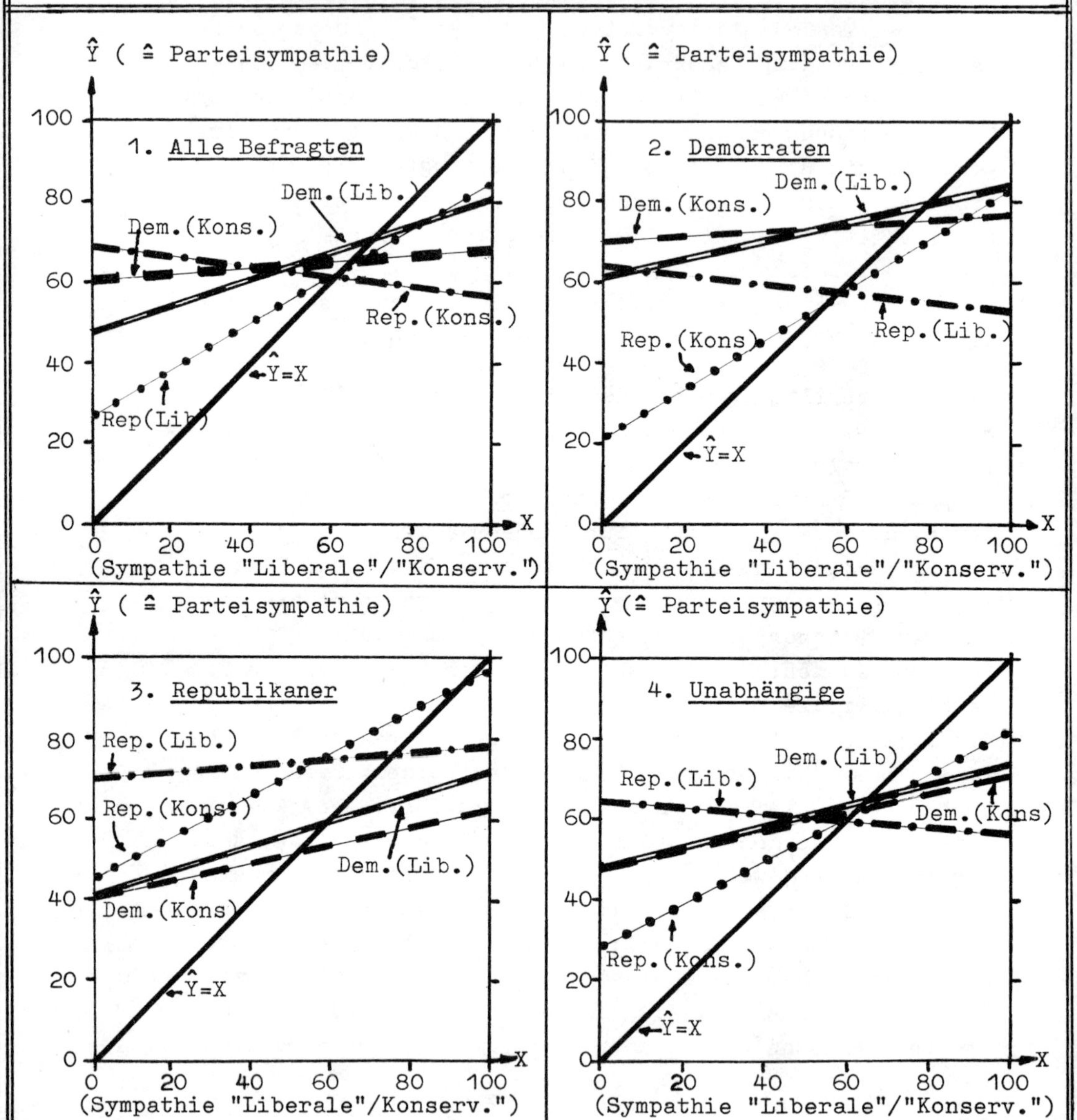

Skalenwerte: 0 ≙ keinerlei Sympathie, 50 ≙ neutral, 100 ≙ äußerst sympathisch

Schaubild 18: Beziehungen zwischen Sympathien für "Liberale" bzw. "Konservative" (X) und Sympathien für die Kandidaten ($\hat{Y}$) - Lineare Regressionen

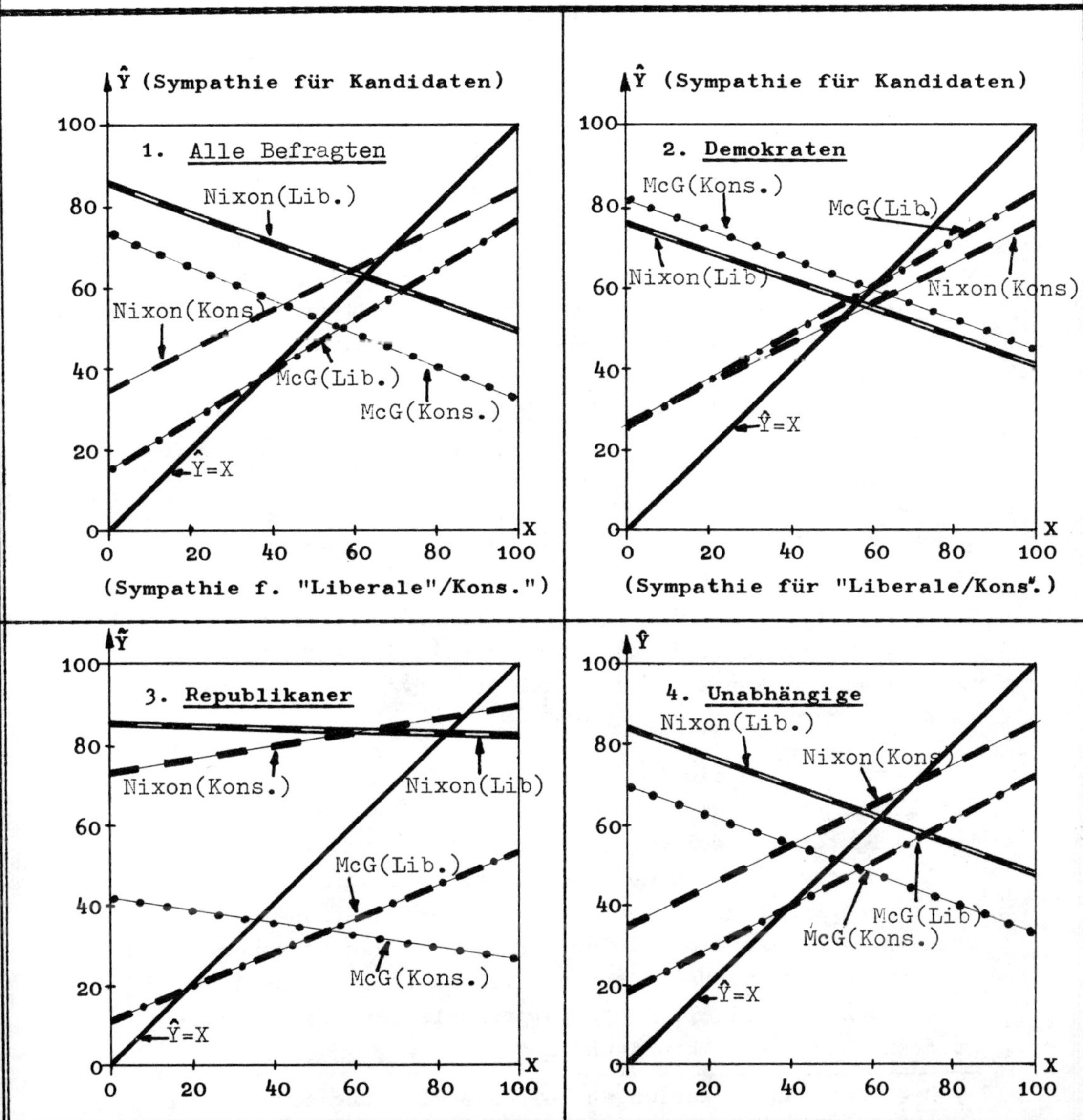

Skalenwerte: 0 ≙: keinerlei Sympathie; 50 ≙: neutral; 100 ≙: äußerst sympathisch.

die konservativen Demokraten schätzten tendenziell Nixon mehr als McGovern. Nixon hatte zudem die einhelligen Sympathien der Republikanisch Gebundenen auf seiner Seite und genoß auch bei den Unabhängigen einen Sympathievorsprung. Aus diesen Unterschieden zwischen der Einstufung der Parteien und ihrer Kandidaten kann geschlossen werden, daß McGovern nicht so eindeutig als typischer Repräsentant seiner Partei angesehen wurde wie dies auf der Gegenseite für Richard Nixon galt.

Insgesamt erhielten so die Demokratische Partei und McGovern das Etikett "liberal", während die Republikanische Partei und Nixon mit einer konservativen Haltung in Verbindung gebracht wurden. Diese Beobachtung wird - mit den erkennbar gewordenen Differenzierungen - auch durch die Messungen auf "konservativ/liberalen" Dimension bestätigt.[1] Die Einstufungen der Befragten selbst, der Parteien und der Kandidaten werden in den Schaubildern 19 und 20 dargestellt. Diesen Verteilungen zufolge hielten sich die Befragten - im Durchschnitt - für in der politischen Mitte angesiedelt, wo auch die Gruppe der Unabhängigen ihren Standort sah. Die Demokraten hielten sich für geringfügig liberaler als der Durchschnitt der Befragten, und die Republikaner stuften sich konservativer als andere Wähler ein (siehe Tabelle 30).

Insgesamt hielten die Befragten die Demokratische Partei für liberaler als sich selbst und sahen dabei die Demokratische Partei als weiter von sich entfernt an als die Republikanische, die von den Befragten konservativer als die eigene Position eingestuft wurde. Den Unabhängigen standen beide Parteien gleich nahe, wobei die Ungebundenen die Demokratische Partei als liberaler und die Republikanische Partei als konservativer als sich selbst einstuften. Die parteigebundenen Befragten empfanden erwar-

1) Diese Messungen werden auf einer Skala vorgenommen, die für Werte von 1 bis 7 definiert ist; der Wert 1 entspricht einer extrem liberalen, der Wert 7 einer extrem konservativen Position.

Schaubild 19: Perzipierte Position der Befragten selbst und der Parteien auf der liberal/konservativ-Skala 1972[a]

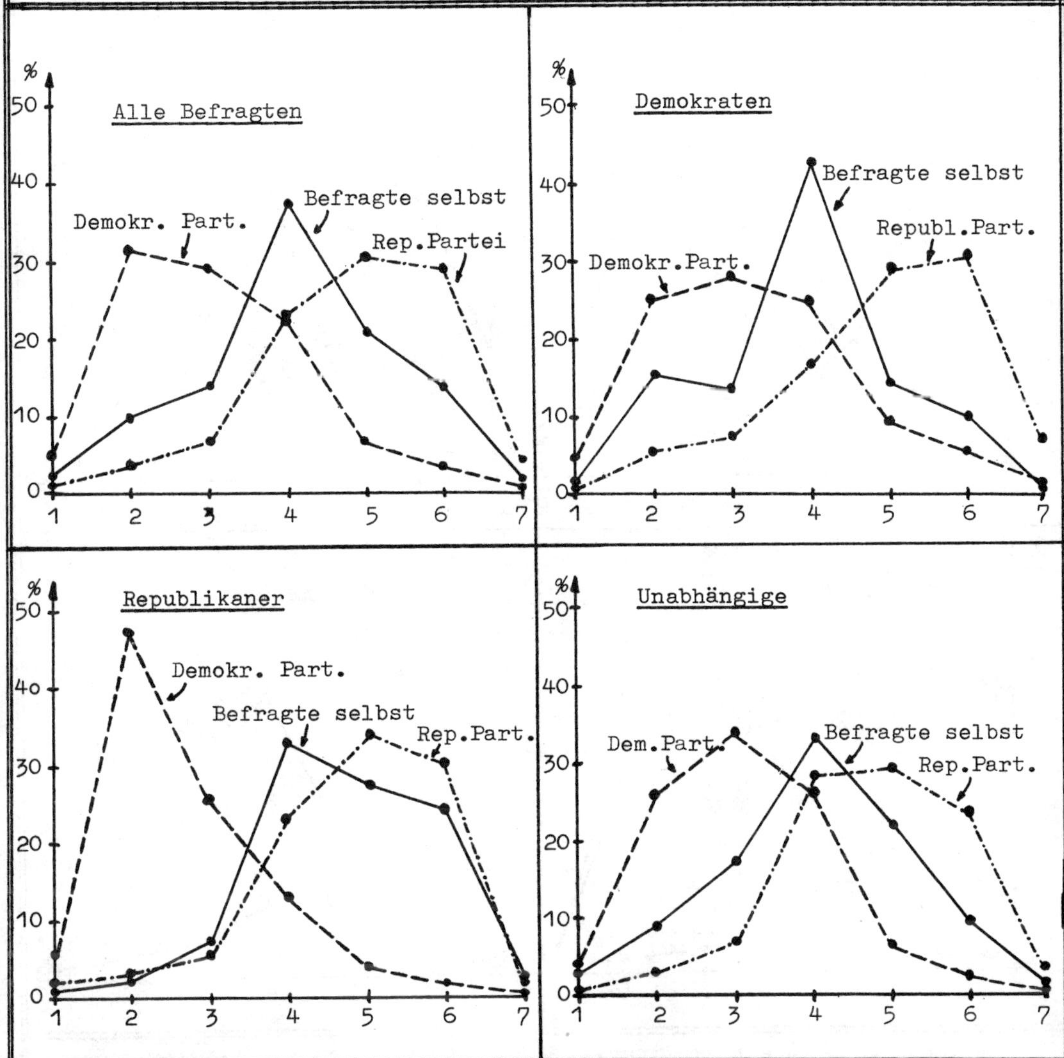

a) Skalenwerte: 1 ≙ extrem liberal; 4 ≙ neutral, Mitte; 7 ≙ extrem konservativ.

Schaubild 20: Perzipierte Positionen der Befragten selbst und der Kandidaten auf der liberal/konservativ-Skala 1972 in %.[a]

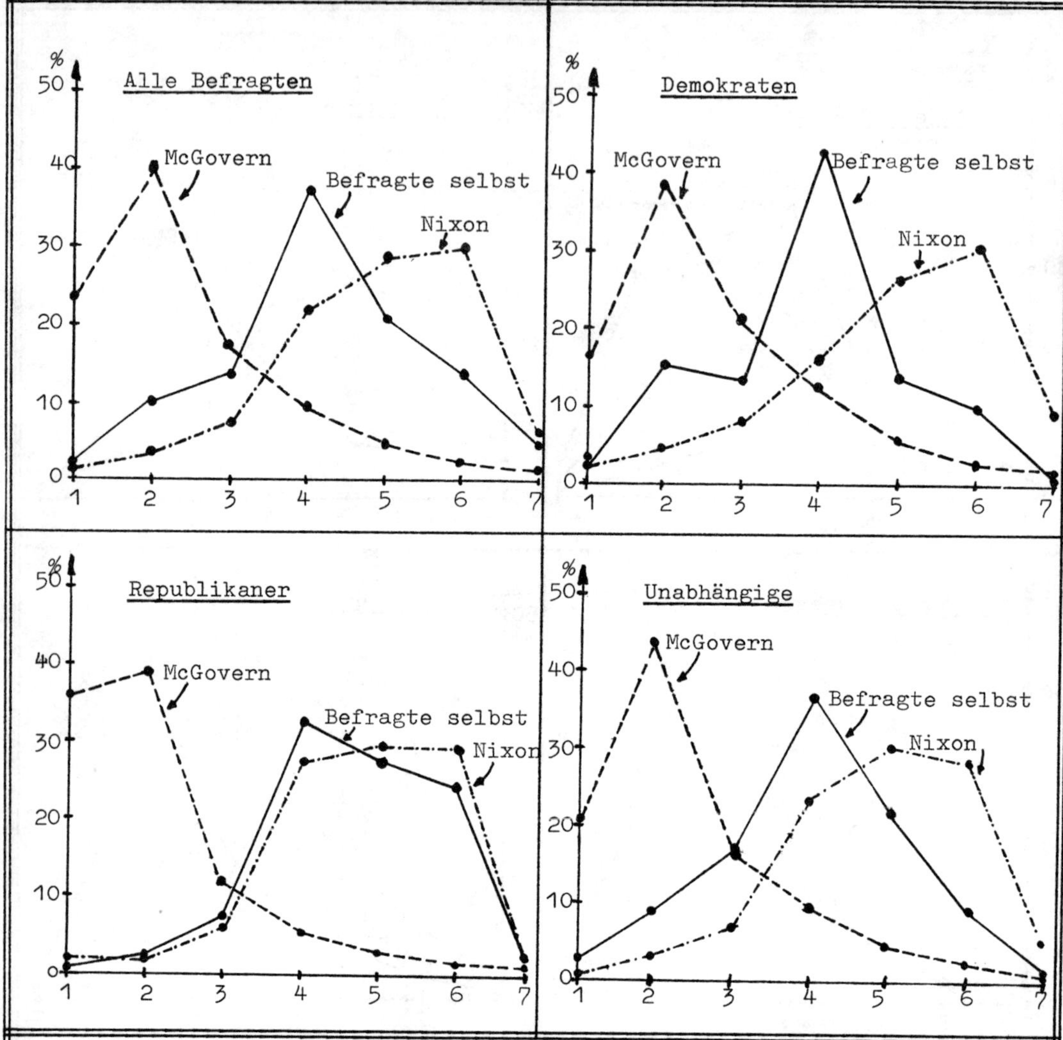

a) Skalenwerte: 1 ≙ extrem liberal; 4 ≙ neutral, Mitte; 7 ≙ extrem konservativ.

Tabelle 30: Mittelwerte der Einschätzung der Befragten selbst, der Parteien und der Kandidaten auf der liberal/konservativ-Skala[a,b]

Einzustufendes Objekt		Befragtengruppe			
		Alle	Demokraten	Republikaner	Unabhängige
Befragte selbst		4,1	3,8	4,7	4,0
Demokratische Partei	Mittel	3,2	3,3	2,7	3,2
	Abstand zu Befragten	1,0	0,5	2,0	0,8
Republikanische Partei	Mittel	4,9	4,9	4,9	4,8
	Abstand zu Befragten	0,8	1,1	0,2	0,8
McGovern	Mittel	2,4	2,7	2,1	2,5
	Abstand zu Befragten	1,7	1,1	1,4	1,5
Nixon	Mittel	4,9	4,9	4,8	4,9
	Abstand zu Befragten	0,8	1,1	0,1	0,9

a) Quelle: ICPR-Wahlstudie 1972. Die gesamten Verteilungen werden in den Schaubildern 19 und 20 dargestellt.

b) Skalenwerte: 1 ≙ extrem liberal; 4 ≙ neutral, Mitte; 7 ≙ extrem konservativ.

tungsgemäß ihre jeweils eigenen Parteien als ihnen politisch näherstehend, wobei die Republikaner sich sowohl in größerer Nähe zu ihrer eigenen als auch größerer Entfernung zur gegnerischen Partei sahen als dies bei den Demokraten der Fall war.

Hinsichtlich der perzipierten Positionen der Kandidaten auf der liberal/konservativen Dimension kann man feststellen, daß McGovern - wie die Demokratische Partei - zur liberalen Seite hin von den Positionen der Befragten abwich, während Nixon - ebenfalls seiner Partei vergleichbar - als konservativer als die Befragten eingestuft wurde. Allerdings ist dieser Vergleich der Kandidaten mit ihren Parteien in dieser Form höchst unvollständig, denn Nixon wurde in ähnlicher Entfernung von den Befragten gesehen wie die Republikanische Partei, während McGovern als beträchtlich weiter von den Positionen der Befragten entfernt gesehen wurde als die Demokratische Partei. Sogar die Anhänger seiner Partei meinten, daß McGovern ebenso weit von ihnen entfernt war wie sein Gegenkandidat.

Die Differenzen zwischen den perzipierten Positionen der Befragten selbst und der Parteien bzw. Kandidaten wurden immer als "Entfernungen" oder "Distanzen"[1] aufgefaßt, wobei "... the 'distance' is psychological rather than physical"[2]. Derartige Distanzen sind geeignet, um die Auswirkung politischer Perzeptionen auf das Wahlverhalten zu analysieren. Aufgrund der ermittelten Distanzen kann im vorliegenden Fall gesagt werden, daß die Republikanische Partei bessere Chancen als die Demokratische hatte, an die jeweils andere Partei gebundene Wähler zu gewinnen; bei den Unabhängigen schienen für beide Parteien etwa gleiche Chancen zu bestehen, wenn man die Messungen auf der liberal/konservativen Dimension als Kriterium verwendet. McGovern konnte aufgrund seiner perzipierten politischen Grundtendenz kaum erwarten, nennenswerte Unterstützung aus dem Lager der Republikanischen Gefolgschaft und aus der Gruppe der Unabhängigen zu gewinnen, sondern mußte sogar mit beträchtlichen Verlusten bei der Gefolgschaft

1) Die Bedeutung solcher perzipierten politisch-psychologischen Distanzen wird verbal oder formal auch von anderen Autoren anerkannt, siehe z.B. H. Unkelbach, Grundlagen der Wahlsystematik. Stabilitätsbedingungen der parlamentarischen Demokratie. Mit einer Einführung von F.A. Hermens, Göttingen 1956, S. 36 - 41; W. Kaltefleiter, Zwischen Krise und Stagnation. Aspekte der verfassungspolitischen Entwicklung 1972, in: Jahrbuch "Verfassung und Verfassungswirklichkeit" 1972 II, S. 43 ff., hier S. 56. Eine eingehende Diskussion des Arbeitens mit solchen "Distanzen" findet sich bei P.E. Converse, The Problem of Party Distances in Models of Voting Change, in: M.K. Jennings and L.H. Zeigler(Eds.), The Electoral Process, Englewood Cliffs, N.J. 1966, S. 175 ff. (im folgenden zitiert als: P.E. Converse, Party Distances).

2) P.E. Converse, Party Distances, a.a.O., S. 183.

seiner eigenen Partei rechnen. Nixon wurde weitaus näher zu den Positionen der Befragten eingestuft als McGovern, womit sich ein klarer Vorteil für Nixon gegenüber McGovern ergab, der noch weit ungünstiger als die Demokratische Partei eingeschätzt wurde, die wiederum - geringfügig - weiter von den Positionen der Wähler entfernt war als die Republikanische Partei.

Diese Differenzierungen zwischen Parteien und Kandidaten können nicht mehr nur aus den in der Vergangenheit gemachten Erfahrungen der Wähler erklärt werden. Die unterschiedlichen perzipierten Distanzen der politischen Akteure von den eigenen Positionen der Wähler müssen daher anhand der im Jahre 1972 für die Wähler relevanten Konfliktstruktur ermittelt werden. Dazu müssen auf jeweils einzelne Issues bezogene Distanzen bestimmt werden: diese speziellen Distanzen stellen eine Operationalisierung des Teils der Faktoren dar, die aufgrund der issuebezogenen Perzeptionen von der "normal" zur "actual vote" führen, wobei dieses Vorgehen durch eine Reihe von theoretischen Ansätzen unterstützt werden kann, wie sie etwa in den Theorien der "kognitiven Konsistenz"[1] oder in den häufig benutzten "Nut-

1)Ein Überblick über diese Theorien und eine kritische Würdigung dieser Ansätze findet sich bei: R.P. Abelson, E. Aronson, W.J. McGuire, T.M. Newcomb u.a. (Eds.), Theories of Cognitive Consistency: A Sourcebook, Chicago 1968; H.J. Hummell, Psychologische Ansätze zu einer Theorie sozialen Verhaltens, in: R. König (Hrsg.), Handbuch der empirischen Sozialforschung, Zwei Bände, II. Band, Stuttgart 1969, S. 1157 ff., hier S. 1223 - 1259; W.J. McGuire, The Current Status of Cognitive Consistency Theories, in: S. Feldmann (Ed.), Cognitive Consistency: Motivational Antecedents and Behavioral Consequents, New York 1966, S. 1ff.; W.N. McPhee, B. Anderson, and W.A. Glaser (Eds.), Public Opinion and Congressional Elections,New York 1962, S. 78 ff.; D.D. Smith, Cognitive Consistency and the Perception of Others' Opinion, in:Public Opinion Quarterly, Vol. 32 (1968), S. 1 ff.; P.W. Sperlich, Conflict and Harmony in Human Affairs: A Study of Cross-Pressures and Human Behavior, a.a.O.; R.B. Zajonc, Balance, Congruity, and Dissonance, in: Public Opinion Quarterly, Vol. 24 (1960), S. 280 ff.; Ders., Cognitive Theories in Social Psychology, in: G. Lindzey and E. Aronson (Eds.), Handbook of Social Psychology, Vol. I, 2nd ed., Reading, Mass./Menlo, Cal./London/Don Mills 1968, S. 320 ff. Man unterscheidet

(Fortsetzung der Fußnote auf S. 120)

zen"- bzw. "Kosten"-Modellen[1] sowie im "Cross-Pressure"-Kon-

Fortsetzung der Fußnote 1 von S. 119:

hierbei Theorien "kognitiver Kongruität" [siehe: C.E. Osgood and P.H. Tannenbaum, The Principle of Congruity in the Prediction of Attitude Change, in: Psychological Review, Vol. 62 (1955), S. 42 ff. und M.W. Horowitz and N.J. Pastore, Relationship of Motive to Author and Statement, in: Science, Vol. 121 (1955)], Theorien "kognitiver Balance" oder "kognitiven Gleichgewichts" [siehe F. Heider, Attitudes and Cognitive Organization, in: Journal of Psychology, Vol. 21 (1946), S. 107 ff.; D. Cartwright and F. Harary, Structural Balance: A Generalization of Heider's Theory, in: Psychological Review, Vol. 63 (1956), S. 277 ff.; M.J. Rosenberg and R. Abelson, An Analysis of Cognitive Balancing, in: C.I. Hovland and M.J. Rosenberg (Eds.), Attitude Organization and Change, New Haven 1960, S. 112 ff.] sowie Theorien der "kognitiven Dissonanz" [siehe L.A. Festinger, A Theory of Cognitive Dissonance, Evanston, Ill. 1957; J.W. Brehm and A.R. Cohen, Explorations in Cognitive Dissonance, New York 1962; M. Kaase, Wechsel von Parteipräferenzen. Eine Analyse am Beispiel der Bundestagswahl 1961, (Politik und Wähler, hrsg. v. F.A. Hermens, R. König, E.K. Scheuch und R. Wildenmann. Bd. 3), Meisenheim am Glan 1967, S. 21 - 24].

Alle diese Theorien behaupten, daß Menschen versuchen, sich so zu verhalten, daß sie nicht in einen psychologischen Spannungszustand geraten, der aus mangelnder Kompatibilität zwischen verschiedenen Einstellungen bzw. zwischen Einstellungen und Verhalten entsteht. Je größer die Spannung wird, desto stärker wird der Wunsch, zu einem konsistenten Zustand zurückzufinden. Die angesprochenen politisch-psychologischen Distanzen erfassen implizit auch solche Spannungszustände. Je grösser bei einem oder mehreren Issues die perzipierte Distanz zwischen den Positionen der Wähler und eines Akteurs wird, umso mehr Wähler müssen eine gewisse Spannung überwinden, wenn sie für diesen Akteur stimmen wollen, und desto wahrscheinlicher wird es, daß sie sich für den Akteur entscheiden, den sie als ihnen politisch näherstehend empfinden - selbst wenn andere Faktoren (wie die Parteibindung) den Wähler in Richtung auf eine andere Entscheidung beeinflussen (solange hier weniger Spannung als bei einer anderen Entscheidung auftritt).

1) Solche Ansätze versuchen, das Wahlverhalten mit "Nutzen" oder "Kosten" für die Wähler zu erklären, siehe z.B. A. Downs, An Economic Theory of Democracy, a.a.O.; M.J. Shapiro, Rational Political Man, a.a.O., passim; W.H. Riker and P.C. Ordeshook, A Theory of the Calculus of Voting, a.a.O., passim. Der "Nutzen" der Entscheidung für einen politischen Akteur wird umso größer, je geringer die perzipierte politische Distanz zwischen Wähler und Akteur wird, da der Wähler dann erwarten kann, daß die Outputs des politischen Systems mit seinen Ansprüchen an das System übereinstimmen. Je größer der Nutzen der Stimmabgabe für einen politischen Akteur, desto wahrscheinlicher

(Fußnote 1 wird auf S. 121 fortgesetzt)

zept[1] zu sehen sind. Gleichzeitig entspricht die Ermittlung von perzipierten Distanzen[2] hinsichtlich einzelner Issues der Forderung nach einer stärkeren Berücksichtigung der Issue-Einflüsse auf das Wahlverhalten, wie sie von den Kritikern

---

Fortsetzung der Fußnote 1 von S. 120:
wird die Entscheidung für diesen Akteur. Ähnlich erfassen die Distanzen den Kostenaspekt: je weiter ein Akteur politisch vom Wähler entfernt ist, desto größer sind die - in vermuteteten unerwünschten Outputs des Systems gemessenen - Kosten der Entscheidung zugunsten dieses Akteurs. Dies kann auch mit dem "Opportunitätskosten"-Begriff ausgedrückt werden: Bei unterschiedlich weit vom Wähler entfernten politischen Akteuren ist ein größerer Verlust bzw. eine geringere Realisierung erwünschter Outputs wahrscheinlich, wenn die Entscheidung zugunsten des "weiter entfernten" statt des "näherstehenden" Akteurs getroffen wird. Je höher die Opportunitätskosten einer Entscheidung werden, desto unwahrscheinlicher ist es, daß diese Entscheidung getroffen wird.

1) Siehe B.R. Berelson, P.F. Lazarsfeld, and W.N. McPhee, Voting,a.a.O., passim. Dieses Konzept sagt - stark vereinfacht - aus, daß die Wahlentscheidung eines Wählers durch die Zugehörigkeit dieses Wählers zu verschiedenen sozialen Strata geprägt werden kann. Aus diesen Strata können einander widersprechende Einflüsse auf die Wahlentscheidung eines Wählers ausgeübt werden, durch die ein intra - personaler Konflikt entsteht, wie er durch die schon erwähnten Theorien der kognitiven Konsistenz behandelt wird. Damit werden diese "Cross-Pressures" dann - wie für kognitive Inkonsistenzen dargelegt - durch die perzipierten politischen Distanzen erfaßt. Zu dieser Umformulierung des Cross-Pressure-Konzeptes siehe S.A. Kirkpatrick, Consequences of Attitudinal Ordering, a.a.O., S. 17 und insbesondere P.W. Sperlich, Conflict and Harmony in Human Affairs: A Study of Cross-Pressures and Human Behavior, a.a.O., passim.

2) Eine diesen Distanzen ähnelnde Skala wird von anderen Autoren benutzt, um die Unterstützung, das Vertrauen von Wählern für politische Insitutionen zu erklären, siehe S.C. Patterson, G.R. Boynton, and R.D. Hedlund, Perceptions and Expectations of the Legislature and Support For It, in: A.W. Finifter (Ed.), Alienation and the Social System, New York/ London/ Sydney/ Toronto 1972, S. 213 ff., hier insbesondere S. 225 f. (ursprünglich wurde dieser Artikel veröffentlicht im American Journal of Sociology, Vol. 75 (1969), S. 62 ff.).

der "Normal-Vote"-Theorie vorgetragen wurde.[1] Dagegen, daß von den Wählern als unwichtig empfundene Probleme bei der Ermittlung der Distanzen berücksichtigt werden, kann man sich dadurch absichern, daß man zuvor untersucht, welche Probleme den Wählern als "salient" erscheinen.[2]

2.6.2. Spezielle issue-bezogene Perzeptionen

2.6.2.1. Perzipierte Issue-Relevanz im Jahre 1972

Die Problemstruktur des Jahres 1970 (siehe dazu oben Tabelle 25) war nach Ansicht der Befragten auch für 1972 noch relevant (siehe Tabelle 31).

Tabelle 31: Bedeutendstes Nationales Problem 1972 in v.H.

Nach Umfragen des Gallup-Instituts[a]				Nach Daten des Survey Research Center[b]	
Problem	Anteil Nennungen			November	
	April	Juni	Juli	Problem	Nenn. Anteil
1. Außenpolitik	36	40	29	1. Außenpolitik	29,8
davon: Vietnam	25	32	24		
Sonstige	11	8	5		
2. Wirtschaft	23	24	22	2. Wirtschaft	22,8
3. Öffentl.Ordnung	16	12	18	3. Öffentliche Ordnung	20,4
4. Wohlfahrt	9	10	9	4. Wohlfahrt	11,4
5. Korruption	2	1	2	5. Rassenproblem	6,6
				6. Funktionieren d. Regierung	4,3
Sonstige	15	14	19	Sonstige	4,7
Summen	101	101	99	Summe	100,0

a) The Gallup Opinion Index. -Political, Social, and Economic Trends -, Report No. 86, Princeton/N.J. August 1972, S. 12; die Daten wurden für die vorliegende Tabelle neu gruppiert, um so weit als möglich eine Vergleichbarkeit mit den Daten des SRC zu erreichen.

b) ICPR-Wahlstudie 1972.

---

1) Die Issue-Komponente der Wahlentscheidungen wird dabei durch die Distanzen in der von Butler/Stokes vorgeschlagenen Weise erfaßt, siehe dazu S. 99.

2) **Die Auffassungen der Wähler darüber, welche politischen Probleme als wichtig anzusehen sind, können auch durch die Massenmedien beeinflußt werden, s.o., S. 77 f.**

Übereinstimmend zeigen die Umfragen des Gallup-Instituts und die des Survey Research Center, daß die Außenpolitik 1972 gegenüber 1970 wieder leicht an Bedeutung zugenommen hatte, wobei allerdings etwa 80 % der Nennungen außenpolitischer Vorgänge auf den Vietnam - Konflikt konzentriert waren - auf ein Problem also, daß wegen seiner unmittelbaren Bedeutung für viele Amerikaner praktisch als ein "innenpolitisches" Issue anzusehen war.[1] Gegenüber 1970 maßen die Befragten auch den wirtschaftlichen Problemen 1972 eine etwas größere Bedeutung bei - ökonomische Issues erschienen 1972 als das zweitwichtigste Problem,[2] gefolgt vom Problem der öffentlichen Ordnung ("Law and Order")[3]. Auf dem

1) Zu den programmatischen Aussagen der Parteien und Kandidaten zu außenpolitischen Problemen siehe: "Promises Republicans Make", U.S. News & World Report v. 4.9.1972; "Transcript of the President's News Conference on Foreign and Domestic Matters", New York Times v. 30.8.1972; "Where They Stand on the Issues", The Miami News v. 8.7.1972; "Nixon and McGovern on the Issues", U.S. News and World Report v. 6.11.1972; P. Gailey, "The Platforms Collide on Major Issues", The Miami Herald v. 21.8.1972; "McGovern Would Seek Halt of Military Aid to Saigon", Detroit Free Press v. 30.10.1972; R.B. Semple, "McGovern Unit Says Defense Can Be Cut", New York Times v. 22.9.1972; R.J. Levine, "Nixon Likely to Run as Leader for Peace, Depict McGovern Views as Irresponsible", The Wall Street Journal v. 17.7.1972.

2) Siehe hierzu: H.C. Wallich, "Amerikas Wirtschaft im Zeichen der Wahl", Frankfurter Allgemeine Zeitung v. 4.4.1972; N. Kempster, "Nixon's Reelection Hopes May Ride on Economy", The Mainichi Daily News (Tokio) v. 21.12.1971; W. Rogers, "McGovern Makes Jobs His Issue", Detroit Free Press v. 18.9.1972; P. Shabecoff, "Candidates Squaring Off on the Economic Issues", New York Times v. 11.9.1972; H. Rowens, "Nixon Muted Economy Issues", Washington Post v. 5.11.1972; P. Samuelson, "There are two Ways to View Senator McGovern's Economics", New York Times v. 8.9.1972; R.H. Finch, "There Are Two Ways to View Senator McGovern's Economics", New York Times v. 8.9.1972; R.L. Strout, "Nixon Record Offers Plenty of Ammo for McGovern", Detroit Free Press v. 10.8.1972; "McGovern Pledges Job for Everyone", Detroit Free Press v. 8.8.1972; "Nixon v. McGovern on Taxes, Prices, Jobs", Time v. 30.10.1972; "Nixon and McGovern on the Issues", a.a.O.; "Nixon Aides, Democrats Clash at Congress Hearing, Setting Tone for Fall", The Wall Street Journal v. 26.7.1972.

3) Zu den politischen Positionen der Parteien und Kandidaten siehe: "Promises Republicans Make", a.a.O. und "Nixon and McGovern on the Issues", a.a.O.

vierten Platz waren - mit gegenüber 1970 beträchtlich gesunkener Bedeutung - Probleme der öffentlichen Wohlfahrt zu finden,[1] gefolgt vom Issue "Rassenprobleme"[2].[3]

---

1) Siehe hierzu: J.M. Naughton,"McGovern Offers New Tax Program in Wall Street Talk", New York Times v. 30.8.1972; J.T. Wooten, "G.O.P. Study Sees a Big Deficit in McGovern Fiscal Proposals", New York Times v. 17.8.1972; E. Shanahan, "McGovern's New Tax Reform Program and Classical Liberalism", New York Times v. 30.8.1972; R.S. Boyd, "Dems Kill Pay-for-All Plan. Tax Shift Aim of McGovern", Detroit Free Press v. 30.8.1972; Ders., "Tax and Welfare Plans of Candidates Compared", Detroit Free Press v. 30. 8.1972; S. Lubell, "Welfare Looms as Factor in Election", Detroit Free Press v. 27.9.1972; B. Kovach, "Shriver Scores Nixon on Health Care", New York Times v. 26.9.1972; "From McGovern: A New Blueprint for Taxes, Welfare", U.S. News & World Report v. 11.9.1972; "Work vs. Welfare: Where Nixon Stands", U.S. News & World Report v. 18.9.1972; "Nixon and McGovern on the Issues", a.a.O.; "Hope for Welfare Reform", New York Times v. 1.9.1972; "McGovern's Welfare Plans Attacked by Richardson", New York Times v. 30.8. 1972.

2) Zum Rassenproblem als Wahlkampfthema siehe: H. Verfürth, "Rassenfrage im Vordergrund. Konservativer Trend im Vorwahlkampf in den USA", Handelsblatt v. 17./18.3.1972; J. Kramer, "Amerikas Wahlkampfthema Nr. 1 - der Schulbus", Stuttgarter Zeitung v. 21.3.1972; M. Friedman, "Busing: The Real Issue", Newsweek v. 14.8.1972; M. Frankel, "Nixon's Move Against Busing Tied to Impact on Election", International Herald Tribune v. 20.3.1972; P. Gailey, "The Platforms Collide on Major Issues", a.a.O.; "President Vows To Fight Busing", Detroit Free Press v. 26.10. 1972; "Nixon and McGovern on the Issues", a.a.O.

3) Inhaltsanalysen ergaben, daß die Medien im Zeitraum vom Dezember 1971 bis September 1972 die Ansichten der Wähler über die Wichtigkeit der einzelnen Problembereiche recht gut widerspiegelten. In der amerikanischen Presse wurde von Dezember 1971 bis Juli 1972 am intensivsten über den Vietnamkonflikt berichtet, an zweiter Stelle rangierten binnenwirtschaftliche Probleme, den dritten Platz belegten Verbraucherangelegenheiten. In den nationalen Fernsehprogrammen war von März bis Mai 1972 der Wahlkampf das wichtigste Thema und an zweiter Stelle lag in diesen Monaten der Vietnamkrieg; in der Periode von Mai bis September wechselten diese Themen die Rangfolge. Die weiteren Ränge in der Fernsehberichterstattung belegten von März bis September 1972 Probleme der öffentlichen Ordnung ("Crime"), gefolgt von Wirtschaftsfragen und Außenpolitik; vgl. hierzu F.G. Kline, Mass Media and the General Election Process: Evidence and Speculation, Paper presented at the Syracuse University Conference on Mass Media and American Politics, Syracuse, N.Y. 16.-18. November 1972, Schaubilder 6 u.8, nach S. 14.

Die nach Ansicht der Befragten bestehenden Differenzen zwischen den politischen Positionen der Parteien und Kandidaten, die auf der liberal/konservativen Dimension gemessen wurden, sind damit zu erklären, wie die Befragten die Parteien und Kandidaten hinsichtlich dieser relevanten Probleme perzipierten; dabei wird erkennbar werden, ob ein von der "normal vote" abweichendes Wahlverhalten durch die politischen Distanzen zwischen Parteien, Kandidaten und Wählern erklärt werden kann.

2.6.2.2. Issue-bezogene Perzeptionen von den Parteien und den Präsidentschaftskandidaten

Zur Feststellung der von den Befragten perzipierten Übereinstimmung bzw. Divergenz zwischen ihnen selbst und den politischen Akteuren stehen Messungen zu zehn Issues auf entsprechenden Skalen zur Verfügung (siehe Tabelle 32).

Bei fast allen der in Tabelle 32 erfaßten Issues stand Nixon der Meinung der Befragten am nächsten, gefolgt von der Republikanischen und der Demokratischen Partei. McGovern wurde zumeist in größter Distanz zu den Befragten gesehen. Dabei wurden Nixon und seine Partei fast ausnahmslos näher beieinander eingestuft als McGovern und die Demokratische Partei.

Nur beim Issue "Bekämpfung der städtischen Unruhen" wurden die Demokratischen Akteure in geringerer Entfernung von den Befragten eingestuft als Ihre Konkurrenten; keine klar erkennbaren Vor- oder Nachteile für die zur Wahl stehenden Parteien und Kandidaten ergaben sich bei der Frage, ob eine staatliche Pflichtkrankenversicherung in den USA eingeführt werden solle.

Tabelle 32: Perzipierte Distanzen zwischen den Positionen der Befragten und der politischen Akteure zu relevanten Issues 1972[a]

Akteur / Gruppe / Issue[b]	Demokrat. Partei				Republik. Partei				McGovern				Nixon			
	Alle	Demokraten	Republikaner	Unabhängige	Alle	Demokraten	Republikaner	Unabhängige	Alle	Demokraten	Republikaner	Unabhängige	Alle	Demokraten	Republikaner	Unabhängige
1	1,0	0,4	1,8	0,9	0,8	1,1	0,3	0,8	1,9	1,3	2,7	1,9	0,9	1,3	0,4	1,0
2	1,1	0,8	1,4	0,8	1,2	1,7	0,5	1,0	1,1	0,8	1,2	1,1	0,9	1,4	0,2	0,7
3	1,4	0,9	2,1	1,4	0,2	0,9	0,4	0,0	1,9	1,4	2,6	2,0	0,1	0,7	0,6	0,1
4	0,8	0,6	1,3	0,6	0,0	0,2	0,4	0,1	1,1	0,8	1,8	0,9	0,0	0,3	0,3	0,2
5	1,1	1,0	1,7	0,7	0,1	0,4	0,3	0,0	1,7	1,6	2,4	1,5	0,1	0,1	0,0	0,5
6	0,0	0,1	0,4	0,0	0,9	1,3	0,2	0,8	0,4	0,1	0,9	0,4	0,8	1,3	0,0	0,7
7	1,1	0,6	2,0	1,0	0,2	0,2	0,8	0,1	1,6	1,0	2,5	1,5	0,0	0,5	0,5	0,1
8	0,8	0,4	1,8	0,3	0,7	1,1	0,0	1,0	1,1	0,7	2,0	0,7	0,7	1,2	0,3	0,9
9	0,6	0,3	1,1	0,5	0,5	0,6	0,2	0,4	1,1	0,8	1,6	1,0	0,5	0,8	0,4	0,5
10	2,4	1,9	3,1	2,3	1,3	1,3	1,2	1,4	2,8	2,3	3,6	2,8	1,2	1,3	1,0	1,3

a) Quelle: Eigene Berechnungen nach ICPR-Wahlstudie 1972. Die Ansichten der Befragten und ihre Einstufung der politischen Akteure bei den jeweiligen Issues wurden auf Skalen mit sechs gleichen Intervallen (Skalenwerte: 1, ..., 7) gemessen. Die Distanzen geben die absolute Differenz zwischen der durchschnittlichen Position der Befragten und der durchschnittlichen Einstufung des jeweiligen Akteurs an.

b) Issues:
1) Vietnamkrieg
2) Inflation
3) Beschäftigung u. Lebensstandard
4) Bekämpfung der Kriminalität vs. Angeklagtenschutz
5) Legalisierung von Marihuana
6) Bekämpfung städtischer Unruhen
7) Bekämpfung universitärer Unruhen
8) Einführung einer nationalen Krankenversicherung
9) Steuererhöhungen
10) Busing.

Fragetexte und Antwortvorgaben siehe Anhang III.

2.7. Issues und Wahlverhalten 1972

Faßt man die bei den einzelnen Issues perzipierten politischen Distanzen zwischen den Positionen der Befragten und denen der Parteien und Kandidaten in symbolhafter Weise zusammen und konstruiert aus diesen Beobachtungen einen Index der politischen Nähe der Akteure zu den Befragten (siehe Tabelle 33), so wird erkennbar, daß Richard Nixon im

Tabelle 33: Perzeptionen von Parteien und Kandidaten hinsichtlich der nach Befragtenansicht relevanten Probleme 1972[a]

Akteure	Befragten-gruppe	Art der Perzeptionen						Index[b]
		Generelle Perzeptionen	Außenpolitik	Wirtschaftsprobleme	"Law and Order"	Wohlfahrtsprobleme	Rassenprobleme	
Demokratische Partei	Alle	+	-	-	-	±	-	- 3
	Demokraten	++	++	++	-	++	-	+ 6
	Republikan.	-	-	-	-	-	-	- 6
	Unabhängig	+	+	-	-	++	-	+ 1
Republikanische Partei	Alle	-	+	±	+	±	+	+ 2
	Demokraten	-	+	--	++	-	+	0
	Republikan.	+	++	++	+	++	+	+ 9
	Unabhängig	-	++	+	+	-	+	+ 3
McGovern	Alle	--	--	--	--	-	--	-11
	Demokraten	+	-	±	--	±	--	- 4
	Republikan.	--	--	--	--	--	--	-12
	Unabhängig	--	--	--	--	±	--	-10
Nixon	Alle	++	++	++	++	+	++	+11
	Demokraten	--	-	±	+	--	+	- 3
	Republikan.	++	+	++	++	+	++	+10
	Unabhängig	++	-	++	+	±	++	+ 6

a) Ein "+" bedeutet günstigere Perzeption, ein "-" ungünstigere Perzeption; durch "++" bzw. "--" wird die Intensität des Vor- bzw. Nachteils im Hinblick auf die Wahlaussichten angegeben.

b) Der Index wird wie folgt konstruiert: für "++" erhält ein Akteur +2 Punkte, für "+": +1, für"±": 0, für "-": -1, für "--": -2 Pkte. Der Index entspricht der Summe der Punkte.

Hinblick auf die Wahlchancen am günstigsten eingestuft wurde, gefolgt von der Republikanischen und der Demokratischen

Partei; McGovern wurde weitaus am ungünstigsten in größter politischer Entfernung zu den Befragten gesehen.[1]

Diese Beobachtungen weisen eine starke Parallelität zum tatsächlichen Wahlverhalten auf. In der Gegenüberstellung der Indexwerte mit dem Wahlverhalten der Befragten (siehe Tabelle 34) wird erkennbar, daß mit Hilfe des Indexes der

Tabelle 34: Gegenüberstellung von Index-Werten der Parteien und Kandidaten und deren Stimmenanteilen[a]

Befragtengruppe	Indexwerte				Stimmenanteile (%)			
	Dem. Partei	Rep. Partei	McGovern	Nixon	Dem. Partei	Rep. Partei	McGovern	Nixon
Alle	- 3	+ 2	-11	+11	55,9	44,1	37,2	62,8
Demokraten	+ 6	0	- 4	- 3	85,0	15.0	57,1	42,9
Republikaner	- 6	+ 9	-12	+10	20,1	79,9	6,3	93,7
Unabhängige	+ 1	+ 3	-10	+ 6	54.9	45,1	34,7	65,2

a) Die Indexwerte ergeben sich aus Tabelle 33; die Quelle für die Stimmenanteile ist die ICPR-Wahlstudie 1972.

politischen Nähe zwischen den Befragten und den politischen Akteuren die Differenz zwischen der aufgrund der Verteilung der Parteibindungen zu erwartenden "normal vote" und den tatsächlichen Wahlergebnissen plausibel erklärt werden kann:

1) Diese Perzeptionen wurden durch die Medienberichterstattung noch verstärkt: das Thema "McGovern" dominierte zu ungunsten des Kandidaten die Mediennutzung der Wähler und die Demokratischen Überläufer - die sehr stark der politischen Fernsehwerbung ausgesetzt waren - fanden in den Medien Bestärkung für ihr Verhalten. Allerdings konnte auch beobachtet werden, daß von denjenigen, die während des Wahlkampfes ihre Kandidatenpräferenz wechselten, die gut Informierten tendenziell zu McGovern und die schlecht Informierten tendenziell zu Nixon wechselten. Siehe hierzu: R.D. McClure and T.E. Patterson, Media Influences in the 1972 Elections: Preliminary Findings and Speculation, Paper prepared for delivery at the Syracuse University Conference on Mass Media and American Politics, Syracuse, N.Y. 16.-18. November 1972, S. 5, 7, 22 u. 32 (im folgenden zitiert als: R.D. McClure and T.E. Patterson, Media Influences).

zwischen dem Index der politischen Nähe und den zugehörigen Stimmenanteilen besteht eine hohe Korrelation (r=0,7627).[1] Damit scheint die Aussage gerechtfertigt, daß mit Hilfe perzipierter politischer Distanzen zwischen Wählern und politischen Akteuren hinsichtlich der in einer Wahl relevanten Issues ein wesentlicher Teil des Wahlverhaltens erklärt werden kann und daß diese Distanzen eine Möglichkeit zur Operationalisierung derjenigen Einflußfaktoren darstellen, die aufgrund der politischen Problemstrukturen von der "normal vote" zur "actual vote" führen. Gleichzeitig erfahren alle diejenigen theoretischen Ansätze eine Bestätigung, die die Wählerperzeptionen hinsichtlich der politisch relevanten Issues als ein wesentliches Element für die Analyse von Wahlverhalten bezeichnen und eine verstärkte Einbeziehung derartiger Einflüsse in die Theorie des Wahlverhaltens fordern.

Außer dieser für die vorliegende Analyse zentralen Schlußfolgerung können aus den 1972 beobachteten issue-bezogenen Einstellungen weitere Aussagen zu theoretischen Diskussionspunkten gewonnen werden, die am Beispiel der Issues "Vietnamkrieg", "Inflation" und "Busing" abgeleitet werden sollen.

Zunächst kann gezeigt werden, daß die politischen Ansichten der Befragten sowie deren Ansichten über die politischen Standpunkte der Parteien und der Kandidaten nur in einem recht schwachen bis bedeutungslosen Ausmaß mit der Parteiidentifikation der Befragten korrelierten (siehe Tabelle 35).

---

1) Auch in anderen Analysen wurde für 1972 eine hohe Korrelation zwischen issue-bezogenen Einstellungen und Wahlverhalten festgestellt. Diese Korrelation war nur wenig geringer als die zwischen Parteiidentifikation und Wahlentscheidungen. Dabei wurde auch eine beträchtliche Konsistenz zwischen den politischen Positionen der Befragten zu verschiedenen Problemen festgestellt. Siehe N.H. Nie with K. Andersen, Mass Belief Systems, a.a.O., S. 558 und 584.

Tabelle 35: Korrelationen (Bravais-Pearson) zwischen Parteiidentifika- und perzipierten Issuepositionen der Befragten selbst, der Parteien und der Kandidaten[a]

Issue	Einzustufendes Objekt	Befragtengruppe			
		Alle	Demokraten	Republikaner	Unabhängige
Vietnam	Befragte	0,2114	0,0797	0,0926	0,2146
	Dem. Partei	-0,1074	0,0408	-0,0587	-0,0993
	McGovern	-0,1497	-0,0764	-0,0808	-0,0972
	Rep. Partei	-0,0004	-0,0199	0,1138	-0,1363
	Nixon	-0,0263	-0,0534	0,1050	-0,1265
Inflation	Befragte	0,0813	0,0562	0,0182	0,0081
	Dem. Partei	0,2056	0,0134	0,0364	0,0942
	McGovern	0,1519	0,0511	0,0465	0,0633
	Rep. Partei	-0,2275	-0,1448	-0,0895	-0,2066
	Nixon	-0,2196	-0,1342	-0,0406	-0,1575
Busing	Befragte	0,1651	0,1536	0,0618	0,1231
	Dem. Partei	-0,1694	-0,0110	-0,0552	-0,2198
	McGovern	-0,1731	-0,0651	-0,1079	-0,1557
	Rep. Partei	0,1510	-0,0415	0,1576	0,1095
	Nixon	0,1684	0,0166	0,1749	0,0673

a) Quelle: Eigene Berechnungen anhand der ICPR-Wahlstudie 1972.

Hieraus muß gefolgert werden, daß 1972 die issue-bezogenen Einstellungen der Befragten nicht von der Parteiidentifikation determiniert wurden. Damit ist die Aussage gerechtfertigt, daß die politischen Anschauungen der Wähler und deren Perzeptionen von den Positionen der Parteien und Kandidaten - obwohl nicht in völliger Unabhängigkeit von den Parteibindungen - einen eigenständigen Einflußfaktor auf das Wahlverhalten darstellen, der somit auch einen der Parteibindung entgegenwirkenden Einfluß auf die Stimmabgabe ausüben kann. Diese Auffassung wird dadurch unterstützt, daß die Ansichten der an eine Partei gebundenen Befragten nur zu einem geringeren Maß mit den **wahrgenommenen politischen** Standpunkten dieser Partei und ihres Kandidaten übereinstimmten, auch wenn eine bessere Übereinstimmung zwischen den Positionen einer Partei bzw. deren Kandidaten und der Parteianhängerschaft zu beobachten war als zwischen den perzipierten Positionen einer Partei und den Ansichten der Gefolgsleute der anderen Partei (siehe Tabelle 36).[1]

Tabelle 36: Korrelationen zwischen der Selbsteinstufung der Befragten auf ausgewählten Issue-Skalen und perzipierter Position der Parteien und der Kandidaten[a]

Issue	Einzustufendes Objekt	Befragtengruppen			
		Alle	Demokraten	Republikaner	Unabhängige
Vietnam	Dem. Partei	0,1573	0,3787	0,0084	0,0421
	McGovern	-0,0480	0,0744	-0,2025	-0,0409
	Rep. Partei	0,1284	-0,0770	0,5614	0,1168
	Nixon	0,1302	-0,0193	0,5014	0,1078
Inflation	Dem. Partei	0,1765	0,4025	-0,0872	0,0755
	McGovern	0,0566	0,2291	-0,1205	-0,0409
	Rep. Partei	0,1191	-0,0112	0,5191	0,0897
	Nixon	0,0608	-0,0262	0,4737	0,0001
Busing	Dem. Partei	0,1677	0,3179	0,0560	0,0710
	McGovern	0,1247	0,2163	0,0188	0,1223
	Rep. Partei	-0,0192	-0,1462	0,2627	-0,0147
	Nixon	-0,0083	-0,1221	0,2645	-0,0275

a) Quelle: Eigene Berechnungen nach der ICPR-Wahlstudie 1972.

1) Anhand von Korrelationen läßt sich zeigen, daß die Befragten auch zwischen den Parteien und ihren Kandidaten differenzierten - auch das spricht für die Existenz von nicht ausschließlich oder überwiegend von der Parteibindung determinierten issue-bezogenen Perzeptionen. Dabei wurde McGovern stärker von seiner Partei differenziert als Nixon von der seinigen (siehe Tabelle XV in Anhang I).

Es muß also folgendes Fazit aus den für 1972 gemachten Beobachtungen gezogen werden: die Wähler sind grundsätzlich in der Lage, ihre Urteile über die Issue-Positionen von Parteien und Kandidaten zu fällen, ohne dabei von ihren Parteibindungen und/oder ihren eigenen politischen Ansichten in eindeutiger Weise prädeterminiert zu sein. Damit kann die politische Problemstruktur in jeder Wahl eine jeweils andersartige Wirkung auf das Wahlverhalten ausüben, so daß diesen kurzfristigen Einflußfaktoren eine wichtige Rolle bei der Analyse des Wahlverhaltens beigemessen werden muß, um die Abweichung des tatsächlichen Wahlergebnisses von der aufgrund der Struktur der Parteibindungen zu erwartenden Stimmenverteilung zu erklären. Zur analytischen Erfassung dieser Faktoren sind die perzipierten Distanzen zwischen den Ansichten der Wähler und den Positionen der Parteien bzw. Kandidaten ein geeignetes Instrument.

Neben der politischen Problemstruktur sind auch die Einstellungen der Wähler zu den Spitzenkandidaten der Parteien ein Einflußfaktor, der in jeder Wahl in anderer Weise wirksam wird. Auch diese kurzfristigen Bestimmungsgründe des Wahlverhaltens müssen herangezogen werden, um die Abweichung zwischen "normal vote" und tatsächlichem Wahlergebnis zu erklären.

3. PERZEPTION DER KANDIDATENPERSÖNLICHKEITEN ALS KOMPONENTE DER WAHLENTSCHEIDUNG

3.1. Die Relevanz der perzipierten Kandidateneigenschaften für das Wahlverhalten

Die Spitzenkandidaten der Parteien sind "highly visible figures who excite a great deal of feeling, both positive and negative"[1]. Sie können ein zentraler Gegenstand der politischen Auseinandersetzungen im Wahlkampf sein. Die

1) D. Butler and D. Stokes, Political Change in Britain, a.a.O., S. 374.

große Beachtung, die die Wähler den konkurrierenden politischen Führern zuteil werden lassen, ist durchaus vernünftig begründbar: "The leader's experience, his intelligence, his sincerity, his calmness, his eloquence, his likeability - or his shortcomings by these standards - can be regarded as qualities which will affect the likelihood of his achieving goals which electors value."[1]

Dabei sind die Urteile der Wähler über die Kandidatenpersönlichkeiten genausowenig "objektiv" wie das schon für die Perzeptionen von den politischen Positionen der Parteien und Kandidaten gezeigt wurde, denn auch die vom Wähler aufgenommenen und gespeicherten Informationen über die persönlichen Eigenschaften eines Kandidaten durchlaufen eine Reihe von subjektiven Filtern. Die wichtigsten dieser Filter bilden die Parteiidentifikation des Wählers und die issue-bezogenen Perzeptionen[2] von den Kandidaten und ihren Parteien,[3] die generellen Urteile über die Partei des Kandidaten sowie die Medienberichterstattung und die politischen Einstellungen, die in dem sozialen Kontext vorherrschen, in den ein Wähler eingebettet ist.[4] Dabei scheinen

1) D. Butler and D. Stokes, Political Change in Britain, a.a.O., S. 378.

2) Der Einfluß issue-bezogener Perzeptionen auf die Wahrnehmung der Kandidatenpersönlichkeiten konnte empirisch nachgewiesen werden. Eine Quantifizierung dieser Einflüsse scheint jedoch kaum möglich. Siehe P. Stone and R. Brody, Modeling opinion responsiveness to daily news: The public and Lyndon Johnson 1965 - 1968, in: Social Science Information, Vol. IX (1970), S. 95 ff., passim.

3) Vgl. P.B. Natchez and I.C. Bupp, Candidates, Issues, and Voters, a.a.O., S. 446 f. u. S. 449; H.F. Weisberg and J.G. Rusk, Dimensions of Candidate Evaluation, in: American Political Science Review, Vol. LXIV (1970), S. 1167 ff., hier S. 1167 f. u. 1172 (im folgenden zitiert als: H.F. Weisberg and J.G. Rusk, Candidate Evaluation).

4) Einen Überblick über die relevanten Informationsfilter gibt D.E. Stokes, Some Dynamic Elements of Contests for the Presidency, a.a.O., S. 22 ff.

diese Filter jedoch auf die Perzeption der Kandidatenpersönlichkeiten einen schwächeren Einfluß auszuüben als auf die issue-bezogenen Einstellungen.[1]

Anhand empirischer Untersuchungen konnte nachgewiesen werden, daß die persönlichen Eigenschaften, die den Kandidaten von den Wählern zugeschrieben werden, einen starken Einfluß auf die Stimmabgabe ausüben können.[2] Trotz derartiger Beobachtungen müssen solche Aussagen angezweifelt werden, die <u>generell</u> den von den kandidatenbezogenen Wahrnehmungen ausgehenden Einflüssen größere oder mindere Wichtigkeit als anderen Bestimmungsgründen des Wahlverhaltens beimessen.[3] Vielmehr muß auch bei der Analyse der Beziehungen zwischen Beurteilung der persönlichen Kandidateneigenschaften und Wahlentscheidung davon ausgegangen werden, daß die relative Bedeutung der Beurteilung der Kandidatenpersönlichkeiten für die Wahlentscheidung nur unter Berücksichtigung aller für eine gegebene Wahl relevanten Faktoren beurteilt werden kann.

Der Einfluß der Perzeptionen von den Kandidatenpersönlichkeiten auf die Wahlentscheidungen kann ermittelt werden, indem man die Verteilung der Wählermeinungen über die Ei-

1) Vgl. R.S. Sigel, Effect of Partisanship on the Perception of Political Candidates, in: Public Opinion Quarterly, Vol. 28 (1964), S, 483 ff., hier S. 493 f.; J.E. McGrath and M.F. McGrath, Effects of Partisanship on the Perception of Political Figures, in: Public Opinion Quarterly, Vol. 26 (1962), S. 236 ff., hier S. 246.

2) Vgl. z.B.: D.E. Stokes, Some Dynamic Elements of Contests for the Presidency, a.a.O., S. 22 ff. und H.F. Weisberg and J.G. Rusk, Candidate Evaluation, a.a.O., passim; P.B. Natchez and I.C. Bupp, Candidates, Issues, and Voters, a.a.O., S. 446.

3) Siehe z.B.: P.B. Natchez and I.C. Bupp, Candidates, Issues, and Voters, a.a.O., S. 446 f. und R.S. Sigel, Effect of Partisanship on the Perception of Political Candidates, a.a.O., S. 494.

schaften der Kandidaten und die daraus resultierende Differenzierung zwischen den Kandidaten analysiert.[1] "The **electoral effect** of the leader will depend primarily on how unevenly balanced are the favourable and the unfavourable elements in his image."[2] Derartige Informationen können mit Hilfe eines semantischen Differentials (oder "Polaritätsprofils")[3] ermittelt werden; dabei wird es möglich, die Beurteilung der Kandidaten in einem Index zusammenzufassen. Die Differenz zwischen diesen Werten dient als Indikator für die Kandidatenpräferenzen der Befragten. Diese Imagepräferenzen stellen eine weitere Möglichkeit zur Operationalisierung der Faktoren dar, die zu einer Abweichung des tatsächlichen Wahlergebnisses von der "normal vote" führen. Dieses Vorgehen wird durch eine Reihe theoretischer Ansätze in ähnlicher Weise legitimiert, wie dies für die perzipierten politischen Distanzen gezeigt wurde.[4]

3.2. Die Präsidentschaftskandidaten von 1972 in den Augen der Wähler

Zur Beurteilung der Kandidatenpersönlichkeiten[5] legte die Gallup-Organisation ihren Auskunftspersonen eine Liste von

---

1) Ähnlich auch D. Butler and D. Stokes, Political Change in Britain, a.a.O., S. 374.

2) Ebda., S. 381.

3) Siehe hierzu: E.K. Scheuch, Skalierungsverfahren in der Sozialforschung, in: R. König (Hrsg.), Handbuch der empirischen Sozialforschung, Zwei Bände, I. Band, 2. veränd. u. erw. Aufl., Stuttgart 1967, S. 348 ff., hier S. 368 ff.; R. Mayntz, K. Holm und P. Hübner, Einführung in die Methoden der empirischen Soziologie, a.a.O., S. 50 - 54. Das "semantische Differntial" wurde entwikkelt von: C.E. Osgood, G.J. Suci, and P.H. Tannenbaum, The Measurement of Meaning, Urbana 1957.
In der vorliegenden Analyse wird eine modifizierte Version des Polaritätsprofils verwendet: die Befragten sollten angeben, welche der in einer Liste von Gegensatzpaaren enthaltenen Eigenschaften ihnen zur Charakterisierung der Kandidaten als zutreffend erscheinen. Der Saldo der relativen Häufigkeiten für positive bzw. negative Attribute wird dann als Eigenschaft des Kandidaten aufgefaßt.

4) Siehe dazu oben S. 119 - 122.

5) **Zur Definition und Problematik des Imagebegriffes siehe oben, S. 77 f.**

achtzehn Eigenschaftspaaren vor, deren Beantwortung durch die Befragten ein recht eindeutiges Bild von der Kandidatenpräferenz ergibt (siehe Tabelle 37 u. Schaubild 21).[1]

1) Bei der Beurteilung der Ergebnisse darf die Ungleichheit der Ausgangspositionen der Kandidaten nicht übersehen werden: Nixon war in nahezu jedem Haushalt bekannt und genoß die einhellige Unterstützung seiner Partei (siehe J. Reston, "The Nixon Celebration", New York Times v. 20.8.1972 und "Mr. Nixon's Convention", New York Times v. 20.8.1972). Dabei war Nixons Popularität nicht außergewöhnlich hoch und war - nach erheblichen Schwankungen - im Verlaufe seiner ersten Amtsperiode insgesamt rückläufig (siehe dazu: The Gallup Opinion Index, Report No. 84, Princeton, N.J. June 1972, S. 2 sowie Tabelle LIX und Schaubild XI in Anhang I). McGoverns Bekanntheitsgrad war entschieden geringer und er konnte sich in seiner Partei nur langsam gegen seine Mitbewerber durchsetzen (siehe Tabelle LX im Anhang I), wobei immer ein erheblicher Teil der Demokraten gegen ihn eingestellt blieb. Die unterschiedlichen Bekanntheitsgrade hatten auch Bedeutung für die Informationsaufnahme der Wähler: Zu bekannten Gegenständen, wie Nixon einer war, können die Medien im allgemeinen kaum Meinungsänderungen bewirken, sondern nur latente Einstellungen verstärken. Zu neuen Themen - wie McGovern - können die Medien jedoch unter Umständen meinungsbildend wirken, wenn die Wähler an der Aufnahme von Informationen interessiert sind (was bei einem nationalen Spitzenkandidaten im allgemeinen angenommen werden kann (siehe: I. de Sola Pool, Die Auswirkungen der Kommunikation auf das Wählerverhalten, in: W. Schramm (Hrsg.), Grundfragen der Kommunikationsforschung, 5. Aufl., München 1973, S. 155 ff., hier S. 162; H. Bessler und F. Bledjian, Systematik der Massenkommunikationsforschung, hrsg. v. K.G. Specht, München und Basel 1967, S. 58 f.; T. Klapper, The Effects of Mass Communication, New York 1969, S. 50 und S. 60 f.; D.G. Sullivan, Psychological Balance and Reactions to the Presidential Nominations in 1960, in: M.K. Jennings and L.H. Zeigler (Eds.), The Electoral Process, a.a.O., S. 238 ff., hier S. 240). So konnten die Uneinigkeit der Demokraten und die Angriffe gegen McGovern - aus den eigenen Reihen und denen des politischen Gegners - die Wähler mit einiger Wahrscheinlichkeit beeinflussen, obwohl die Berichterstattung der Medien, wohl ohne dies zu beabsichtigen - McGovern während der Vorwahlkämpfe zunächst eher geholfen hatte (siehe dazu: W.R. Keech, The Mass Media in the Presidential Nominating Process, Paper prepared for delivery at the Syracuse University Conference on Mass Media and American Politics, Syracuse, N.Y. 16.-18. November 1972, S. 20 ff.).

Tabelle 37: Perzipierte Eigenschaften der Präsidentschaftskandidaten (Angaben in %)[a]

Positive Attribute	Nixon	McGovern	Negative Attribute	Nixon	McGovern	INDEX Nixon	INDEX McGovern
1) Logisch, klar denkend	36	14	Wirrkopf	3	7	+ 33	+ 7
2) Prinzipientreu	40	17	Zu opportunistisch	12	14	+ 28	+ 3
3) Stark, sicher	34	17	Weich, unsicher	7	10	+ 27	+ 7
4) Ernst, aufrichtig	32	21	Unaufrichtig	5	6	+ 27	+ 15
5) Überlegt sorgfältig	34	8	Entscheidet zu schnell	9	18	+ 25	- 10
6) Versucht, gegen jeden gerecht zu sein	30	22	Hat Vorurteile, ist unfair	6	5	+ 24	+ 17
7) Modern, zukunftsorientiert	29	26	Altmodisch	6	2	+ 23	+ 24
8) Normaler Mensch	29	23	Snob, überheblich	6	5	+ 23	+ 18
9) Entspannt	27	21	Verkrampft	6	4	+ 21	+ 17
10) Gemäßigt	24	9	Extremist	3	20	+ 21	- 11
11) Hört auf andere	32	22	Redet zuviel selbst	12	21	+ 20	+ 1
12) Gutes Urteilsvermögen	30	11	Schlechtes Urteil	11	17	+ 19	- 6
13) Aufgeschlossen	24	21	Zurückgezogen	6	3	+ 18	+ 18
14) Aufregend, interessant	19	16	Langweilig	6	4	+ 13	+ 12
15) Humorvoll	18	11	Humorlos	7	2	+ 11	+ 9
16) Warm, sympathisch	18	16	Kalt, berechnend	8	6	+ 10	+ 10
17) Sieht zuerst das Staatsinteresse	27	13	Ist zu sehr Politiker	24	19	+ 3	- 6
18) Talentiert, begabt	19	10	Durchschnitt	31	26	- 12	- 16
DURCHSCHNITTLICHER INDEXWERT:						+18,6	+6,1

a) Quelle: I. Crespi, The American Voter - 1972, a.a.O., Tabellen 22, 23, 24 u. 25.

Schaubild 21: Perzeption der Befragten von den Persönlichkeiten der Präsidentschaftskandidaten[a]

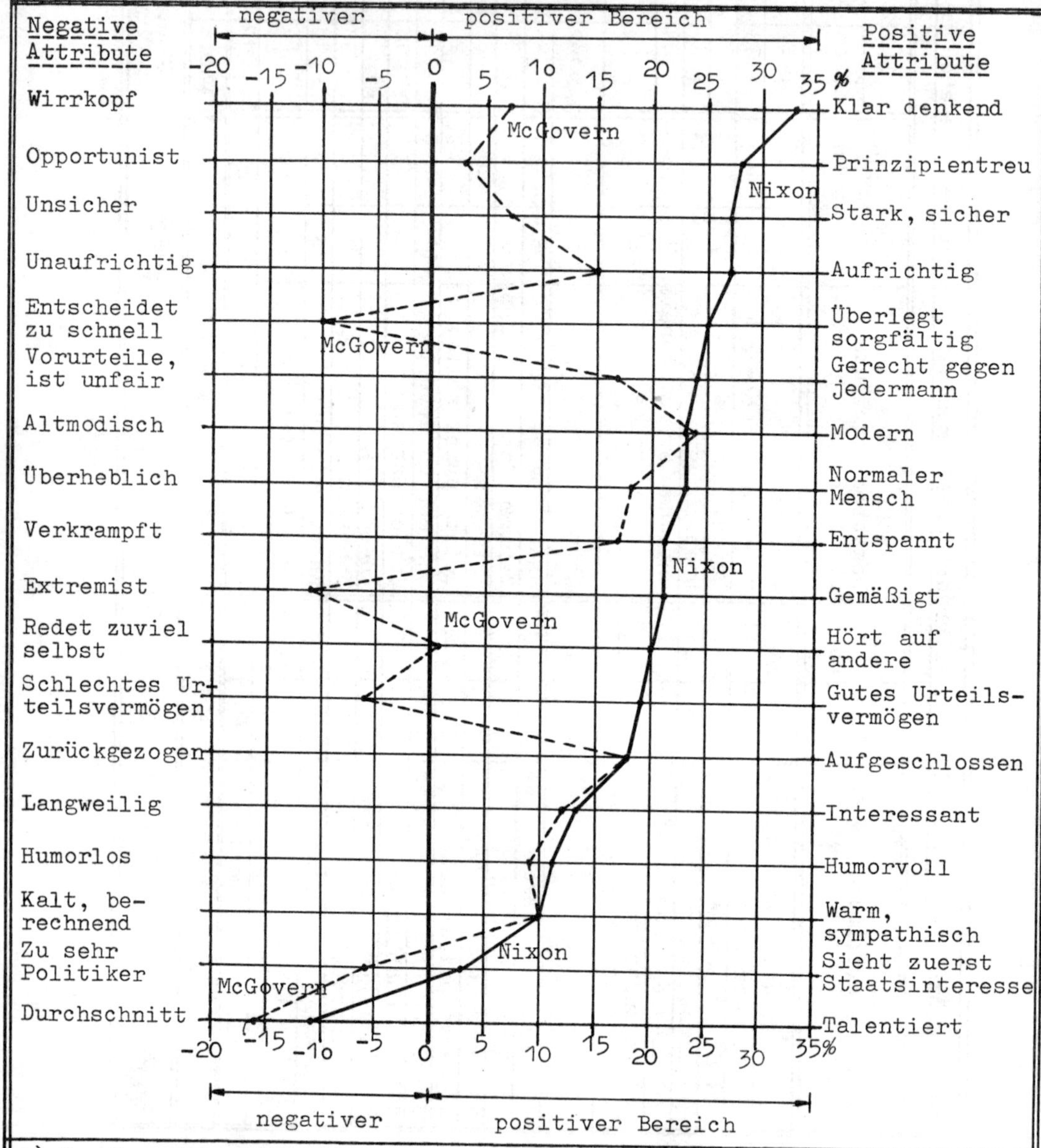

a) Quelle: Schaubild 21 ergibt sich aus Tabelle 37, Spalte "Index".

Dabei wurde Nixon nur in einem Fall überwiegend negativ eingeschätzt,[1] während McGovern bei fünf Eigenschaften überwiegend das negative Attribut zugesprochen wurde. Ganz eindeutig wurde McGovern schlechter beurteilt als Nixon,[2] nur in fünf Fällen wurden beide Kandidaten etwa gleich eingestuft: beide galten gleichermaßen als "modern und zukunftsorientiert", "aufgeschlossen", "interessant", "humorvoll" und "warm, sympathisch". Im Durchschnitt erreichte Nixon einen Indexwert von +18,6 Punkten, hinter dem McGovern mit +6,1 Punkten weit zurückblieb. Die Befragten hatten also eine klare Präferenz für Nixon, der somit auch aufgrund seiner Persönlichkeit eine bessere Position besaß. Dies drückte sich auch darin aus, daß die Befragten eher bereit waren, Nixon im Amte des Präsidenten zu vertrauen

1) Die "Watergate-Affäre", die später weltweit für Schlagzeilen und schließlich den Rücktritt Nixons sorgte, war praktisch bedeutungslos für die Beurteilung Nixons, siehe R.D. McClure and T.E. Patterson, Media Influences, a.a.O., S. 11.

2) Zu diesem Urteil haben u.a. die Issuepositionen McGoverns beigetragen, die ihn als "Extremisten" erscheinen ließen. Auch sein Verhalten in der Eagleton-Affäre, in der er seinen Vizepräsidentschaftskandidaten Sen. T. Eagleton wegen früherer psychiatrischer Behandlungen nach einer Zusage, zu "1000 %" hinter ihm zu stehen, fallenließ und durch S. Shriver ersetzte (siehe hierzu: "McGovern's First Crisis: The Eagleton Affair", Time v. 7.8.1972 und "A Tragedy of Errors", The Chicago Tribune v. 2.8. 1972), schadete dem Ansehen McGoverns und seinen Wahlaussichten (siehe dazu: I. Crespi, The American Voter - 1972, a.a.O., Tabellen 5 und 6; P. Nißen und D.H. Schmidt, Das Wahlergebnis 1972, a.a.O., S. 244f., dort insbesondere die Tabelle 114). Hierdurch wurden Ansichten verstärkt, die McGovern als opportunistisch, unsicher, nicht urteilsfähig, berechnend u.ä. einstuften. Einen ähnlichen Effekt könnte ein Teil der politischen Fernsehwerbung für McGovern gehabt haben, in der er mit Angehörigen verschiedener sozialer Gruppen sprach und zunächst Vielen das Gefühl gab, daß er sich "um die Leute und ihre Probleme kümmern" würde. Das ständige Wiederholen derartiger Spots begann aber die Wähler zu langweilen und vermittelte dadurch, daß er mit Angehörigen sehr vieler Gruppen sprach, den Eindruck, daß er bereit sei, Allen Alles zu versprechen, ohne daß man sicher sein könne, welche Versprechen er erfüllen würde (siehe R.D. McClure and T.E. Patterson, Media Influences, a.a.O., S. 25 f. u. S. 29).

als McGovern, und daß sie Nixon auch eindeutig eher eine Präsidentenpersönlichkeit zuschrieben als seinem Gegenkandidaten (siehe Tabellen 38 und 39). Auch die Imagepräferen-

Tabelle 38: Hat der Kandidat Ihr Vertrauen, falls er Präsident wird? (in %)[a]

	ja	unentschieden	nein
McGovern	39,9	17,9	42,2
Nixon	60,3	14,6	25,1

a) Quelle: ICPR-Wahlstudie 1972.

Tabelle 39: Hat der Kandidat eine Präsidentenpersönlichkeit?[a] (in %)

	ja	unentschieden	nein
Nixon	55,3	14,9	29,8
McGovern	34,1	17,3	48,6

a) Quelle: ICPR-Wahlstudie 1972.

zen der Wähler machten also einen Sieg Nixons über McGovern wahrscheinlich.

Gemeinsam mit den anderen Einflußfaktoren - Parteiidentifikation und issue-bezogene Perzeptionen von Parteien und Kandidaten - müssen die Imagepräferenzen in der Lage sein, den Wahlausgang von 1972 analytisch zu erklären.

IV. KAPITEL: DAS ZUSAMMENWIRKEN DER WAHLENTSCHEIDUNGS-KOMPONENTEN

1. HYPOTHESEN ÜBER DAS ZUSAMMENWIRKEN DER ENTSCHEIDUNGS-KOMPONENTEN

Aus den Ergebnissen der vorangegangenen Analyse, die in Tabelle 40 symbolisch zusammengefaßt werden, kann die fol-

Tabelle 40: Zusammenfassung der Vor- und Nachteile für die Parteien und Kandidaten im Hinblick auf ihre Wahlchancen 1972[a]

Kriterium	Parteien		Kandidaten	
	Demokratische Partei	Republikanische Partei	McGovern	Nixon
1. Struktur der Parteibindungen	+	-	+	-
2. Issue-bezogene Perzeptionen	-	+	--	++
3. Perzeption der Kandidatenpersönlichkeiten	entf.	entf.	-	+

a) + ≙ günstigere Perzeption; - ≙ ungünstigere Perzeption

gende grundlegende Hypothese abgeleitet werden:

> Die Wahlentscheidungen können mit den Parteiidentifikationen, den issue-bezogenen Perzeptionen von den Parteien bzw. Kandidaten und der Beurteilung der Kandidatenpersönlichkeiten erklärt werden.

Dabei werden die genannten Entscheidungskomponenten als theoretisch gleichrangig angesehen.

Schaubild 22: <u>Einflußfaktoren auf die Wahlentscheidung</u>

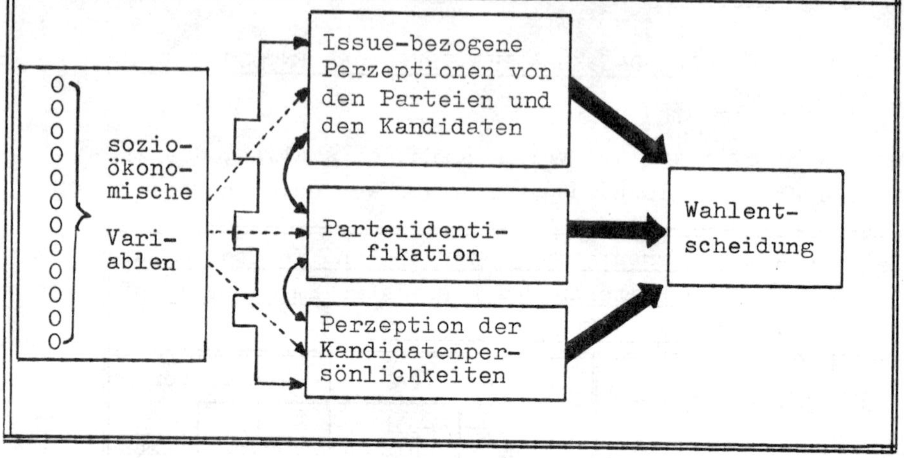

Diese allgemeine Hypothese wird in einem Satz von Annahmen über das Wählerverhalten weiter spezifiziert, die aufgrund der bisherigen Analyse plausibel erscheinen:

1. Wenn in der Wählerschaft keine Unterschiede zwischen den Issue-Positionen der Parteien und Kandidaten gesehen werden und keine Differenzierung der Kandidatenimages erfolgt, so wird die Stimmenverteilung der momentanen Struktur der Parteibindungen entsprechen.
2. Wenn dagegen solche Unterschiede gesehen werden, aber die Wählerschaft dabei die Parteien bzw. die Kandidaten als gleich weit von ihr entfernt perzipiert, so wird auch in diesem Fall die Verteilung der Parteibindungen das Wahlergebnis bestimmen.
3. Wenn die Wähler dagegen Unterschiede in den Issue-Positionen der Parteien bzw. Kandidaten sehen, die die Parteien bzw. Kandidaten in unterschiedliche Distanz von der Wählerschaft bringen, dann wird die Partei (der Kan-

didat) mehr Unterstützung finden, die (der) als den Wählern näherstehend empfunden wird (was als geringere Distanz zu den Wählern bezeichnet wird).[1]

4. Bei Vorliegen solcher unterschiedlicher Distanzen der Akteure zu den Wählern scheint die Annahme plausibel, daß die Wählerschaft die Partei (den Kandidaten) A umso weniger unterstützt, je größer ihre (seine) Distanz zu den Wählern im Vergleich zu der der Partei (des Kandidaten) B wird, oder: je größer die komparative Distanz zu den Wählern der Partei (des Kandidaten) A wird, desto geringer wird ihr (sein) Stimmenanteil sein.

5. Die unter 2. - 4. vorgetragenen Annahmen gelten analog auch für perzipierte Unterschiede in den Images der Kandidaten. Dabei soll die von den Wählern wahrgenommene Differenz in der Qualität der Kandidatenimages als Imagepräferenz der Wähler für den einen oder anderen Kandidaten bezeichnet werden. Je größer die Imagepräferenz der Wähler für einen Kandidaten wird, desto kleiner wird sie für den Konkurrenten. Je größer die Imagepräferenz der Wähler für einen Kandidaten ist, desto größer wird - andere Faktoren gleich - sein Stimmenanteil.

6. Bei der Bestimmung des Stimmenanteils der Parteien bildet die momentane Verteilung der Parteibindungen in der Wählerschaft die Grundlage, während der Ausgangspunkt für die Bestimmung der **Stimmenanteile** der Kandidaten in der Verteilung der Stimmen auf die Parteien gesehen wird. Ein Kandidat wird (bei Fehlen wirksamer auf ihn bezogener Perzeptionen) zunächst als Exponent seiner Partei betrachtet, so daß sich für ihn nur dann Abweichungen von der Stärke seiner Partei ergeben, wenn die perzipierten Issue-Positionen und Images der Kandidaten divergieren.[2]

1) Vgl. auch D. Butler and D. Stokes, Political Change in Britain, a.a.O., S. 202; P.E. Converse, Party Distances, a.a.O., S. 182; ähnlich H. Unkelbach, Grundlagen der Wahlsystematik, a.a.O., S. 36 - 41.

2) Ähnlich argumentiert auch R.S. Sigel, Effect of Partisanship on the Perception of Political Candidates, a.a.O., S. 496.

In dem durch diese Verhaltensannahmen[1] beschriebenen Modell werden keinerlei Gewichte für die relative Bedeutung der einzelnen Einflußfaktoren vorgegeben; sie ergeben sich implizit durch die komparativen Distanzen zu den Wählern und die Imagepräferenzen der Wähler. Aufgrund der Verhaltensannahmen wird das Wahlverhalten allein aufgrund der Parteibindungen der Wähler erklärt, falls keine differenzierten Issue-Positionen und Images perzipiert werden; der Einfluß der Parteiidentifikationen auf das Wahlergebnis nimmt immer weiter ab, je unterschiedlicher die Issue-Positionen und Images beurteilt werden.

Zur Überprüfung dieser Verhaltensannahmen werden sie in einem Analysemodell operationalisiert und in einem Gleichungssystem formuliert.

2. EIN ANALYSEMODELL ZUR ERKLÄRUNG VON WAHLVERHALTEN

Solange keine relevanten Unterschiede zwischen den Parteien bzw. Kandidaten vermutet werden, so wurde angenommen, bestimmt die Struktur der Parteibindungen das Wahlergebnis. Diese "Basis-Stimmenverteilung" ist bereits im "Concept of a Normal Vote" von Converse u.a. operationalisiert worden. Diese Bestimmung der "normal vote" wird hier übernommen, um den Basis-Stimmenanteil der Parteien (B_j) zu berechnen.

Diese Stimmenanteile werden aufgrund unterschiedlicher wahrgenommener Issue-Positionen, also aufgrund unterschiedlicher Distanzen zu den Wählern modifiziert. Die komparativen Distanzen, die beschreiben, inwieweit die Wähler der politischen Akteure als mit ihren eigenen Ansichten übereinstimmend beurteilen, werden mit Hilfe von auf der konservativ/

1) Mit ähnlichen Annahmen - die dann jedoch anders operationalisiert werden - arbeiten auch S. Kelley and T.W. Mirer, The Simple Act of Voting, in: American Political Science Review, Vol. LXVIII (1974), S. 572 ff., hier insbes. S. 590 f. u. passim.

liberalen Dimension messenden Issue-Skalen[1] bestimmt. Für jede Skala wird für die jeweils betrachtete Partei die Entfernung zu den Befragten (e_{ij}) berechnet, indem die absolute Differenz zwischen der durchschnittlichen Selbsteinstufung der Befragten (s_{iB}) und der durchschnittlichen Einstufung der Partei durch die Befragten (s_{ij}) mit der Anzahl der Skalenintervalle (I) standardisiert wird:

(1) $e_{ij} = \frac{|s_{ij} - s_{iB}|}{I}$, wobei: $i = 1, \ldots, n$ Anzahl der Issue-Skalen

$j = 1, 2$ Anzahl der Parteien

Die Wähler entscheiden jedoch nicht aufgrund nur eines Issues. Daher muß ein Maß für die gesamte perzipierte Distanz zwischen Wählern und Parteien gefunden werden. Diese Distanz der Parteien zu den Befragten (D_j) ergibt sich als Durchschnitt aller Entfernungen zwischen Partei und Befragten bei den einzelnen Issues:

(2) $D_j = \frac{\sum_{i=1}^{n} e_{ij}}{n}$.

Die Differenz zwischen den für die Parteien bestimmten Distanzen zu den Befragten ergibt dann die komparative Distanz der Parteien zu den Befragten (K_j)

(3) $K_1 = D_1 - D_2$; $K_2 = D_2 - D_1$.

Der ungefähre - weil noch nicht auf eine Summe von 100 % abgestimmte - Stimmenanteil einer Partei (US_j) ergibt sich dann - entsprechend der vierten Verhaltensannahme - aus

(4) $US_j = B_j - K_j B_j$.

1) Derartige Skalen verwenden auch: N.H. Nie with K. Andersen, Mass Belief Systems, a.a.O., S. 540 ff.; J.L. Sullivan and R.E. O'Connor, Electoral Choice and Popular Control of Public Policy, a.a.O., passim; H.D. Klingemann u. F.U. Pappi, Politischer Radikalismus. Theoretische und methodische Probleme der Radikalismusforschung, dargestellt am Beispiel der Landtagswahl 1970 in Hessen, München/Wien 1972, S. 18 - 23. Eine kritische Diskussion des Arbeitens mit solchen Skalen findet sich bei G. Sjöblom, Party Strategies in a Multiparty System, a.a.O., S. 158 - 168.

In einem letzten Schritt werden die Stimmanteile so umgerechnet, daß sie sich zu 100 % addieren. Damit ergeben sich die Stimmenanteile der Parteien (S_j) mit

$$(5)\quad S_j = \frac{US_j}{US_1 + US_2} \cdot 100 \ .$$

Entsprechend den Modellannahmen bildet der Stimmenanteil einer Partei (S_j) den Ausgangspunkt für die Berechnung des Stimmenanteils des Kandidaten dieser Partei. Abweichungen vom Stimmenanteil seiner Partei können sich aufgrund der komparativen Distanz eines Kandidaten zu den Wählern (K_k) und der Imagepräferenz der Befragten für diesen Kandidaten (IP_k) ergeben. Die komparative Distanz des Kandidaten zu den Befragten wird in gleicher Weise wie der der Parteien (siehe Gleichungen 1 - 3) bestimmt:

$$(6)\quad e_{ik} = \frac{|s_{ik} - s_{iB}|}{I} \ , \quad \text{mit } k = 1,\ 2 \ \text{Anzahl der Kandidaten}$$

$$(7)\quad D_k = \frac{\sum_{i=1}^{n} e_{ik}}{n}$$

$$(8)\quad K_1 = D_1 - D_2;\ K_2 = D_2 - D_1.$$

Die Imagepräferenz der Befragten für einen Kandidaten (IP_k) wird aufgrund der mit einem semantischen Differential gemessenen Beurteilung bestimmt; dabei muß die Skala zwischen den Gegensatzpaaren ihren Mittelpunkt im Wert Null haben (bzw. muß eine entsprechende lineare Skalentransformation durchgeführt werden). Für jedes Gegensatzpaar des Differentials wird die durchschnittliche Einstufung eines Kandidaten (z_{lk}) mit der halben Skalenlänge (t) standardisiert, was die Bewertung des Kandidaten für das entsprechende Gegensatzpaar (i_{lk}) ergibt:[1]

$$(9)\quad i_{lk} = \frac{z_{lk}}{t/2} = \frac{2z_{lk}}{t} \ , \quad \text{mit } l = 1, \ldots, m \ \text{Anzahl der Gegensatzpaare}$$

1) Für die Form des Polaritätsprofils, wie es hier verwendet wird, wird die Bewertung des Kandidaten (i_{lk}) durch die Differenz zwischen den relativen Häufigkeiten positiver Nennungen (i_{lkpos}) und negativer Nennungen (i_{lkneg}) bestimmt,

$$'(9)'\quad i_{lk} = i_{lkpos} - i_{lkneg}.$$

Die durchschnittliche Bewertung eines Kandidaten für alle Gegensatzpaare des semantischen Differentials ergibt den Imagewert (W_k) des Kandidaten:

$$(10)\quad W_k = \frac{\sum_{l=1}^{m} i_{lk}}{m},$$

die Differenz zwischen den Imagewerten der Kandidaten ergibt die Imagepräferenzen der Befragten für die Kandidaten (IP_k):

$$(11)\quad IP_1 = W_1 - W_2;\ IP_2 = IP_2 - IP_1.$$

Entsprechend den Verhaltensannahmen vier bis sechs ergeben sich dann die ungefähren Stimmenanteile der Kandidaten (US_k) mit

$$(12)\quad US_k = S_{j=k} - S_{j=k}(K_k - IP_k).$$

In einem letzten Schritt werden die Stimmenanteile der Kandidaten (E_k) so berechnet, daß sie sich zu 100 % addieren:

$$(13)\quad E_k = \frac{US_k}{US_1 + US_2} \cdot 100.$$

Das eben beschriebene Modell kann in der vorliegenden Form nur auf Wahlen angewendet werden, in denen zwei Parteien und zwei Kandidaten in gesonderten Abstimmungen um die Wählerstimmen konkurrieren.[1]
Anhand der Wahlen zum Repräsentantenhaus der USA und der Präsidentschaftswahl von 1972 soll das Modell geprüft werden.

1) Eine Umformulierung des Modells für die Anwendung auf Wahlen, in denen mehr als zwei Parteien bzw. Kandidaten sich um die Wählergunst bemühen und/oder in denen die Stimmabgabe für Parteien und Kandidaten in einem Wahlgang erfolgt, erscheint möglich (hierfür werden wesentliche Grundlagen bereits diskutiert, siehe z.B. P.E. Converse, Party Distances, a.a.O., S. 184 ff.). Größere Schwierigkeiten werden für eine Umformulierung erwartet, durch die das Modell auf Wahlen anwendbar würde, in denen mehr oder weniger Kandidaten für die Regierungsspitze direkt gewählt werden, als Parteien an der Wahl teilnehmen. Auch eine solche Modifikation erscheint nicht unmöglich; ein Ansatz hierfür könnte die Darstellung der Entscheidungsproblematik in Wahlen mit 3 Kandidaten sein, die gegeben wird von J.A. Ferejohn and M.P. Fiorina, The Paradox of Not Voting: A Decision Theoretic Analysis, in: American Political Science Review, Vol. LXVIII (1974), S. 525 ff., hier S. 528 ff.

3. VERSUCH DER FALSIFIKATION DES ANALYSEMODELLS

3.1. Anwendung des Modells auf die Wahlen von 1972

Aufgrund der Verteilung der Parteiidentifikationen im Jahre 1972 (siehe dazu Tabelle 21, S. 72) ergeben sich die Basisstimmenanteile der Parteien mit

$B_{Demokraten} = 54\ \%$ und

$B_{Republikaner} = 46\ \%.$

Um die Stimmenanteile der Parteien bestimmen zu können, müssen die komparativen Distanzen der Parteien zu den Befragten berechnet werden. Diese Berechnung ist bis zur Bestimmung der Distanzen der Parteien (und der Kandidaten) zu den Wählern in Tabelle 41 durchgeführt worden, der die Distanzen (D) wie folgt zu entnehmen sind:

$D_{Demokraten} = 0{,}165$

$D_{Republikaner} = 0{,}100.$

Damit ergeben sich die komparativen Distanzen der Parteien zu den Befragten (K) mit

$K_{Demokraten} = D_{Demokr.} - D_{Republik.} = 0{,}165 - 0{,}1 = +\ 0{,}065$

und

$K_{Republikaner} = D_{Republ.} - D_{Demokr.} = 0{,}1 - 0{,}165 = -\ 0{,}065.$

Die ungefähren Stimmenanteile der Parteien (US) werden dann bestimmt als

$$US_{Demokraten} = B_{Demokraten} - B_{Demokr.} \cdot K_{Demokraten}$$
$$= 54 - 54 \cdot 0{,}065 = 50{,}5\ \%$$

und

$$US_{Republikaner} = B_{Republikaner} - B_{Republ.} \cdot K_{Republ.}$$
$$= 46 + 46 \cdot 0{,}065 = 49\ \%\ .$$

Daraus ergeben sich die endgültigen Stimmenanteile der Parteien mit

Tabelle 41: Issue-Positionen der Befragten, der Parteien und der Kandidaten nach Wählermeinung 1972 - Bestimmung der "Distanzen zu den Wählern" für Parteien und Kandidaten[a]

Issues[b]	Skalen-Werte[c]					Entfernungen zu den Befragten bei den einzelnen Issues			
	Befragte	Demokrat. Part.	Republik. Part.	McGovern	Nixon	Demokr. Partei	Republ. Partei	McGovern	Nixon
1	4,3	2,9	4,5	2,4	4,4	0,233	0,033	0,317	0,017
2	4,0	3,4	4,5	2,9	4,5	0,100	0,083	0,183	0,083
3	3,7	2,7	4,5	1,8	4,6	0,167	0,133	0,317	0,150
4	2,3	3,4	3,5	3,4	3,2	0,183	0,200	0,183	0,150
5	5,4	4,3	5,3	3,7	5,5	0,183	0,017	0,283	0,017
6	6,2	3,8	4,9	3,4	5,0	0,400	0,217	0,467	0,200
7	3,9	3,1	4,6	2,8	4,6	0,133	0,117	0,183	0,117
8	2,1	2,7	3,1	2,5	3,0	0,100	0,167	0,067	0,150
9	4,2	3,4	4,2	3,1	4,2	0,133	0,000	0,183	0,000
10	4,2	3,2	4,5	2,7	4,1	0,167	0,050	0,250	0,017
11	3,1	3,1	4,0	2,7	3,9	0,000	0,150	0,067	0,133
12	4,9	3,8	4,7	3,3	4,9	0,183	0,033	0,267	0,000
Durchschnitt	4,0	3,3	4,4	2,9	4,3	0,165	0,100	0,231	0,086
Position auf gesonderter lib./kons. Skala	4,1	3,1	4,9	2,4	4,9	"Distanzen zu den Wählern"			

a) Quelle: ICPR-Wahlstudie - Eigene Berechnungen.

b) Issues: 1) Regierung sorgt für Beschäftigung
2) Hohe Steuern auf hohes Einkommen
3) Rückzug aus Vietnam
4) Inflation
5) Legalisierung von Marihuana
6) Busing
7) Öffentliche Krankenversicherung
8) Umweltverschmutzung
9) Schutz der Angeklagtenrechte
10) Regierungshilfe für Minoritäten
11) Städtische Unruhen
12) Universitäre Unruhen

Der Wortlaut der Fragen ist Anhang III zu entnehmen.

c) Skalenwerte: 1 = äußerst liberal; 7 = äußerst konservativ; 4 = Mitte

$$S_{Demokraten} = \frac{US_{Demokraten}}{US_{Dem} + US_{Rep}} \cdot 100 = \frac{50{,}5}{50{,}5 + 49} \cdot 100 = 50{,}8\ \%$$

und

$$S_{Republikaner} = \frac{49}{50{,}5 + 49}\ 100 = 49{,}2\ \%.$$

Diese Stimmenanteile der Parteien bilden den Ausgangspunkt für die Berechnung der Stimmenanteile der Kandidaten, zu deren Ermittlung noch die komparativen Distanzen der Kandidaten zu den Befragten und die Imagepräferenzen der Wähler für die Kandidaten bestimmt werden müssen.

Aus Tabelle 41 sind die Distanzen der Kandidaten zu den Befragten (D) zu entnehmen:

$D_{McGovern} = 0{,}231$ und

$D_{Nixon} = 0{,}086$,

so daß sich die komparativen Distanzen (K) mit

$K_{McGovern} = D_{McGovern} - D_{Nixon} = 0{,}231 - 0{,}086 = +\ 0{,}145$ und

$K_{Nixon} = D_{Nixon} - D_{McGovern} = 0{,}086 - 0{,}231 = -\ 0{,}145$

ergeben.

Die Imagewerte der Kandidaten sind bereits in Tabelle 37 (siehe S. 137) bestimmt worden; die dort als "Durchschnittliche Indexwerte" verzeichneten Werte werden als Dezimalbrüche ausgedrückt und ergeben dann die Imagewerte (W)

$W_{McGovern} = +\ 0{,}061$ und

$W_{Nixon} = +\ 0{,}186$.

Daraus resultieren die Imagepräferenzen (IP)

$IP_{McGovern} = W_{McGovern} - W_{Nixon} = 0{,}061 - 0{,}186 = -\ 0{,}125$

und

$IP_{Nixon} = W_{Nixon} - W_{McGovern} = 0{,}186 - 0{,}061 = +\ 0{,}125$.

Diese komparativen Distanzen und Imagepräferenzen werden in das Gleichungssystem des Modells eingesetzt. Zu nächst ergeben sich die ungefähren Stimmenanteile (US)

$US_{McGovern} = S_{Demokraten} - S_{Demokraten}(K_{McGovern} - IP_{McGovern})$

$= 50{,}8 - 50{,}8\ (0{,}145 + 0{,}125) = 37{,}0\ \%$ und

$$US_{Nixon} = S_{Republikaner} - S_{Republikaner}(K_{Nixon} - IP_{Nixon})$$
$$= 49{,}2 - 49{,}2\ (-0{,}145 - 0{,}125) = 62{,}5\ \%,$$

so daß die endgültigen Stimmenanteile der Kandidaten (E) bestimmt werden mit

$$E_{McGovern} = \frac{US_{McGovern}}{US_{McG} + US_{Nixon}} \cdot 100 = \frac{37}{37 + 62{,}5} \cdot 100 = 37{,}2\%$$

und

$$E_{Nixon} = \frac{62{,}5}{37 + 62{,}5} \cdot 100 = 62{,}8\ \%.$$

Wie Tabelle 42 zeigt, sind diese durch das Modell berechneten Werte - wenn man die durch den Stichprobenfehler möglichen Abweichungen von den tatsächlichen Werten, die Vertrauensintervalle[1] berücksichtigt - so gut mit dem tatsäch-

Tabelle 42: Gegenüberstellung des tatsächlichen Wahlergebnisses mit den Modellergebnissen und den Verteilungen der Ergebnisse der Erinnerungsfragen "Wie haben Sie gestimmt?"

Ergebnisse für	Tatsächliches Ergebnis in v.H.	Modellberechnung[a]			Erinnerungsfragen		
		Modellergebnis %	Vertrauensintervall bei sicherheit		Stichprobenergebnis[b] %	Vertrauensintervall bei Sicherheit	
			99,7%	95,5%		99,7[a]	95,5%[a]
Demokratische Partei	52,7	50,8	47,5 - 54,2	48,6- 53,0	55,9	52,0 - 59,8	53,3- 58,5
Republikanische Partei	47,3	49,2	45,8 - 52,5	47,0- 51,8	44,1	40,2 - 48,0	41,5- 46,7
McGovern	38,2	37,2	34,9 - 41,5	40,4 - 36,0	35,7	32,2 - 39,2	33,4- 38,2
Nixon	61,8	62,8	58,5 - 65,1	59,6 - 64,0	64,3	60,8 - 67.8	61,8- 66,6

a) Eigene Berechnungen.

b) ICPR-Wahlstudie 1972.

1) Zur Berechnung der Vertrauensintervalle siehe H. Sahner, Schließende Statistik, a.a.O., S. 89 f. Stichprobenumfänge: Modell n=2000; Präsident: n= 1662; Haus: n = 1432.

lichen Wahlergebnis vereinbar, daß sowohl bei einer Sicherheit von 99,7 % als auch bei einer Sicherheit von 95,5 % gesagt werden kann, daß die Abweichung zwischen den Modellberechnungen und der Realität als lediglich durch den Stichprobenfehler bedingt angesehen werden kann.

Auch die Erinnerungsfragen nach der Stimmabgabe in der Präsidentschaftswahl (n = 1662) und in der Wahl zum Repräsentantenhaus (n = 1432) zeigen bei den 99,7-prozentige Sicherheit repräsentierenden Vertrauensintervallen lediglich als zufällig anzusehende Differenzen vom tatsächlichen Wahlergebnis; bei dem bei 95,5-prozentiger Sicherheit entstehenden Vertrauensintervall allerdings kann die Differenz zwischen Wahlergebnis und der Antwortverteilung auf die die Repräsentantenhauswahlen betreffende Erinnerungsfrage nicht mehr mit Sicherheit als lediglich zufallsbedingt angesehen werden. Das Modell erlaubt also eine präzisere, auf analytischem Weg gewonnene Aussage als die als problematisch bekannten Erinnerungsfragen.

Wegen der unterschiedlichen Resultate der Modellberechnung und der Erinnerungsfragen ist auch zu prüfen, ob diese Differenzen als signifikant anzusehen sind. Die Überprüfung der statistischen Signifikanz der Differenzen[1] ergibt, daß die Differenz zwischen Modellergebnis und Antwortverteilung auf die Erinnerungsfrage im Falle der Präsidentschaftswahl bei 99,7 %, 95,5 % und sogar bei 68,3 % Sicherheit als nicht signifikant anzusehen ist und daß somit die Ergebnisse als statistisch "gleich" gelten können. Im Falle der Repräsentantenhauswahl allerdings muß mit 95,5-prozentiger und auch bei 99,7-prozentiger Sicherheit angenommen werden, daß die Differenzen nicht rein zufallsbedingt sind, d.h.: hier können Modellergebnis und Antwortverteilung auf die Erinnerungsfrage nicht als gleich angesehen werden; eine einfache Erklärung für dieses Ergebnis läßt sich nicht geben.

1) Zum Verfahren siehe oben, S. 29, Fußnote 2.

Trotz dieser einen Divergenz muß das Ergebnis der Modellberechnungen als eine erste Bestätigung des Modells gewertet werden: aufgrund von Hypothesen über das Zusammenwirken von Parteiidentifikation, Issue-Orientierungen und perzipierten Kandidatenimages wurde ein Gleichungssystem entwickelt, mit dem ein mit dem tatsächlichen Wahlergebnis übereinstimmendes analytisches Ergebnis berechnet werden konnte. Das erlaubt die Schlußfolgerung, daß die verwendeten Hypothesen und ihre Operationalisierung die Wirkung der Einflußfaktoren auf das Wahlverhalten zumindest für 1972 richtig beschreiben. Die Hypothese, daß Parteiidentifikation, Issue-Perzeptionen und perzipierte Images gemeinsam in der Lage sind, ein gegebenes Wahlergebnis zu erklären, hat die Unterstützung gefunden, die erforderlich ist, um aufgrund der Modellberechnungen eine Interpretation des Wahlergebnisses von 1972 zu geben.

Der Demokratische Spitzenkandidat McGovern wurde hinsichtlich seiner politischen Positionen schlechter als die Demokratische Partei und weitaus ungünstiger als sein Gegenkandidat Nixon beurteilt, wobei auch die Persönlichkeit Nixons günstiger bewertet wurde als die McGoverns, so daß die Divergenz zwischen den Ergebnissen der Präsidentschaftswahl und der Wahl zum Repräsentantenhaus fast vollständig durch diese differenzierten Perzeptionen erklärt werden kann. Auch das recht gute Abschneiden der Republikanischen Partei und das ungünstige Ergebnis für die Demokratische Partei ist mit den vermuteten politischen Positionen der Parteien zu erklären.

Der ausgeprägte Kontrast zwischen dem Repräsentantenhaus- und dem Präsidentschaftswahlergebnis ist somit als die Folge einer ausgeprägten und logischen Differenzierung bei der Beurteilung der Parteien und der Kandidaten durch die Wähler anzusehen. Die Wähler erkannten einen deutlichen

Unterschied zwischen ihren Ansichten und denen McGoverns und darüber hinaus einen Unterschied zwischen McGovern und der Demokratischen Partei - und diese Unterschiede wurden von den zur Differenzierung bereiten Wählern konsequent in ihr Wahlverhalten übertragen. Mit dieser Differenzierungsbereitschaft kann auch erklärt werden, warum Präsident Nixon 1972 nicht den erwünschten "Coat-Tail-Effekt"[1] hatte: das Differenzierungsvermögen der Wähler ließ die Republikanische Partei so wenig von der Attraktivität ihres Präsidentschaftskandidaten partizipieren wie sich die Attraktivität der Demokratischen Partei auf deren Kandidaten übertrug. Dieses Wahlverhalten entspricht nicht im mindesten dem oft zitierten Bild des manipulierbaren und damit unmündigen Staatsbürgers.

Auch die Frage nach der möglichen längerfristigen Bedeutung des Wahlerfolges Nixons für die Struktur des amerikanischen Parteiensystems kann aufgrund der Modellberechnungen beantwortet werden: von den ca. 62 Prozent, die Nixon gewann, sind ca. 7,5 Prozent der Person Nixons im Kontrast zu McGovern zuzurechnen, also für die langfristige Betrachtung - zumindest unmittelbar - zu vernachlässigen. Etwa 8,5 Prozent folgen jedoch aus der im Vergleich zu den Demokraten geringeren Distanz zwischen der perzipierten politischen Position Nixons und der Republikanischen Partei zu den Befragten. Da diese Positionen auf der konservativ/liberalen Dimension angeordnet sind, können sie als relativ stabil angesehen werden, wenn die Republikanische Partei diese geringe Distanz zu erhalten versteht. Bessere Chancen für die Demokratische Partei sind zu erwarten, wenn diese sich bei der Kandidatenaufstellung bemüht, eine neue Position der Mitte, d.h. mit geringerer Distanz zur Selbsteinschätzung der Wähler zu finden. Im Bereich der wahrgenommenen po-

1) Von "Coat-Tail-Effekt" spricht man, wenn der Präsidentschaftskandidat aufgrund seiner Popularität und seines Wahlerfolges den Kandidaten seiner Partei auf anderen Organisationsstufen des politischen Systems - z.B. eben auch in der Repräsentantenhauswahl - hilft, Mandate zu gewinnen.

litischen Distanz zwischen den Standpunkten der Akteure und der Wähler liegen also die Aktionsparameter der Parteien, die das Parteiensystem nachhaltig beeinflussen können. In den Wahlen von 1972 fand diese Beeinflussung vor dem Hintergrund einer geringfügig zugunsten der Republikaner verschobenen Verteilung der Parteibindungen statt, was auf das stabile Element des Wahlerfolgs Nixons zu beziehen ist.

Die persönliche Komponente des Wahlerfolgs allerdings könnte mittelbar auch eine langfristige Bedeutung haben, indem die Wahlentscheidung zugunsten des Kandidaten der Republikanischen Partei zu einer Annäherung an die politischen Positionen dieser Partei führt - die sozialpsychologische Erfahrung, daß Menschen in der Regel zu einem in sich konsistenten Verhalten streben, spricht dafür. Ereignisse zwischen der Wahl von 1972 und denen von 1976 aber können Effekte auslösen (oder haben dies bereits getan), die in der entgegengesetzten Richtung wirken und u.U. die Rechtfertigung dafür liefern, daß 1976 das Verhalten gegenüber 1972 erneut geändert wird. Ein solches Ereignis könnten die "Watergate-Affäre" und ihre politischen Folgen gewesen sein, die den Rücktritt Nixons erzwangen.

Damit war das wesentlichste Ergebnis der Wahlen von 1972, daß das amerikanische Parteiensystem auf der präsidentiellen wie der parlamentarischen Organisationsstufe durch eine reale Chance des Machtwechsels gekennzeichnet ist, wobei diese Chance auf der präsidentiellen Organisationsstufe - auf der eine große Netto-Wählerfluktuation herrscht - ausgeprägter zu sein scheint als für den Mehrheitswechsel im Repräsentantenhaus. Die Demokratische "Roosevelt-Koalition" ist zwar nicht mehr so stark wie sie es bis zur Mitte der sechsziger Jahre gewesen war, aber diese Koalition ist - noch - stark genug, um der Demokratischen Partei die relativ stabile Position einer potentiellen Mehrheitspartei zu sichern. Die Republikanische Partei ist diesem Ziel ein wenig näher gekommen. Es scheint, daß Wahlerfolg und Wahlniederlage bei der herrschenden ausgeprägten Differenzierungsbereitschaft der amerikanischen Wähler mehr von der erfolgreichen Darstellung und Personalisierung von Issue-Positionen abhängen als von den gewachsenen - und in partieller Auflösung befindlichen - Parteibindungen.

3.2. Weitere Falsifikationsversuche zum Modell

3.2.1. Probleme der Datenbasis

Es erscheint zweckmäßig, das Modell an drei Wahlen zu testen, die den wesentlichen Typen entsprechen: 1. an einer "maintaining election", in der die Struktur der Parteibindungen erhalten bleibt und die "Mehrheitspartei" die Wahlen gewinnt;[1] 2. an einer "deviating election", in der keine Umstrukturierung der Parteibindungen in großem Ausmaß stattfindet, in der aber die "Mehrheitspartei" unterliegt;[2] 3. an einer "realigning election", in der die bisherige Minderheitspartei gewinnt und in deren Folge eine Umstrukturierung der Parteibindungen von langfristiger Stabilität eintritt[3]. Darüber hinaus scheint es sinnvoll, das Modell auch an der Wahl des Jahres 1964 zu testen, die keinem dieser Typen wirklich entspricht, die aber mit dem überaus klaren Wahlsieg Johnsons gegen Goldwater einen ähnlich aussergewöhnlichen Charakter besaß wie die Wahlen von 1972.

Eine "realigning election" fand zuletzt im Jahre 1932 statt,[4] zu einer Zeit also, zu der noch keine Umfragedaten erhoben

1) Siehe A. Campbell, A Classification of the Presidential Elections, in: A. Campbell, P.E. Converse, W.E. Miller, and D.E. Stokes, Elections and the Political Order, a.a.O., S. 63 ff., hier S. 64.

2) Siehe ebda., S. 69.

3) Siehe ebda., S. 74 und V.O. Key, A Theory of Critical Elections, in: Journal of Politics, Vol. 17 (1955), S. 3 ff.

4) Auch die Wahl von 1972 trägt im Ansatz Züge einer "realigning election".

wurden, die den im Modell gestellten Anforderungen genügten. Als Beispiele für eine "maintaining election" sind die Wahlen von 1948, 1960 (und 1964) anzusehen; "deviating elections" fanden 1952, 1956, 1968 und 1972 statt.

Für keine der Präsidentschaftswahlen vor 1972 konnte - bei Durchsicht der verfügbaren Daten des Survey Research Center (Center for Political Studies), der Gallup-Organisation und einiger Nachrichtenmagazine (Time, Newsweek, U.S. News & World Report) - ein semantisches Differential gefunden werden, wie es im Modell zur Ermittlung der Imagepräferenzen der Wähler benötigt wird. Für 1964 liegen jedoch Daten vor, die hilfsweise eingesetzt werden können.

Lediglich für die Kongreßwahlen von 1970 liegen Issue-Skalen des Typs vor, wie sie für die Anwendung im Modell verlangt werden. Für 1968 und 1964 wurden Möglichkeiten gefunden, die fehlenden Skalen durch Hilfskonstruktionen zu ersetzen.

Für alle Wahlen, die weiter zurückliegen als 1964, waren weder semantische Differentiale noch benutzbare Issue-Skalen verfügbar.

Wegen dieser Datenlage können Tests des vorgelegten Analysemodells nur für die Wahlen zum Repräsentantenhaus der USA von 1970, 1968 und 1964 sowie für die Präsidentschaftswahl von 1964 durchgeführt werden. Außer im Falle der Kongreßwahl von 1970 muß in allen Fällen mit unzulänglichen Hilfskonstruktionen gearbeitet werden, die bei dem jeweiligen Test näher erläutert werden.

3.2.2. Modellanwendungen

3.2.2.1. Die Wahlen von 1970

Für die Wahlen zum Repräsentantenhaus von 1970 liegen Skalen des in der Operationalisierung vorgesehenen Typs für acht Issues vor, so daß hier ein relativ harter Test des Modells durchgeführt werden kann.

Tabelle 43: Verteilung der Parteiidentifikationen im Jahr 1970[a]

Demokratisch		Unabhängig			Republikaner	
stark	schwach	mit Neigung zur Demokratischen Partei	ohne Neigung zu einer der Parteien	mit Neigung zur Republikanischen Partei	schwach	stark
20,0	24,0	10,5	13,0	7,9	15,4	9,3

a) Quelle: Inter-University Consortium for Political Research (Hrsg.), The CPS 1970 American National Election Study (CPS 49517), ICPR-Ausgabe, Ann Arbor, Mich. 1971.

Aus der Struktur der Parteibindungen im Jahre 1970 (siehe Tabelle 43) ergeben sich die folgenden Basis-Stimmenanteile:
- für die Demokratische Partei ca. 56 %
- für die Republikanische Partei ca. 44 %.

Die Distanzen zu den Wählern der beiden Parteien werden aufgrund von acht Issues in Tabelle 44 bestimmt, es ergibt sich, daß die Demokratische Partei 1970 politisch ein wenig weiter von den Wählern entfernt war als die Republikanische Partei. Aufgrund der in Tabelle 44 bestimmten Distanzen der beiden Parteien zu den Wählern ergeben sich die komparativen Distanzen zu den Wählern
- für die Demokratische Partei mit $K = +0{,}029$ und
- für die Republikanische Partei mit $K = -0{,}029$.

Durch Einsetzen der Basis-Stimmenanteile und der komparativen Distanzen in das Gleichungssystem des Modells ergeben sich die Stimmenanteile der Parteien mit 54,6 Prozent

Tabelle 44: Perzipierte Positionen der Befragten selbst, der Parteien zu acht Issues im Jahre 1970[a]

ISSUES[b]	Skalenwerte[c] für die			"Entfernungen zu Befragten beim jeweiligen Issue	
	Befragte	Demokratische Partei	Republikanische Partei	Demokratische Partei	Republikanische Partei
1. Städtische Unruhen	3,8	3,3	4,3	0,083	0,083
2. Rückzug aus Vietnam	3,9	3,9	4,2	0,000	0,050
3. Universitäre Unruhen	5,3	3,9	4,7	0,233	0,100
4. Regierungshilfe für Minoritäten	4,3	3,0	4,1	0,217	0,033
5. Regierung bekämpft Inflation	2,3	3,2	4,0	0,150	0,283
6. Schutz der Angeklagtenrechte	4,3	3,4	4,1	0,150	0,033
7. Umweltverschmutzung	2,4	3,2	3,6	0,133	0,200
8. Öffentliche Krankenversicherung	3,9	3,2	4,3	0,177	0,067
Durchschnitt	3,8	3,4	4,3	0,135	0,106
				Distanzen zu den Befragten	

a) Quelle: siehe Tabelle 43; eigene Berechnungen.
b) Zum Wortlaut der entsprechenden Fragen siehe Anhang III.
c) Die Skalen haben eine Länge von 1, ..., 7; 1 ≙ sehr liberal, 7 ≙ sehr konservativ, 4 ≙ Mitte.

für die Demokratische Partei und 45,4 Prozent für die Republikanische Partei.

Die Abweichung des mit dem Modell bestimmten Wahlausgangs vom tatsächlichen Ergebnis kann sowohl bei 99,7 %-iger als auch bei 95,5 %-iger Sicherheit als allein durch den Stichprobenfehler verursacht angesehen werden; dasselbe gilt für die Differenz zwischen tatsächlichem Wahlergebnis und

Tabelle 45: Gegenüberstellung der Modellberechnungen und der Erinnerungsfrage nach dem Wahlverhalten mit dem tatsächlichen Wahlergebnis der Repräsentantenhauswahl von 1970

Stimmenanteil für	Tatsächliches Wahlergebnis in v.H.[a]	Modellberechnung[c] (n = 1500)			Erinnerungsfrage[b] (n= 765)		
		Ergebnis in %	Vertrauensintervalle bei Sicherheit		Ergebnis in %[b]	Vertrauensintervalle[c] b. Sicherheit	
			99,7%	95,5%		99,7%	95,5%
Demokratische Partei	54,4	54,6	50,7-58,5	52,0-57,2	54,5	49,1-59,9	50,9-58,1
Republikanische Partei	45,6	45,4	42,5-49,3	42,8-48,0	45,5	40,1-50,9	41,9-49,1

a) Quelle: Statistics of the Congressional Elections of November, 3, 1970. Compiled from Official Sources by B.J. Guthrie under direction of P.W. Jennings, U.S. Government Printing Office, Washington 1971, S. 41.

b) Quelle: siehe Tabelle 43.

c) Eigene Berechnungen.

der Antwortverteilung auf die Frage nach dem tatsächlichen Wahlverhalten der Auskunftspersonen (siehe Tabelle 45). Auch die Modellberechnung und das Ergebnis der Erinnerungsfrage sind als statistisch gleich anzusehen.[1]

3.2.2.2. Die Wahlen von 1968

Da für 1968 kein semantisches Differential zur Bestimmung der perzipierten Kandidatenimages vorliegt, kann das Modell lediglich auf die Wahlen zum Repräsentantenhaus angewendet werden.

1) Der Wert von z = 0,05 < 1, der das Ergebnis des Tests ist, bedeutet, daß die Ergebnisse bei 99,7 %, 95,5 % und 68,3 % Sicherheit als nur zufällig voneinander abweichend anzusehen sind. (Zum Verfahren siehe S. 29, Fußnote 2).

Aufgrund der Struktur der Parteibindungen (siehe Tabelle 46) ergeben sich für 1968 die Basis-Stimmenanteile der Parteien mit ca. 54 Prozent für die Demokratische und ca. 46 Prozent für die Republikanische Partei.

Tabelle 46: Verteilung der Parteibindungen 1968[a]

Demokratisch		Unabhängig			Republikanisch	
stark	schwach	mit Neigung zur Demokratischen Partei	ohne Neigung zu einer der Parteien	mit Neigung zur Republikanischen Partei	schwach	stark
20,3	25,7	10,0	10,6	8,8	14,8	9,7

a) Quelle: Inter-University Consortium for Political Research (Hrsg.), The 1968 Election Study (SRC 45523), Ann Arbor, Mich. 1971.

Der Typ Issue-Skalen, der bei der Operationalisierung des Modells vorgesehen wurde, ist in der SRC-Wahlumfrage 1968 für die Parteien nicht verwendet worden. Er wurde lediglich für zwei Issues ("Rückzug aus Vietnam" und "Städtische Unruhen") zur Beurteilung der Kandidaten eingesetzt. Diese Skalen werden für die Modellberechnungen eingesetzt, indem die Beurteilung eines Kandidaten einfach auf seine Partei übertragen wird.

Zwei Issues allein aber ergeben keine tragfähige Aussagengrundlage. Daher werden hilfsweise vier andersartige Fragestellungen eingesetzt, die sich auf vier Issues beziehen: 1) Hilfe des Bundesstaates für das kommunale Schulwesen; 2) Machtkonzentration bei der Bundesregierung; 3) Öffentliche Krankenversicherung; 4) Bundesregierung sorgt für Beschäftigung und guten Lebensstandard.

Somit standen also insgesamt sechs Issues zur Verfügung, nachdem für vier politische Probleme die Fragen entsprechend uminterpretiert wurden,[1] um die komparativen Distanzen zu den Wählern für die Parteien zu bestimmen. Die Berechnung dieser Distanzen zu den Wählern ist in Tabelle 47 durchgeführt worden. Aufgrund der dort bestimmten Distanzen ergeben sich die komparativen Distanzen zu den Wählern für

- die Demokratische Partei mit K = + 0,013 und
- die Republikanische Partei mit K = - 0,013.

---

1) Dabei wurde wie folgt verfahren: in der Wahlumfrage wurden den Befragten zum jeweiligen Issue zwei extreme politische Alternativen und eine "neutrale" Zwischenposition vorgegeben, wobei die Befragten angeben sollten, welche dieser Antwortmöglichkeiten ihrer Ansicht entsprach. Den extremen Positionen wurden die Werte "1" und "5" zugeordnet, die mittlere Position wurde mit "3" bezeichnet. Mit diesen Fragen wird hier - analog zur Verwendung der im Modell vorgesehenen Issue-Skalen - die Issue-Position der Wähler als Mittelwert der Einstufungen auf der mit Werten von 1 bis 5 definierten Skala ermittelt. Die perzipierten Positionen der Parteien wurden in der Umfrage mit Zusatzfragen bestimmt, die jeweils erfragten, von welcher der Parteien der Befragte eher annahm, daß sie eine der beiden extremen Alternativen beim jeweiligen Issue politisch vertrete (diese Alternative wurde jeweils im Fragetext genannt). Bei diesen Fragen wurde - für die Verwendung im Modell - die ursprüngliche Wiedergabe der Daten wie folgt uminterpretiert:

	Ursprüngliche Codierung		Uminterpretation bei der Bestimmung der Position a) der Demokraten		b) der Republik.
Skala	1 ≙ Demokr. dafür	⟶	1 ≙ Dem. dafür	⟶	1 ≙ Rep. dagegen
	3 ≙ Kein Unterschied	⟶	3 ≙ Dem. neutral	⟶	3 ≙ Rep. neutral
	5 ≙ Republ. dafür	⟶	5 ≙ Dem. dagegen	⟶	5 ≙ Rep. dafür

Diese uminterpretierten Antwortverteilungen werden jetzt als Skalen aufgefaßt, die für Werte von eins bis fünf definiert sind. Die Mittelwerte der Einstufungen jeder Partei auf diesen Skalen werden berechnet und als perzipierte Positionen der Parteien bei der Berechnung der Entfernungen zu den Befragten verwendet; die Ergebnisse dieser Berechnungen sind in Tabelle 47 enthalten.

Tabelle 47: Perzipierte Positionen der Befragten selbst und der Parteien zu sechs Issues im Jahre 1968[a]

Issue[b]	Skalenlänge	Skalenpositionen für[c]						Entfernung zu den Wählern	
		Befragte selbst		Demokratische Partei		Republikanische Partei		Demokratische Partei	Republikanische Partei
		Skala von 1 - 5	Skala von 1 - 7[d]	Skala von 1 - 5	Skala von 1 - 7[d]	Skala von 1 - 5	Skala von 1 - 7[d]		
1	4	3,5	(4,7)	2,5	(3,2)	3,6	(4,9)	0,250	0,025
2	4	3,3	(4,5)	2,5	(3,2)	3,5	(4,8)	0,200	0,050
3	4	2,4	(3,1)	1,9	(2,4)	4,1	(5,6)	0,125	0,425
4	4	3,3	(4,5)	2,2	(2,8)	3,8	(5,2)	0,275	0,125
5	6	---	2,8	---	2,8	---	4,0	0,000	0,200
6	6	---	4,5	---	4,1	---	4,4	0,067	0,017
Durchschnitt bei Skalenlänge von 1 - 7	(6)	---	4,0	---	3,1	---	4,8	0,153	0,140
								Distanzen zu den Wählern	

a) Quelle: siehe Tabelle 46; eigene Berechnungen.

b) Issues: 1) Regierungshilfe für kommunales Schulwesen, 2) Macht der Bundesregierung, 3) Öffentliche Krankenversicherung, 4) Regierung sorgt für Beschäftigung und guten Lebensstandard, 5) Städtische Unruhen (ursprünglich für Kandidaten!), 6) Rückzug aus Vietnam (ursprünglich für Kandidaten!).

c) Skalenlänge: Issues 1 - 4: 1, ..., 5; Issues 5 u. 6.: 1, ..., 7; 1 ≙ sehr liberal, 5 (7) ≙ sehr konservativ, 3 (4) ≙ Mitte.

d) Für die Issues 1 bis 4 durch Skalentransformation bestimmt.

Durch Einsetzen der Basis-Stimmenanteile und der komparativen Distanzen in die Gleichungen des Modells ergeben sich die Stimmenanteile der Parteien mit 53,4 Prozent für die Demokratische Partei und 46,6 Prozent für die Republikanische Partei.

Dieses Ergebnis der Modellberechnungen ist, wie Tabelle 48 zeigt, bei 99,7-prozentiger und 95,5-prozentiger Sicherheit als nur zufällig vom tatsächlichen Wahlergebnis abweichend anzusehen. Dasselbe gilt für die Antwortverteilung auf die Erinnerungsfrage nach dem tatsächlichen Wahlverhalten, die ein der Realität besser angepaßtes Ergebnis erbrachte als die Modellberechnungen. Ein Signifikanztest[1] zeigt jedoch,

Tabelle 48: Gegenüberstellung der Modellberechnungen und des Ergebnisses der Erinnerungsfrage nach der Stimmabgabe mit dem tatsächlichen Ergebnis der Repräsentantenhauswahl 1968

Stimmenanteile für	Tatsächliches Ergebnis in %[a]	Modellberechnung[b] (n = 1500)			Erinnerungsfrage (n = 1384)		
		Ergebnis in %	Vertrauensintervalle bei Sicherheiten von[b]		Ergebnis in %[c]	Vertrauensintervalle bei Sicherheiten von[b]	
			99,7 %	95,5 %		99,7 %	95,5 %
Demokratische Partei	50,9	53,4	49,5 - 57,3	50,8 - 56,0	51,8	47,8 - 55,8	49,1 - 54,5
Republikanische Partei	49,1	46,6	42,7 - 50,5	44,0 - 49,2	48,2	44,2 - 52,2	45,5 - 50,9

a) U.S. Department of Commerce, U.S. Bureau of the Census, Statistical Abstract of the United States 1969, 90th Annual Edition, Washington D.C. 1969, S. 355

b) Eigene Berechnungen.

c) Quelle: siehe Tabelle 46, hier Variable 323.

daß die Differenz zwischen den Ergebnissen der Erinnerungsfrage und des Modells allein aufgrund des Stichprobenfehlers erklärt werden kann, so daß diese Ergebnisse als statistisch gleich anzusehen sind.

3.2.2.3. Wahlen von 1964

Auch für die Wahlen von 1964 sind keine Daten der Art verfügbar, wie sie durch die Operationalisierung des Modells verlangt werden, so daß mit Hilfskonstruktionen gearbeitet werden muß.

1) Zum Verfahren siehe Fußnote 2 auf S. 29; es ergibt sich $z = 0,86 < 1$, so daß die Gleichheit der Ergebnisse sowohl bei 99,7 % als auch bei 95,5 und 68,3 % Sicherheit behauptet werden kann.

Tabelle 49: Verteilung der Parteibindungen für 1964[a]

Demokratisch		Unabhängig			Republikanisch	
stark	schwach	mit Neigung zur Demokratischen Partei	ohne Neigung zu einer der der Parteien	mit Neigung zur Republinischen Partei	schwach	stark
27,1	25,1	9,4	7,9	5,7	13,7	11,6

a) Quelle: Inter-University Consortium for Political Research (Hrsg.), The 1964 Election Study (S 473), revidierte ICPR-Ausgabe, Ann Arbor, Mich. 1971, Variable 146.

Der Verteilung der Parteibindungen im Jahre 1964 zufolge lagen die Basis-Stimmenanteile der Parteien bei ca. 56 % für die Demokratische und ca. 44 Prozent für die Republikanische Partei.

Die Distanzen der Parteien und der Kandidaten zu den Wählern werden für 1964 ohne die Möglichkeit der Verwendung von Issue-Skalen bestimmt, wie sie bei der Operationalisierung des Modells vorgesehen wurden. Statt dessen werden vier Indizes benutzt, die aus offenen Fragen der SRC-Wahlstudie 1964 abgeleitet wurden.[1] Diese Indizes sollen die Parteilichkeit messen, die durch die Antworten der Befragten zum Ausdruck kam. Diese Indizes sind im einzelnen: (1) Index of Partisanship in References to Domestic Issues; (2) Index of Partisanship in References to Foreign Issues; (3) Index of Partisanship in Johnson References; (4) Index of Partisanship in Goldwater References. Um diese Indizes für das Modell verwendbar zu machen, mußte eine Neucodierung vorgenommen werden, auf deren Grundlage die Distanzen

1) Es handelt sich hier um die Variablen 463, 464, 460 und 461 der Wahlumfrage; siehe dazu: ICPR (Hrsg.), The 1964 Election Study (S 473), revid. ICPR-Ausgabe, Ann Arbor, Mich. 1971, S. 344, Note 40. Die Verteilungen zu diesen Indizes werden wiedergegeben in: ICPR (Hrsg.), The 1964 Election Study (S 473). Frequencies Addendum, revidierte ICPR-Ausgabe, Ann Arbor, Mich. 1971.

der Akteure zu den Wählern berechnet werden können.[1] Das Ergebnis dieser Kalkulationen wird in Tabelle 50 wiedergegeben:

Tabelle 50: Bestimmung der "komparativen Distanzen" zu den der Parteien und Kandidaten 1964

	Demokratische Partei	Republikanische Partei	Johnson	Goldwater
a) Parteilichkeit der Befragten bei innenpolitischen Issues	0,150	0,119	——	——
b) Parteilichkeit der Befragten bei außenpolitischen Issues	0,034	0,029	——	——
c) Mittel aus a) und b)	0,092	0,074	0,092	0,074
d) Parteilichkeit bei auf Johnson bezogenen Antworten	——	——	0,125	0,076
e) Parteilichkeit bei auf Goldwater bezogenen Antworten	——	——	0,089	0,058
f) Mittel aus c) bis e)	——	——	0,102	0,069
g) "Distanzen zu den Wählern" Parteien: 1 - c) Kandidaten: 1 - f)	0,908	0,926	0,898	0,931
h) Komparative Distanzen	-0,018	+0,018	-0,033	+0,033

1) Bei den ursprünglich für Werte von 1o bis 30 definierten Indizes drückt der Wert 20 eine neutrale Stellung zu den Parteien aus, Werte von 20 bis 30 drücken eine zunehmend pro-Demokratische, Werte von 20 bis 10 eine zunehmend pro-Republikanische Einstellung aus. Diese Indizes wurden nach dem folgenden Schema neu codiert:

Pro-Republikanisch ←

← neu	10	9	8	7	6	5	4	3	2	1	0										
alt →	10	11	12	13	14	15	16	17	18	19	20	21	22	23	24	25	26	27	28	29	30
neu →											0	1	2	3	4	5	6	7	8	9	10

→ Pro-Demokratisch

Auf diese Weise ergeben sich aus jedem Index zwei für den Bereich von 0 bis 10 definierte Skalen zu Messung der Parteilichkeit. Für jede dieser Skalen wird der Mittelwert der Einstufungen bestimmt und mit der Skalenlänge (·10)

(Fußnote 1 wird fortgesetzt auf S. 167)

Zur Ermittlung der Imagepräferenzen der Wähler für die Kandidaten liegen keine in der Form eines semantischen Differentials erhobenen Daten vor. Verfügbar sind lediglich die beiden folgenden Listen von Eigenschaften, die die Befragten den Kandidaten zuschrieben (Angaben in Prozent):[1]

Lyndon B. Johnson		Barry Goldwater	
Well qualified	63	Intelligent	33
Experienced	62	Forceful, dynamic	31
Intelligent	56	Poor judgement	26
Good judgement	46	Not well-qualified	25
Honest	42	Honest	24
Forceful, dynamic	36	Reckless	24
Progressive	35	Well-qualified	24
Statesman	29	Just a politician	24
Attractive personally	23	Not for little man	21
Intellectual	18	Attractive personally	19
Just a politician	18	Experienced	18
Big Spender	13	Statesman	17
Not for little man	6	Behind the times	16
Poor judgement	5	Progressive	15
Not well-qualified	5	Not sound	15
Not sound	3	Good judgement	13
Corrupt	3	Intellectual	12
Reckless	2	Big Spender	5
Behind the times	2	Corrupt	4

Aus diesen Eigenschaften lassen sich fünf Gegensatzpaare bilden, so daß dann noch fünf positive und vier negative

---

Fortsetzung der Fußnote 1 von S. 166:
standardisiert; das Resultat soll "Nähe zu den Wählern" genannt werden. Die komparativen Distanzen der Parteien zu den Wählern ergeben sich wie folgt: Aus den Parteilichkeitsindizes für innen- und außenpolitische Fragen wird die jeweilige Nähe der Parteien zu den Wählern bestimmt. Die beiden für eine Partei ermittelten Werte werden gemittelt und von 1 subtrahiert; das Resultat sind die Distanzen zu den Wählern, aus denen sich die komparativen Distanzen in gewohnter Weise ergeben. Die komparativen Distanzen der Kandidaten zu den Wählern werden analog zu denen der Parteien ermittelt, wobei der Mittelwert der Nähen der Parteien und die Nähen benutzt werden, die sich aus den Parteilichkeitsindizes der auf die Kandidaten bezogenen Antworten ergeben, in die Berechnung einbezogen werden.

Fußnote von S. 167:

1) Siehe G.H. Gallup, The Gallup Opinion Poll. Public Opinion 1935 - 1971, Vol. 3: 1959 - 1971, New York 1972, S. 1902 f.

Attribute bleiben, die sich nicht paarweise anordnen lassen. Hieraus wird das einem semantischen Differential ähnelnde Konstrukt gebildet, das in Tabelle 51 wiedergegeben wird.

Tabelle 51: Bestimmung der Imagepräferenzen für die Kandidaten 1964

Positive Attribute	Johnson	Goldwater	Negative Attribute	Johnson	Goldwater	Index Johnson	Index Goldwater
1) Well-qualified	63	24	Not well-qualified	5	25	+58	- 1
2) Good judgement	46	13	Poor judgement	5	26	+41	-13
3) Progressive	35	15	Behind the times	2	16	+33	- 1
4) Statesman	29	17	Just a politician	18	24	+11	- 7
5) Honest	42	24	Corrupt	3	4	+39	+20
6) Verschiedene: (J / G) Experienced 62 / 18 Intelligent 56 / 33 Forceful 36 / 31 Attractive 23 / 19 Intellectual 18 / 12 Summe 195 / 113 Summe : 5 39 / 23	39	23	Verschiedene: (J / G) Big Spender 13 / 5 Not for little man 6 / 21 Not sound 3 / 15 Reckless 2 / 24 Summe 24 / 65 Summe : 4 6 / 16	6	16	+33	+ 7
			SUMME INDEX			215	5
			(SUMME INDEX) : 6			35,8	0,83

Danach betragen die Imagewerte also
- für Johnson +0,358 und
- für Goldwater +0,008,

woraus sich die folgenden Imagepräferenzen der Wähler ergeben:
- für Johnson IP = + 0,35 und
- für Goldwater IP = - 0,35.

Durch Einsetzen der Basis-Stimmenanteile, der komparativen Distanzen und der Imagepräferenzen in das Gleichungssystem des Modells ergeben sich folgende Stimmenanteile:

- Demokratische Partei 56,9 %
- Republikanische Partei 43,1 %
- Lyndon B. Johnson 74,5 %
- Barry Goldwater 25,5 %.

Dieses Ergebnis ist nur partiell mit dem tatsächlichen Wahlergebnis vereinbar (siehe Tabelle 52). Von dem Ergebnis der

Tabelle 52: Gegenüberstellung der Modellberechnung und des Ergebnisses der Fragen nach dem tatsächlichen Wahlverhalten mit dem tatsächlichen Wahlergebnis von 1964

Stimmenanteile für	Tatsächliches Ergebnis in %[a]	Modellberechnungen[b] (n = 1500)			Erinnerungsfragen (n = 1571)		
		Ergebnis in %	Vertrauensintervalle bei Sicherheiten von		Ergebnis in %[c]	Vertrauensintervalle bei Sicherheiten von[b]	
			99,7 %	95,5 %		99,7 %	95,5 %
Demokratische Partei	57,5	56,9	53,1 - 60,7	54,3 - 59,5	64,2	60,6 - 67,8	61,8 - 66,6
Republikanische Partei	42,5	43,1	39,3 - 46,9	40,5 - 45,7	35,8	32,2 - 39,4	33,4 38,2
L. B. Johnson	61,3	74,5	71,1 - 77,9	72,2 - 76,8	67,5	64,0 - 71,0	65,1 - 69,9
B. Goldwater	38,7	25,5	22,1 - 28,9	23,2 - 27,8	32,5	28,9 - 36,0	30,1 - 34,9

a) U.S. Department of Commerce, U.S. Bureau of the Census, Statistical Abstract of the United States, 90th Annual Edition, Washington, D.C. 1969, S. 355.

b) Eigene Berechnungen.

c) Quelle siehe Tabelle 49, hier Variablen 286 und 290.

Repräsentantenhauswahl weicht die Modellberechnung sowohl bei 95,5-prozentiger als auch bei 99,7-prozentiger Sicherheit nur zufällig ab, und ist damit dem Ergebnis überlegen, das mit der Frage nach dem tatsächlichen Wahlverhalten erzielt wurde: dieses Resultat weicht vom tatsächlichen Ergebnis sowohl bei 95,5- als auch bei 99,7-prozentigem Sicherheitsniveau signifikant ab und ist auch mit den Modellberechnungen mit 95,5- und 99,7-prozentiger Sicherheit nicht vereinbar.[1]

Hinsichtlich der Präsidentschaftswahl waren sowohl das Ergebnis der Modellberechnungen als auch die Antwortverteilung auf die Frage nach der Stimmabgabe mit dem tatsächlichen Wahlergebnis nicht vereinbar; Modellergebnis und Antwortverteilung auf die Frage nach dem Präsidentschaftswahlverhalten waren auch miteinander nicht kompatibel.[2] Hier müßte also ein Versagen des Modells konstatiert werden, wenn nicht die Datenbasis so inadäquat wäre, daß von einem bedeutungsvollen Test kaum noch gesprochen werden kann.

3.3. Bewertung des Analysemodells

Das Modell wurde insgesamt in sechs Fällen getestet: an den Wahlen zum Repräsentantenhaus der USA von 1972, 1970, 1968 und 1964 sowie an den Präsidentschaftswahlen von 1972 und 1964. In fünf Fällen - nämlich für alle Repräsentantenhauswahlen und die Präsidentschaftswahl von 1972 - verlief der Test positiv, d.h.: die Modellberechnungen ergaben Stimmenverteilungen, die lediglich in einem mit dem Stichprobenfehler erklärbaren Ausmaß vom tatsächlichen Ergebnis abwichen. Nur in einem Fall, dem der Präsidentschaftswahl von 1964, versagte das Modell. Gerade für 1964 aber war die Datenbasis am schlechtesten, so daß dieser Fall so wenig als erfolgreiche Falsifikation gewertet werden kann wie die Übereinstimmung zwischen Realität und Modell für die Wahlen zum Repräsentantenhaus von 1964 als Bestätigung des Modells gelten darf. Die Datenbasis entsprach der Operationalisierung des Modells am besten für die Wahlen von 1972 und 1970, und eine brauchbare Hilfskonstruktion konnte für

1) Zum Testverfahren siehe S. 29, Fußnote 2. Der Test ergab einen Wert von z = 4,1.

2) Der Test ergab einen Wert von z = 4,3.

1968 gefunden werden - in diesen vier Fällen aber arbeitete auch das Modell erfolgreich. Bei aller gebotenen Vorsicht kann also gesagt werden, daß das Modell, die ihm zugrundeliegenden Hypothesen und deren Operationalisierung in den Falsifikationsversuchen eher bestätigt als falsifiziert wurde. Eine endgültige Beurteilung des Modells sollte jedoch erst anhand weiterer Tests mit zukünftigen Wahlen erfolgen.

Bis zu einer möglichen Falsifizierung des Modells können die folgenden Aussagen aufrechterhalten werden:

1. Die generelle Hypothese der Analyse, nach der Parteiidentifikation, Issue-Perzeptionen und perzipierte Kandidatenimages gemeinsam das Wahlverhalten der Wähler erklären können, und die auf diese allgemeine Hypothese aufbauenden Verhaltensannahmen sind (vorläufig) richtige Beschreibungen der Realität.

2. Die Aussagen, die über das Zustandekommen der Wahlergebnisse von 1972 getroffen wurden, müssen daher als wirklichkeitsgetreu angesehen werden. Der Ausgang der Wahlen von 1972, den diese Untersuchung im Rahmen der ihr zugrundeliegenden, aus der Theorie des Wahlverhaltens abgeleiteten Hypothesen analysiert hat, kann also als zutreffend erklärt angesehen werden.

ANHANG I:

TABELLENANHANG

Tabelle I: Ergebnisse der Signifikanztests der paarweisen Differenzen der prozentualen Anteile a) von Demokratisch gebunden. b) von Unabhängigen und c) von Republikanisch gebundenen Befragten in der Gesamtgruppe der Befragten von 1956 bis 1972 bei einem Sicherheitsniveau von 95,5%.[a]

		1956 n=1762	1960 n=1954	1964 n=1571	1968 n=1557	1972 n=2705
Anteile der Demokratisch Gebundenen	1956	-	unsig.[b]	sig.	unsig.[b]	sig.[c]
	1960	unsig.[b]	-	sig.	unsig.[b]	sig.
	1964	sig.	sig.	-	sig.	sig.
	1968	unsig.[b]	unsig.[b]	sig.	-	sig.
	1972	sig.[c]	sig.	sig.	sig.	-
Anteile der Unabhängigen	1956	-	unsig.[b]	unsig.[b]	sig.	sig.
	1960	unsig.[b]	-	unsig.[b]	sig.	sig.
	1964	unsig.[b]	unsig.[b]	-	sig.	sig.
	1968	sig.	sig.	sig.	-	sig.
	1972	sig.	sig.	sig.	sig.	-
Anteile der Republikanisch Gebundenen	1956	-	unsig.[b]	sig.	sig.	sig.
	1960	unsig.[b]	-	sig.	sig.	sig.
	1964	sig.	sig.	-	unsig.[b]	unsig.[b]
	1968	sig.	sig.	unsig.[b]	-	unsig.[b]
	1972	sig.	sig.	unsig.[b]	unsig.[b]	-

a) sig= signifikante Differenz; unsig.= nicht signifikante Differenz.

b) Auch bei Sicherheitsniveau von 68,3% nicht signifikant

c) Zwar bei 95,5%-iger, nicht aber bei 99,7%-iger Sicherheit signifikant.

Tabelle II: Ergebnisse der Signifikanztests der paarweisen Differenzen der prozentualen Anteile a) von Demokratisch gebunden, b) von Unabhängigen und c) von Republikanisch gebundenen Befragten in der Gruppe der K a t h o l i k e n von 1956 bis 1972 bei einem Sicherheitsniveau von 95,5 %.[a]

		1956 n= 372	1960 n=368	1964 n=349	1968 n= 337	1972 n= 640
Anteile der Demokratisch Gebundenen	1956	-	sig.[c]	unsig.	unsig.[b]	unsig.[b]
	1960	sig.[c]	-	unsig.[b]	sig.[c]	sig.
	1964	unsig.	unsig.[b]	-	unsig.	sig.[c]
	1968	unsig.[b]	sig.[c]	unsig.	-	unsig.[b]
	1972	unsig.[b]	sig.	sig.[c]	unsig.[b]	-
Anteile der Unabhängigen	1956	-	unsig.	unsig.[b]	unsig.	sig.[c]
	1960	unsig.	-	unsig.[b]	sig.[c]	sig.
	1964	unsig.[b]	unsig.[b]	-	sig.[c]	sig.
	1968	unsig.	sig.[c]	sig.[c]	-	unsig.[b]
	1972	sig.[c]	sig.	sig.	unsig.[b]	-
Anteile der Republikanisch Gebundenen	1956	-	unsig.	unsig.	sig.[c]	sig.[c]
	1960	unsig.[b]	-	unsig.[b]	unsig.[b]	unsig.[b]
	1964	unsig.	unsig.[b]	-	unsig.[b]	unsig.
	1968	sig.[c]	unsig.[b]	unsig.[b]	-	unsig.[b]
	1972	sig.[c]	unsig.[b]	unsig.	unsig.[b]	-

a) sig= signifikante Differenz; unsig.= nicht signifikante Differenz

b) Auch bei Sicherheitsniveau von 68,3% nicht signifikant

c) Zwar bei 95,5%-iger, nicht aber bei 99,7%-iger Sicherheit signifikant.

Tabelle III: Ergebnisse der Signifikanztests der paarweisen Differenzen der prozentualen Anteile a) von Demokratisch gebunden, b) von Unabhängigen und c) von Republikanisch gebundenen Befragten in der Gruppe der A r b e i t e r von 1956 bis 1972 bei einem Sicherheitsniveau von 95,5 %. [a]

		1956 n= 511	1960 n= 548	1964 n= 424	1968 n= 493	1972 n= 648
Anteile der Demokratisch Gebundenen	1956	-	unsig.[b]	sig.[c]	unsig.[b]	sig.[c]
	1960	unsig.[b]	-	sig.[c]	unsig.[b]	sig.[c]
	1964	sig.[c]	sig.[c]	-	sig.[c]	sig.
	1968	unsig.[b]	unsig.[b]	sig.[c]	-	sig.[c]
	1972	sig.[c]	sig.[c]	sig.	sig.[c]	-
Anteile der Unabhängigen	1956	-	unsig.	unsig.[b]	unsig.	sig.
	1960	unsig.	-	unsig.	unsig.[b]	sig.
	1964	unsig.[b]	unsig.	-	unsig.	sig.
	1968	unsig.	unsig.[b]	unsig.	-	sig.
	1972	sig.	sig.	sig.	sig.	-
Anteile der Republikanisch Gebundenen	1956	-	unsig.	sig.	sig.[c]	sig.
	1960	unsig.	-	sig.[c]	unsig.[b]	unsig.
	1964	sig.	sig.[c]	-	unsig.	unsig.[b]
	1968	sig.[c]	unsig.[b]	unsig.	-	unsig.[b]
	1972	sig.	unsig.	unsig.[b]	unsig.[b]	-

a) sig= signifikante Differenz; unsig.= nicht signifikante Differenz.

b) Auch bei Sicherheitsniveau von 68,3% nicht signifikant

c) Zwar bei 95,5%-iger, nicht aber bei 99,7%-iger Sicherheit signifikant.

Tabelle IV: Ergebnisse der Signifikanztests der paarweisen Differenzen der prozentualen Anteile a) von Demokratisch gebunden, b) von Unabhängigen und c) von Republikanisch gebundenen Befragten in der Gruppe der S ü d s t a a t l e r von 1956 bis 1972 bei einem Sicherheitsniveau von 95,5%. [a]

		1956 n=513	1960 n= 657	1964 n= 480	1968 n=481	1972 n= 906
Anteile der Demokratisch Gebundenen	1956	-	unsig.	unsig.[b]	sig.	sig.
	1960	unsig.	-	sig.[c]	sig.	sig.
	1964	unsig.[b]	sig.[c]	-	sig.	sig.
	1968	sig.	sig.	sig.	-	sig.[c]
	1972	Sig.	sig.	sig.	sig.[c]	-
Anteile der Unabhängigen	1956	-	unsig.[b]	unsig.[b]	sig.	sig.
	1960	unsig.[b]	-	unsig.	sig.	sig.
	1964	unsig.[b]	unsig.	-	sig.	sig.
	1968	sig.	sig.	sig.	-	unsig.[b]
	1972	sig.	sig.	sig.	unsig.[b]	-
Anteile der Republikanisch Gebundenen	1956	-	unsig.	sig.[c]	sig.[c]	unsig.[b]
	1960	unsig.	-	sig.	sig.	unsig.[b]
	1964	sig.[c]	sig.	-	unsig.[b]	sig.
	1968	sig.[c]	sig.	unsig.	-	sig.
	1972	unsig.[b]	unsig.[b]	sig.	sig.	-

a) sig= signifikante Differenz; unsig.= nicht signifikante Differenz.

b) Auch bei Sicherheitsniveau von 68,3% nicht signifikant

c) Zwar bei 95,5%-iger, nicht aber bei 99,7%-iger Sicherheit signifikant.

Tabelle V: Ergebnisse der Signifikanztests der paarweisen Differenzen der prozentualen Anteile a) von Demokratisch gebunden, b) von Unabhängigen und c) von Republikanisch gebundenen Befragten in der Gruppe der S c h w a r z e n von 1956 bis 1972 bei einem Sicherheitsniveau von 95,5%. [a]

		1956 n=146	1960 n=172	1964 n=422	1968 n=284	1972 n= 269
Anteile der Demokratisch Gebundenen	1956	-	sig.[c]	sig.	sig.	unsig.
	1960	sig.[c]	-	sig.	sig.	sig.
	1964	sig.	sig.	-	unsig.	sig.
	1968	sig.	sig.	unsig.	-	sig.
	1972	unsig.	sig.	sig.	sig.	-
Anteile der Unabhängigen	1956	-	sig.	unsig.[b]	unsig.	sig.[c]
	1960	sig.	-	sig.	sig.	unsig.
	1964	unsig.[b]	sig.	-	unsig.[b]	sig.
	1968	unsig.	sig.	unsig.[b]	-	sig.
	1972	sig.[c]	unsig.	sig.	sig.	-
	1956	-	unsig.[b]	sig.	sig.	sig.
	1960	unsig.[b]	-	sig.	sig.	sig.
	1964	sig.	sig.	-	sig.[c]	unsig.[b]
	1968	sig.	sig.	sig.[c]	-	sig.[c]
	1972	sig.	sig.	unsig.[b]	sig.[c]	-

a) sig= signifikante Differenz; unsig.= nicht signifikante Differenz

b) Auch bei Sicherheitsniveau von 68,3% nicht signifikant

c) Zwar bei 95,5%-iger, nicht aber bei 99,7%-iger Sicherheit signifikant.

Tabelle VI: Ergebnisse der Signifikanztests der paarweisen Differenzen der prozentualen Anteile a) von Demokratisch gebunden, b) von Unabhängigen und c) von Republikanisch gebundenen Befragten in der Gruppe der W e i ß e n von 1956 bis 1972 bei einem Sicherheitsniveau von 95,5%. [a]

		1956 n=1610	1960 n=1764	1964 n=1399	1968 n=1388	1972 n=2397
Anteile der Demokratisch Gebundenen	1956	-	unsig.	sig.[c]	unsig.	sig.
	1960	unsig.	-	unsig.	sig.[c]	sig.
	1964	sig.[c]	unsig.	-	sig.	sig.
	1968	unsig.	sig.[c]	sig.	-	unsig.
	1972	sig.	sig.	sig.	unsig.	-
Anteile der Unabhängigen	1956	-	unsig.	unsig.[b]	sig.	sig.
	1960	unsig.	-	unsig.	sig.	sig.
	1964	unsig.[b]	unsig.	-	sig.	sig.
	1968	sig.	sig.	sig.	-	sig.
	1972	sig.	sig.	sig.	sig.	-
Anteile der Republikanisch Gebundenen	1956	-	unsig.[b]	sig.[c]	sig.[c]	sig.
	1960	unsig.[b]	-	sig.	sig.[c]	sig.
	1964	sig.[c]	sig.	-	unsig.[b]	unsig.[b]
	1968	sig.[c]	sig.[c]	unsig.[b]	-	unsig.
	1972	sig.	sig.	unsig.[b]	unsig.	-

a) sig= signifikante Differenz; unsig.= nicht signifikante Differenz.

b) Auch bei Sicherheitsniveau von 68,3% nicht signifikant

c) Zwar bei 95,5%iger, nicht aber bei 99,7%-iger Sicherheit signifikant.

Tabelle VII: Ergebnisse der Signifikanztests der paarweisen Differenzen der prozentualen Anteile a) von Demokratisch gebunden, b) von Unabhängigen und c) von Republikanisch gebundenen Befragten in den N o r d s t a a t e n der USA von 1956 bis 1972 bei einem Sicherheitsniveau von 95,5 %. [a]

		1956 n=1008	1960 n=1009	1964 n= 844	1968 n= 830	1972 n=1387
Anteile der Demokratisch Gebundenen	1956	-	unsig.[b]	sig.	sig.[c]	unsig.[b]
	1960	unsig.[b]	-	sig.	unsig.	unsig.[b]
	1964	sig.	sig.	-	unsig.	sig.
	1968	sig.[c]	unsig.	unsig.	-	unsig.
	1972	unsig.[b]	unsig.[b]	sig.	unsig.	-
Anteile der Unabhängigen	1956	-	unsig.[b]	unsig.[b]	unsig.	sig.
	1960	unsig.[b]	-	unsig.[b]	sig.	sig.
	1964	unsig.[b]	unsig.[b]	-	unsig.	sig.
	1968	unsig.	sig.[c]	unsig.	-	sig.
	1972	sig.	sig.	sig.	sig.	-
Anteile der Republikanisch Gebundenen	1956	-	unsig.[b]	sig.	sig.	sig.
	1960	unsig.[b]	-	sig.	sig.	sig.
	1964	sig.	sig.	-	unsig.[b]	unsig.
	1968	sig.	sig.	unsig.[b]	-	unsig.
	1972	sig.	sig.	unsig.	unsig.	-

a) sig= signifikante Differenz; unsig.= nicht signifikante Differenz

b) Auch bei Sicherheitsniveau von 68,3% nicht signifikant

c) Zwar bei 95,5%-iger, nicht aber bei 99,7%-iger Sicherheit signifikant.

Tabelle VIII: Ergebnisse der Signifikanztests der paarweisen Differenzen der prozentualen Anteile a) von Demokratisch gebunden, b) von Unabhängigen und c) von Republikanisch gebundenen Befragten in der Gruppe der Protestanten von 1956 bis 1972 bei einem Sicherheitsniveau von 95,5%. [a]

		1956 n=1287	1960 n=1335	1964 n=1070	1968 n=1107	1972 n=1780
Anteile der Demokratisch Gebundenen	1956	-	unsig.[b]	sig.	unsig.[b]	sig.
	1960	unsig.[b]	-	sig.	unsig.[b]	sig.[c]
	1964	sig.	sig.	-	sig.[c]	sig.
	1968	unsig.[b]	unsig.[b]	sig.[c]	-	sig.
	1972	sig.	sig.[c]	sig.	sig.	-
Anteile der Unabhängigen	1956	-	unsig.[b]	unsig.[b]	sig.[c]	sig.
	1960	unsig.[b]	-	unsig.[b]	sig.[c]	sig.
	1964	unsig.[b]	unsig.[b]	-	sig.	sig.
	1968	sig.[c]	sig.[c]	sig.	-	sig.
	1972	sig.	sig.	sig.	sig.	-
Anteile der Republikanisch Gebundenen	1956	-	unsig.[b]	sig.	sig.	sig.
	1960	unsig.[b]	-	sig.	sig.	sig.
	1964	sig.	sig.	-	unsig.[b]	unsig.[b]
	1968	sig.	sig.	unsig.[b]	-	unsig.[b]
	1972	sig.	sig.	unsig.[b]	unsig.[b]	-

a) sig= signifikante Differenz; unsig.= nicht signifikante Differenz

b) Auch bei Sicherheitsniveau von 68,3 % nicht signifikant

c) Zwar bei 95,5%-iger, nicht aber bei 99,7%-iger Sicherheit signifikant.

Tabelle IX: Ergebnisse der Signifikanztests der paarweisen Differenzen der prozenualen Anteile a) von Demokratisch gebunden, b) von Unabhängigen und c) von Republikanisch gebundenen Befragten in der Gruppe mit mittlerer Bildung von 1956 bis 1972 bei einem Sicherheitsniveau von 95,5%. [a]

		1956 n= 712	1960 n=800	1964 n=689	1968 n=715	1972 n=1295
Anteile der Demokratisch Gebundenen	1956	-	unsig.[b]	unsig.	unsig.[b]	unsig.
	1960	unsig.[b]	-	unsig.[b]	unsig.	sig.[c]
	1964	unsig.	unsig.[b]	-	sig.[c]	sig.
	1968	unsig.[b]	unsig.	sig.[c]	-	unsig.
	1972	unsig.	sig.[c]	sig.	unsig.	-
Anteile der Unabhängigen	1956	-	sig.[c]	unsig.	sig.[c]	sig.
	1960	sig.[c]	-	unsig.	sig.	sig.
	1964	unsig.	unsig.	-	sig.	sig.
	1968	sig.[c]	sig.	sig.	-	sig.[c]
	1972	sig.	sig.	sig.	sig.[c]	-
Anteile der Republikanisch Gebundenen	1956	-	unsig.	unsig.[b]	unsig.	sig.
	1960	unsig.	-	unsig.	sig.[c]	sig.
	1964	unsig.[b]	unsig.	-	unsig.	sig.[c]
	1968	unsig.	sig.[c]	unsig.	-	unsig.
	1972	sig.	sig.	sig.[c]	unsig.	-

a) sig= signifikante Differenz; unsig.= nicht signifikante Differenz

b) Auch bei Sicherheitsniveau von 68,3% nicht signifikant

c) Zwar bei 95,5%-iger, nicht aber bei 99,7%-iger Sicherheit signifikant.

Tabelle X: Ergebnisse der Signifikanztests der paarweisen Differenzen der prozentualen Anteile a) von Demokratisch gebunden, b) von Unabhängigen und c) von Republikanisch gebundenen Befragten in der Gruppe mit h o h e r Bildung von 1956 bis 1972 bei einem Sicherheitsniveau von 95,5 %. [a]

		1956 n=141	1960 n=194	1964 n=174	1968 n=204	1972 n=354
Anteile der Demokratisch Gebundenen	1956	-	unsig.[b]	unsig.[b]	unsig.	unsig.
	1960	unsig.[b]	-	unsig.[b]	unsig.	unsig.
	1964	unsig.[b]	unsig.[b]	-	sig.[c]	sig.[c]
	1968	unsig.	unsig.	sig.[c]	-	unsig.[b]
	1972	unsig.	unsig.	sig.[c]	unsig.[b]	-
Anteile der Unabhängigen	1956	-	unsig.	unsig.[b]	sig.	sig.
	1960	unsig.	-	unsig.	unsig.	sig.[c]
	1964	unsig.[b]	unsig.	-	sig.	sig.
	1968	sig.	unsig.	sig.	-	unsig.[b]
	1972	sig.	sig.[c]	sig.	unsig.[b]	-
Anteile der Republikanisch Gebundenen	1956	-	unsig.	unsig.[b]	unsig.	unsig.
	1960	unsig.	-	unsig.[b]	unsig.[b]	unsig.[b]
	1964	unsig.[b]	unsig.[b]	-	unsig.[b]	unsig.[b]
	1968	unsig.	unsig.[b]	unsig.[b]	-	unsig.[b]
	1972	unsig.	unsig.[b]	unsig.[b]	unsig.[b]	-

a) sig= signifikante Differenz; unsig.= nicht signifikante Differenz.

b) Auch bei Sicherheitsniveau von 68,3% nicht signifikant

c) Zwar bei 95,5%-iger, nicht aber bei 99,7%-iger Sicherheit signifikant.

Tabelle XI: Stabilität der Wirkungen der einzelnen Merkmalsausprägungen auf die Parteiidentifikation in den Kontrastgruppenanalysen vom Typ I (siehe dazu Anhang II)

Variable	Merkmalsausprägung	Häufigkeit des Auftretens in Split	Wirkung				Pkte.
			pro-Dem		pro-Rep		
			absolut	in %	absolut	in %	
Region, in der der Befragte lebt	Südstaaten	7	7	100	0	0	5
	Nordosten	11	0	0	11	100	5
	Mittelwesten	11	5	45,5	6	54,5	0
	Ferner Westen	8	4	50	4	50	0
Ausbildung	Kein College	7	7	100	0	0	5
	College bis B.A.	7	0	0	7	100	5
	College bis M.A. +	7	2	28,6	5	71,4	2
Konfession	Protestantisch	6	0	0	6	100	5
	Katholisch	6	6	100	0	0	5
	Jüdisch	6	6	100	0	0	5
	Sonstige	6	2	33,3	4	66,7	1
Rasse	Weiße	5	0	0	5	100	5
	Neger	5	5	100	0	0	5
Art der Beschäftigung	"Blue-Collar-Worker"	3	3	100	0	0	5
	"White-Collar-Work."	3	0	0	3	100	5
	Sonstige	3	1	33,3	2	66,7	1
Gewerkschaftsmitgliedschaft	Mitglied	2	2	100	0	0	5
	Nichtmitglied	2	0	0	2	100	5
Ortsgröße, in dem Befragter aufwuchs	ländl. - kleinstädt.	2	2	100	0	0	5
	mittlere Stadt	2	1	50	1	50	0
	Großstadt	2	0	0	2	100	5
Ortsgröße, in dem Befragter lebt	unter 10.000	1	1	--	0	--	-
	10.000 - 49.999	1	0	--	1	--	-
	50.000 und mehr	1	1	--	0	--	-
Abhängig beschäftigt oder nicht	Selbständig	1	0	--	1	--	-
	Unselbständig	1	1	--	0	--	-
	Sonstige	1	0	--	0	--	-
Lebensalter	Bis 50 Jahre alt	1	1	--	0	--	-
	50 Jahre und älter	1	0	--	1	--	-
Anzahl der mindesten zweimal benutzten Merkmalsausprägungen		21	Summe der Punkte				79

Durchschnittliche Punktzahl: 3,8 ≈ 4 = Wert des Stabilitätsindexes

Variablenwirkung in den Analysen des Typs I: bedingt stabil

Tabelle XII: Stabilität der Wirkungen der einzelnen Merkmalsausprägungen auf die Parteiidentifikation in den Kontrastgruppenanalysen vom Typ II (siehe dazu Anhang II)

Variable	Merkmalsausprägung	Häufigkeit des Auftretens in Splits	Wirkungen pro-Dem absolut	Wirkungen pro-Dem in %	Wirkungen pro-Rep absolut	Wirkungen pro-Rep in %	Pkt.
Region, in der der Befragte lebt	Südstaaten	9	9	100	0	0	5
	Nordosten	9	0	0	9	100	5
	Mittelwesten	9	2	22,2	7	77,8	2
	Ferner Westen	10	4	40	6	60	1
Konfession	Protestanten	8	0	0	8	100	5
	Katholisch	8	8	100	0	0	5
	Jüdisch	8	8	100	0	0	5
	Sonstige	8	3	37,5	5	62,5	1
Subjektive Schichtbindg.	Unter- u. Arbeiter	5	5	100	0	0	5
	Mittel- u.Ober	5	0	0	5	100	5
Rasse	Weiße	5	0	0	5	100	5
	Neger	5	5	100	0	0	5
Ausbildung	Kein College	5	5	100	0	0	5
	College bis B.A.	5	0	0	5	100	5
	College bis M.A. +	5	2	40	3	60	1
Lebensalter	Bis 50 Jahre alt	2	2	100	0	0	5
	50 Jahre und älter	2	0	0	2	100	5
Ortsgröße, in dem Befragt. aufwuchs	ländl.-kleinstädt-	2	2	100	0	0	5
	mittlere Stadt	2	1	50	1	50	0
	Großstadt	2	0	0	2	100	5
Art der Beschäftigung	Blue Collar	2	2	100	0	0	5
	White Collar	2	0	0	2	100	5
	Sonstige	2	0	0	2	100	5
Ortsgröße, in dem Befragten lebt	unter 10.000	1	1	--	0	--	-
	10.000 - 49.999	1	0	--	1	--	-
	über 50.000	1	1	--	0	--	-
Einkommen	bis 9.999 $ p.a.	1	1	--	0	--	-
	10.000 $ u.mehr p.a.	1	0	--	1	--	-
Abhängig beschäftigt oder nicht	Selbständig	1	0	--	1	--	-
	Unselbständig	1	1	--	0	--	-
	Sonstige	1	1	--	0	--	-
Gewerkschaftmitglied?	Mitglied	1	1	--	0	--	-
	Nichtmitglied	1	0	--	1	--	-
Anzahl der mindesten zweimal benutzten Merkmalsausprägungen		23	Summe der Punkte				95

Durchschnittliche Punktzahl: 4,1 ≈ 4 = Wert des Stabilitätsindexes

Variablenwirkung in den Analysen vom Typ II: bedingt stabil

Tabelle XIII: Stabilität der Wirkung der einzelnen Merkmalsausprägungen auf die Parteiidentifikation in den Kontrastgruppenanalysen vom Typ III (siehe dazu Anhang II)

Variable	Merkmalsausprägung	Häufigkeit des Auftretens in Splits	Wirkungen pro-Dem absolut	Wirkungen pro-Dem in %	Wirkungen pro-Rep absolut	Wirkungen pro-Rep in %	Pkt.
Parteiidentifikation des Vaters	Demokrat	6	6	100	0	0	5
	Republikaner	6	0	0	6	100	5
	Unabhängiger	6	3	50	3	50	0
	Sonstiger	6	3	50	3	50	0
Subjektive Schicht	Unter- u. Arbeiter	5	5	100	0	0	5
	Mittel u. Ober	5	0	0	5	100	5
Parteiidentifikation der Mutter	Demokratin	4	4	100	0	0	5
	Republikanerin	4	0	0	4	100	5
	Unabhängige	4	1	25	3	75	2
	Sonstige	4	3	75	1	25	2
Region, in der der Befragte lebt	Südstaaten	2	2	100	0	0	5
	Nordosten	2	0	0	2	100	5
	Mittelwesten	2	0	0	2	100	5
	Ferner Westen	2	1	50	1	50	0
Konfession	Protestantisch	2	0	0	2	100	5
	Katholisch	2	2	100	0	0	5
	Jüdisch	2	2	100	0	0	5
	Sonstige	2	1	50	1	50	0
Ausbildung	Kein College	2	2	100	0	0	5
	College bis B.A.	2	0	0	2	100	5
	College bis M.A. +	2	0	0	2	100	5
Rasse	Weiße	2	0	0	2	100	5
	Neger	2	2	100	0	0	5
Ortsgröße, in dem Befragter aufwuchs	unter 10.000	1	0	--	1	--	-
	10.000 bis 49.999	1	0	--	1	--	-
	50.000 und mehr	1	1	--	0	--	-
Abhängig beschäftigt oder nicht?	Selbständig	1	0	--	1	--	-
	Unselbständig	1	1	--	0	--	-
	Sonstige	1	1	--	0	--	-
Lebensalter	Bis 50 Jahre	1	1	--	0	--	-
	51 Jahre und mehr	1	0	--	1	--	-
Anzahl der mindestens zweimal benutzten Merkmalsausprägungen		23	Summe der Punkte				89

Durchschnittliche Punktzahl: 3,9 ≈ 4 = Wert des Stabilitätsindexes

Variablenwirkung in den Analysen vom Typ III: bedingt stabil

Tabelle XIV: Stabilität der Wirkungen der einzelnen Merkmalsausprägungen in den Kontrastgruppenanalysen der Typen I - III auf die Parteiidentifikation

Variable	Merkmalsausprägung	Häufigkeit des Auftretens in Splits	Wirkungen pro-Dem absolut	Wirkungen pro-Dem in %	Wirkungen pro-Rep absolut	Wirkungen pro-Rep in %	Pkt.
Region, in der der Befragte lebt	Südstaaten	18	18	100	o	o	5
	Nordosten	22	0	0	22	100	5
	Mittelwesten	22	7	31,8	15	68,2	1
	Ferner Westen	20	9	45	11	55	0
Konfession	Protestantisch	16	0	0	16	100	5
	Katholisch	16	16	100	0	0	5
	Jüdisch	16	16	100	0	0	5
	Sonstige	16	6	28,6	10	62,5	1
Ausbildung	Kein College	14	14	100	0	0	5
	College bis B.A.	14	0	0	14	100	5
	College bis M.A. +	14	4	28,6	10	71,4	2
Rasse	Weiße	12	0	0	12	100	5
	Neger	12	12	100	0	0	5
Parteiidentifikation des Vaters	Demokrat	6	6	100	0	0	5
	Republikaner	6	0	0	6	100	5
	Unabhängiger	6	3	50	3	50	0
	Sonstige	6	3	50	3	50	0
Subjektive Schicht	Unter u. Arbeiter	10	10	100	0	0	5
	Mittel u. Ober	10	0	0	10	100	5
Art der Beschäftigung	Blue Collar	5	5	100	0	0	5
	White Collar	5	0	0	5	100	5
	Sonstige	5	1	20	4	80	3
Parteiidentifikation der Mutter	Demokratin	4	4	100	0	0	5
	Republikanerin	4	0	0	4	100	5
	Unabhängige	4	1	25	3	75	2
	Sonstige	4	3	75	1	25	2
Lebensalter	Bis 50 Jahre	4	4	100	0	0	5
	51 Jahre und älter	4	0	0	4	100	5
Ortsgröße, in dem Befragter aufwuchs	kleinstädt.-ländlich	4	4	100	0	0	5
	mittlere Stadt	4	2	50	2	50	0
	Großstadt	4	0	0	4	100	5
Ortsgröße, in dem Befragter lebt	unter 10.000	3	2	66,7	1	33,3	1
	10.000 bis 49.999	3	0	0	3	100	5
	50.000 und mehr	3	3	100	0	0	5
Abhängig beschäftigt oder nicht	Selbständig	3	0	0	3	100	5
	Unselbständig	3	3	100	0	0	5
	Sonstige	3	2	66,7	1	33,3	1
Gewerkschaftmitglied?	Mitglied	3	3	100	0	0	5
	Nichtmitglied	3	0	0	3	100	5
Einkommen	unter 9.999 $ p.a.	1	1	--	0	--	-
	10.000 $ und + p.a.	1	0	--	1	--	-
Anzahl mindestens zweimal benutzter Merkmalsausprägungen		39	Summe der Punkte				148

Durchschnittliche Punktzahl: 3,8 ≈ 4 = Wert des Stabilitätsindexes

Variablenwirkung in den Analysen der Typen I - III: bedingt stabil

Tab. XV: Korrelationen (Bravais-Pearson) zwischen den perzipierten Issue-Positionen der Parteien und Kandidaten[a]

Befragtengruppe	Einschätzung McGovern mit Einschätzung Demokratische Partei beim Issue				Einschätzung Nixon mit Einschätzung Republikanische Partei beim Issue			
	Vietnam	Inflation	Busing	Mittel	Vietnam	Inflation	Busing	Mittel
Alle Wähler	0,4682	0,6803	0,6813	0,6099	0,6556	0,7242	0,7150	0,6983
Republikaner	0,4020	0,7709	0,6898	0,6209	0,7187	0,7378	0,6870	0,7145
Demokraten	0,4555	0,6338	0,6488	0,5794	0,6480	0,7269	0,7286	0,7012
Unabhängige	0,4945	0,6276	0,6978	0,6066	0,6354	0,6811	0,6946	0,6703

a) Quelle: Eigene Berechnungen nach ICPR-Wahlstudie 1972.

ANHANG II:

ERGEBNISSE DER KONTRASTGRUPPENANALYSE ZUR PARTEIIDENTIFIKATION DER AMERIKANISCHEN WÄHLER VON 1952 -1972

GRAPHISCHE DARSTELLUNG

I. Teil: Analysen mit 13 unabhängigen Variablen

1. Geschlecht
2. Rasse
3. Religion
4. Region, in der der Wähler z.Zt. lebt.
5. Ausbildung
6. Beruf des Wählers
7. Berufliche Position des Wählers (Selbständig oder unselbständig)
8. Gewerkschaftszugehörigkeit
9. Einkommen
10. Alter
11. Größe des Orts, in dem der Wähler aufwuchs
12. Größe des Orts, in dem der Wähler z.Zt. lebt
13. Ist der Wähler gebürtiger Amerikaner?

Für alle Auswertungen gilt, daß die erste Kandidatengruppe "Alle Befragte" alle Interviewten erfaßt, mit Ausnahme der Unabhängigen ohne Neigung zu einer Partei und derjenigen Fälle, die bei einer der verwendeten Variablen als "Missing Data" gecodet wurden.

Die Werte $\overline{Y}$ (Mittelwert der abhängigen Variablen "Parteiidentifikation") sind wie folgt zu interpretieren: je näher $\overline{Y}$ an 0, desto dtärker Demokratisch ist die jeweilige Gruppe, je näher an den Wert 6 $\overline{Y}$ rückt, desto stärker ist die Bindung der Gruppe an die Rpublikanische Partei.

Tree - Analysis für 1952

Die 7 Endgruppen "erklären" 18,1 % der Varianz.

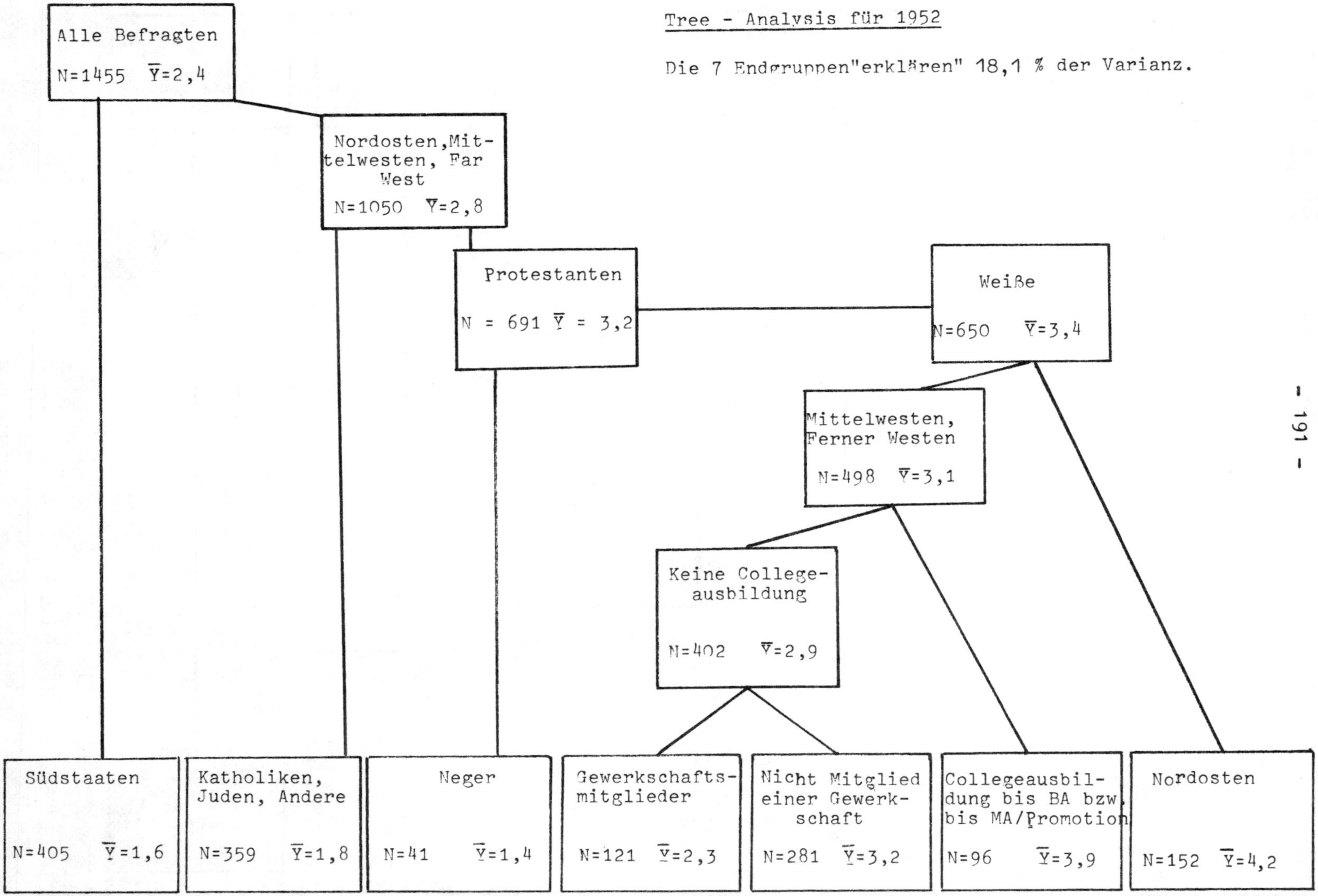

Tree-Analysis für 1956

Die 6 Endgruppen "erklären" 17,8 % der Varianz.

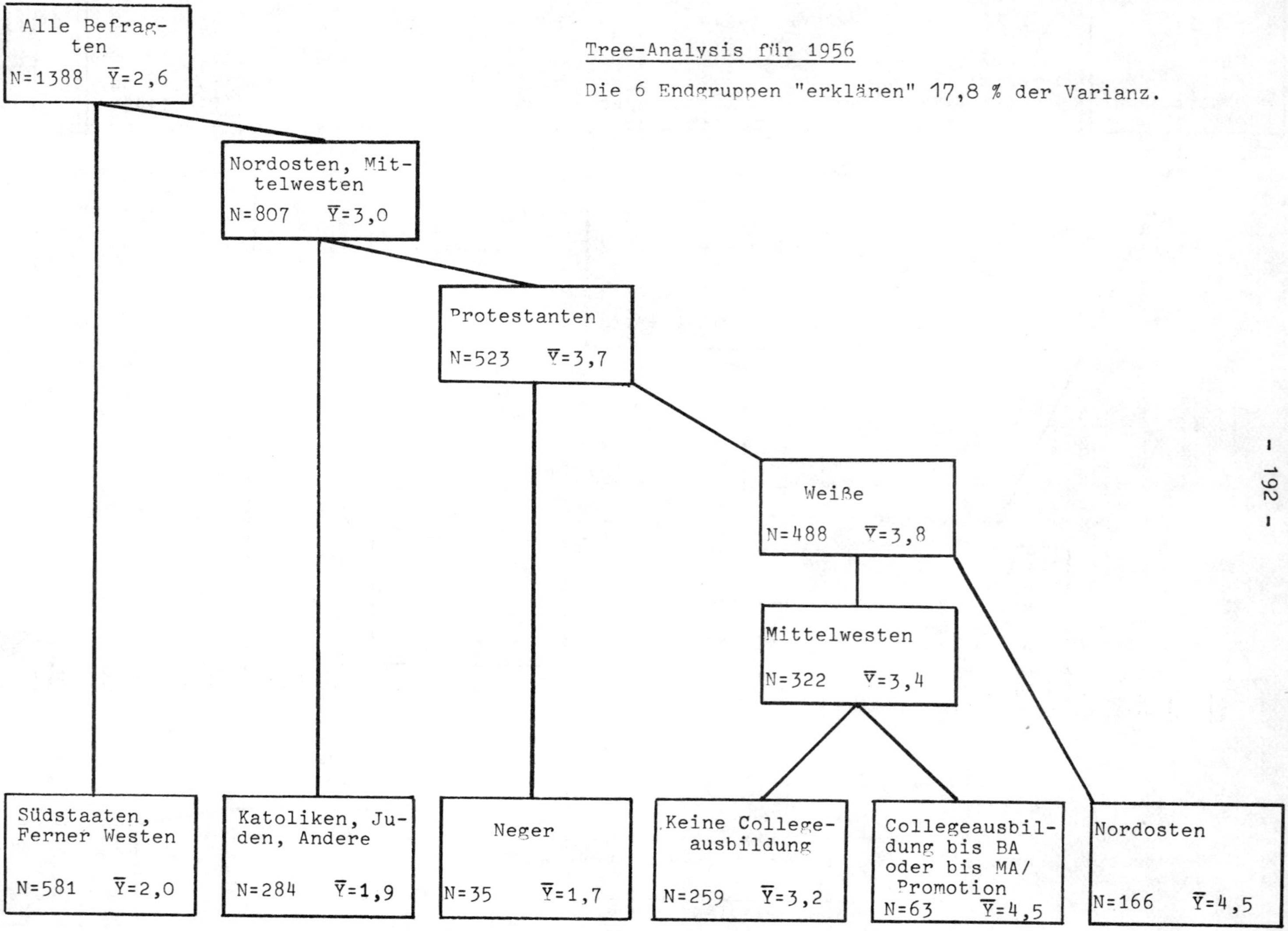

Tree-Analysis für 1960

Die 10 Endgruppen erklären 21,5 % der Varianz.

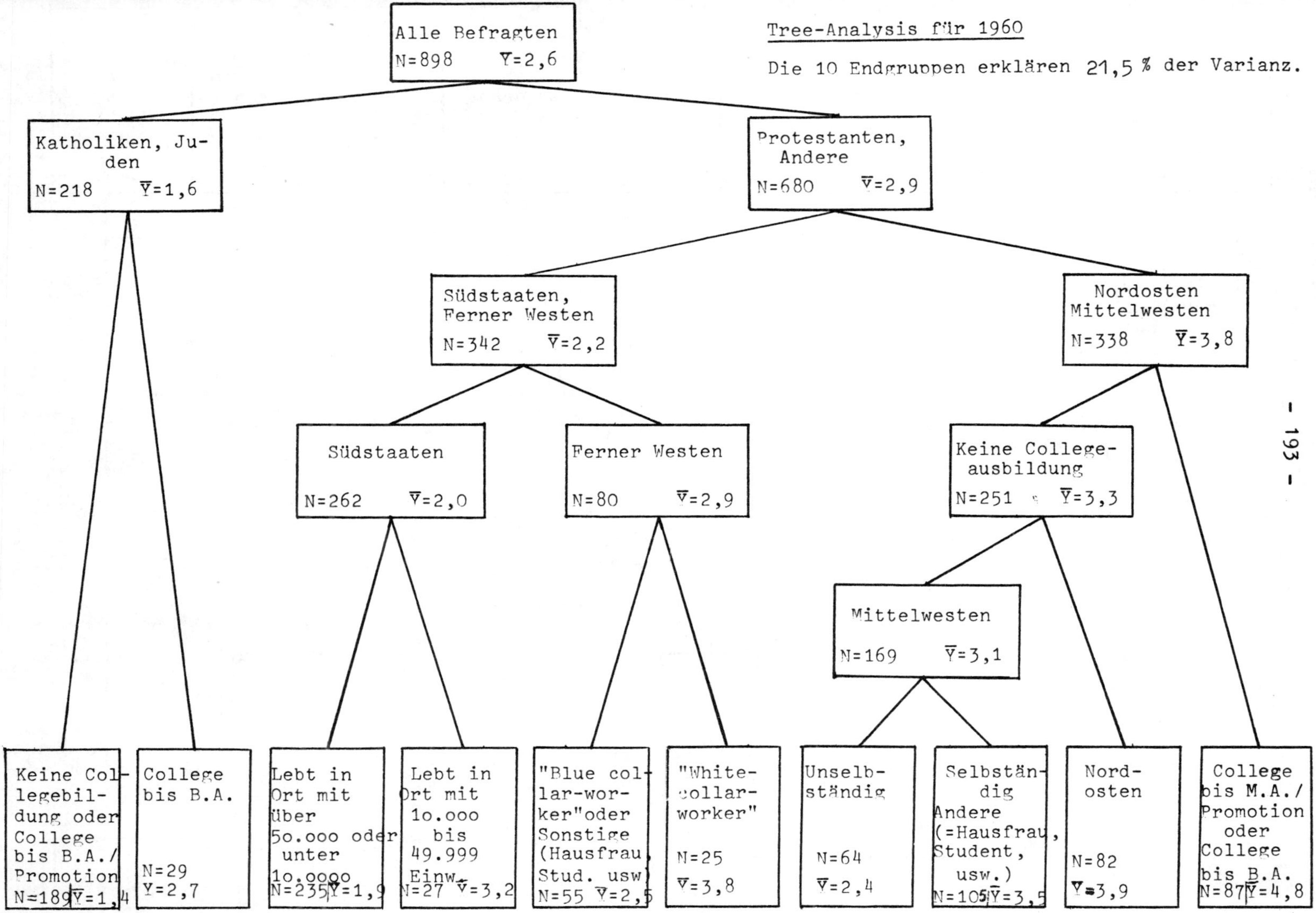

Tree-Analysis für 1964

Die 9 Endgruppen "erklären" 17,7 % der Varianz.

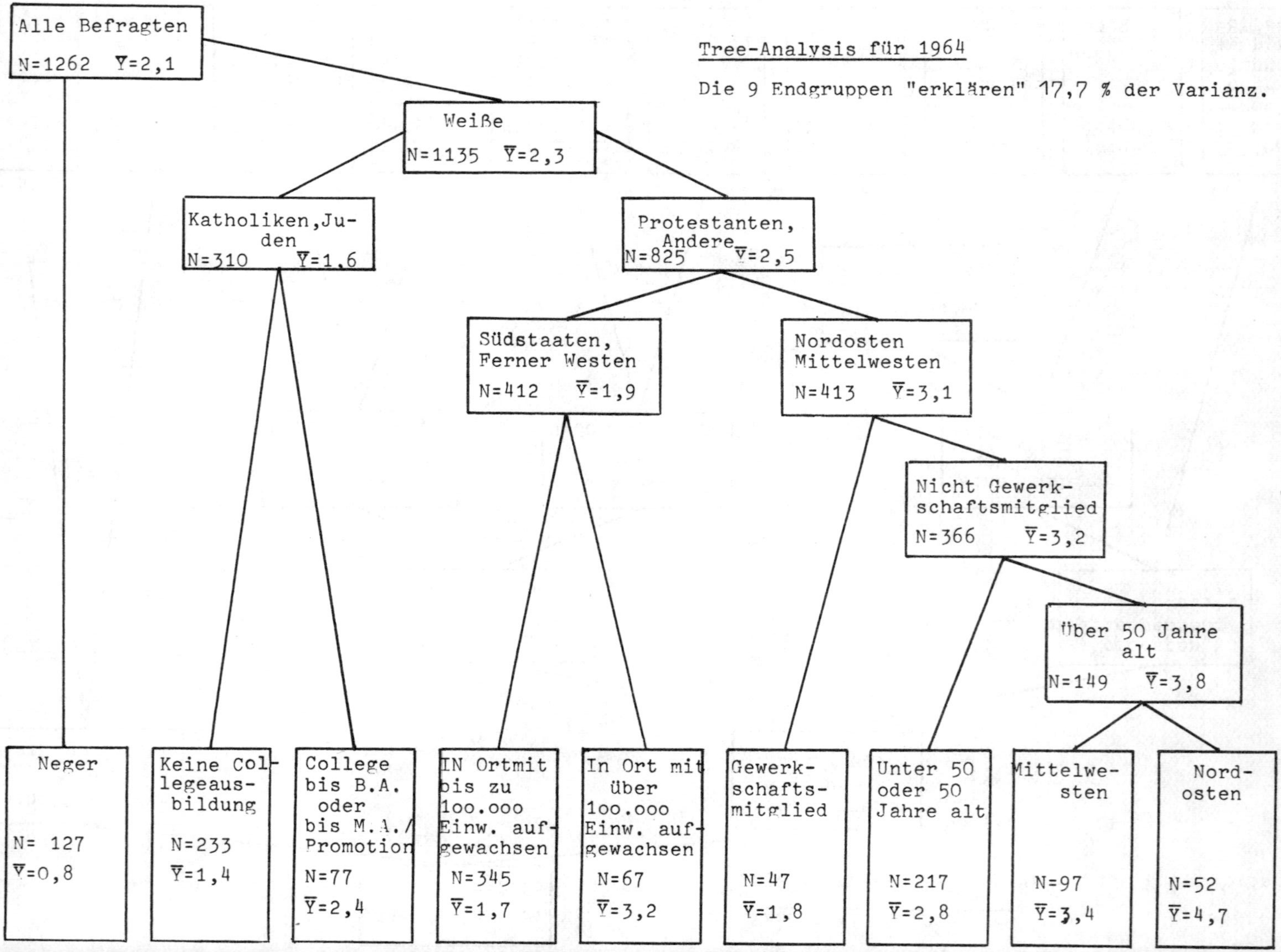

<u>Tree-Analysis für 1968</u>

Die 9 Endgruppen"erklären" 22,7 % der Varianz.

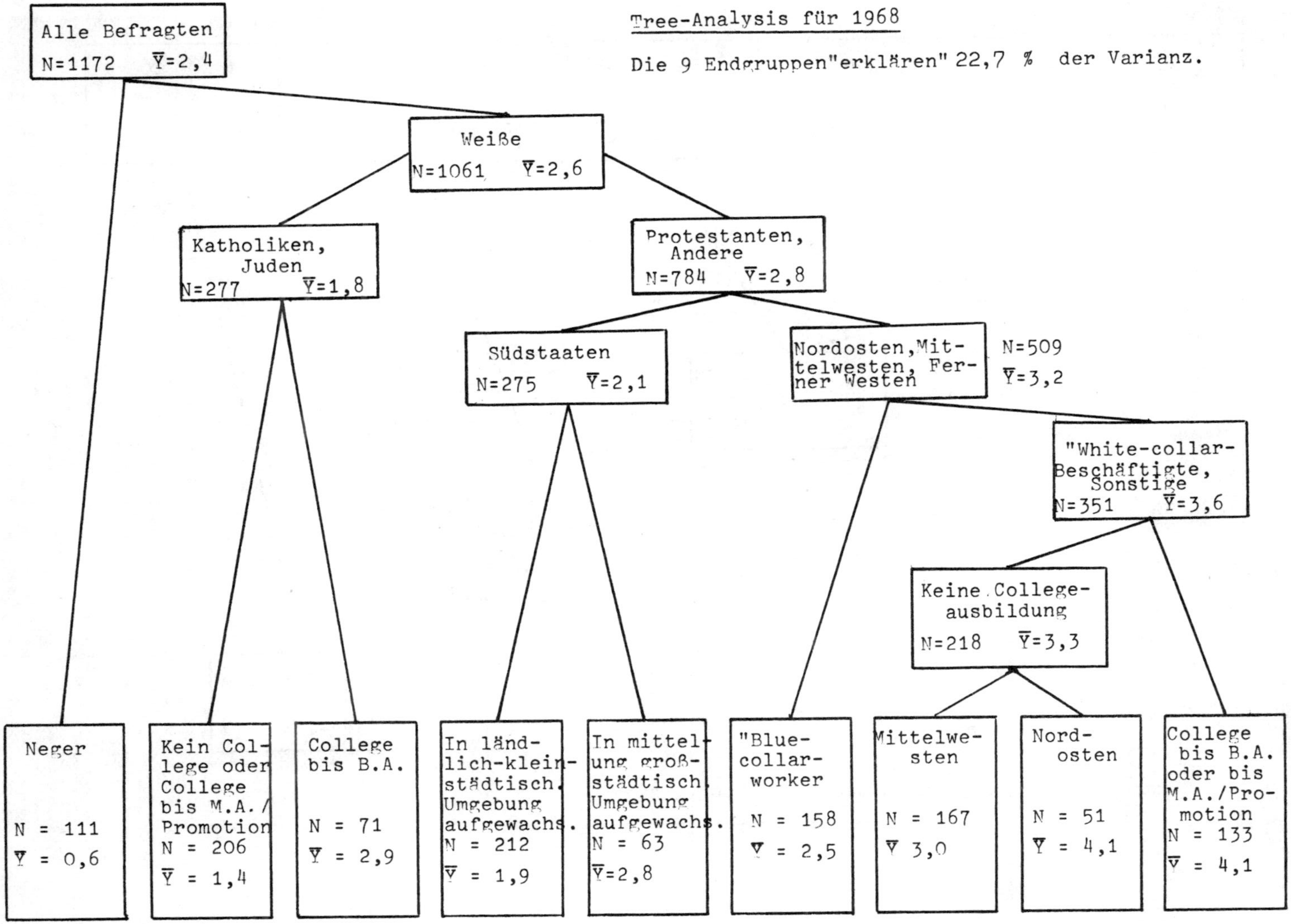

Tree-Analysis für 1972

Die 5 Endgruppen erklären 10,3 % der Varianz.

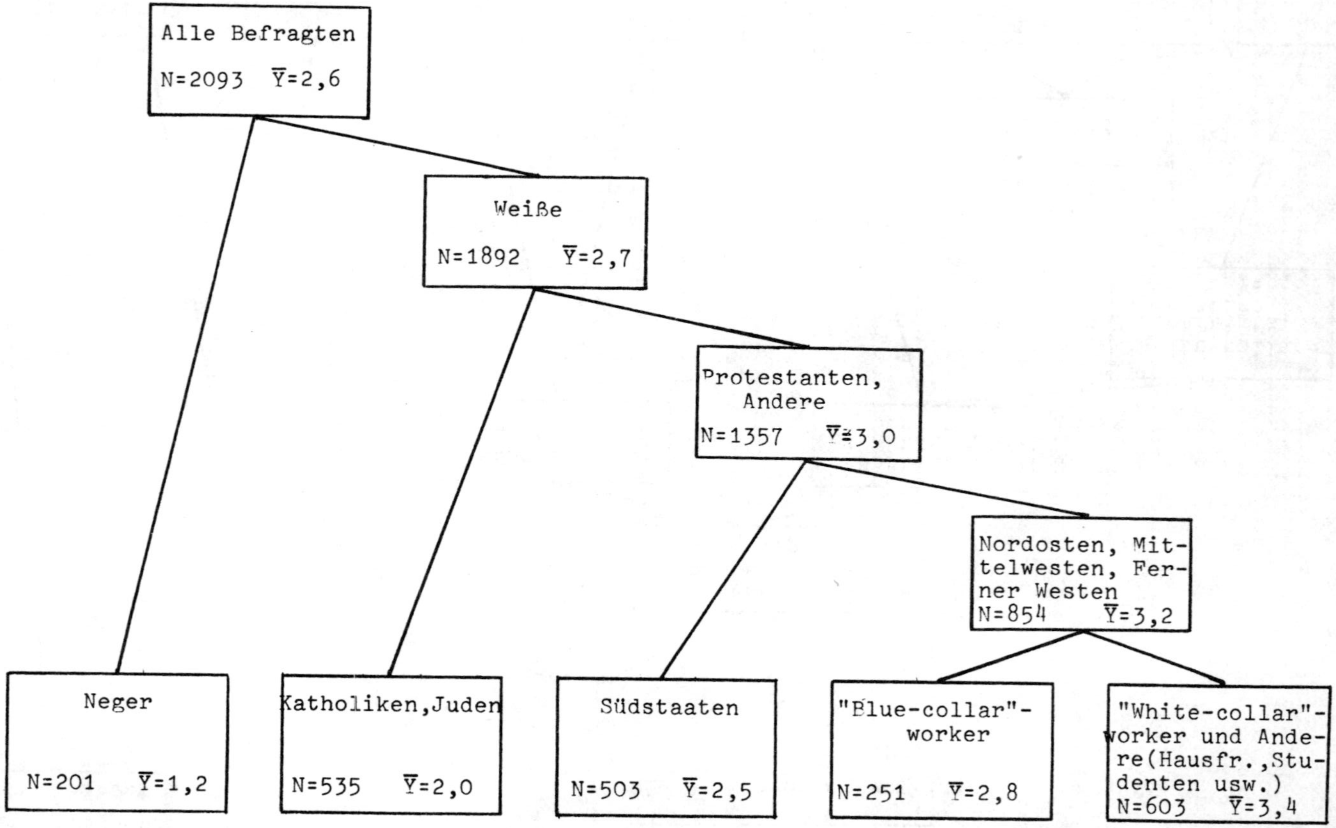

II. Teil: Analysen mit 14 unabhängigen Variablen

Zu den auch im I. Teil verwendeten Variablen wird jetzt in die Analyse einbezogen:

14. Subjektive Klassenbindung.

Tree-Analysis für 1952

Die 7 Endgruppen "erklären" 19,4 % der Varianz.

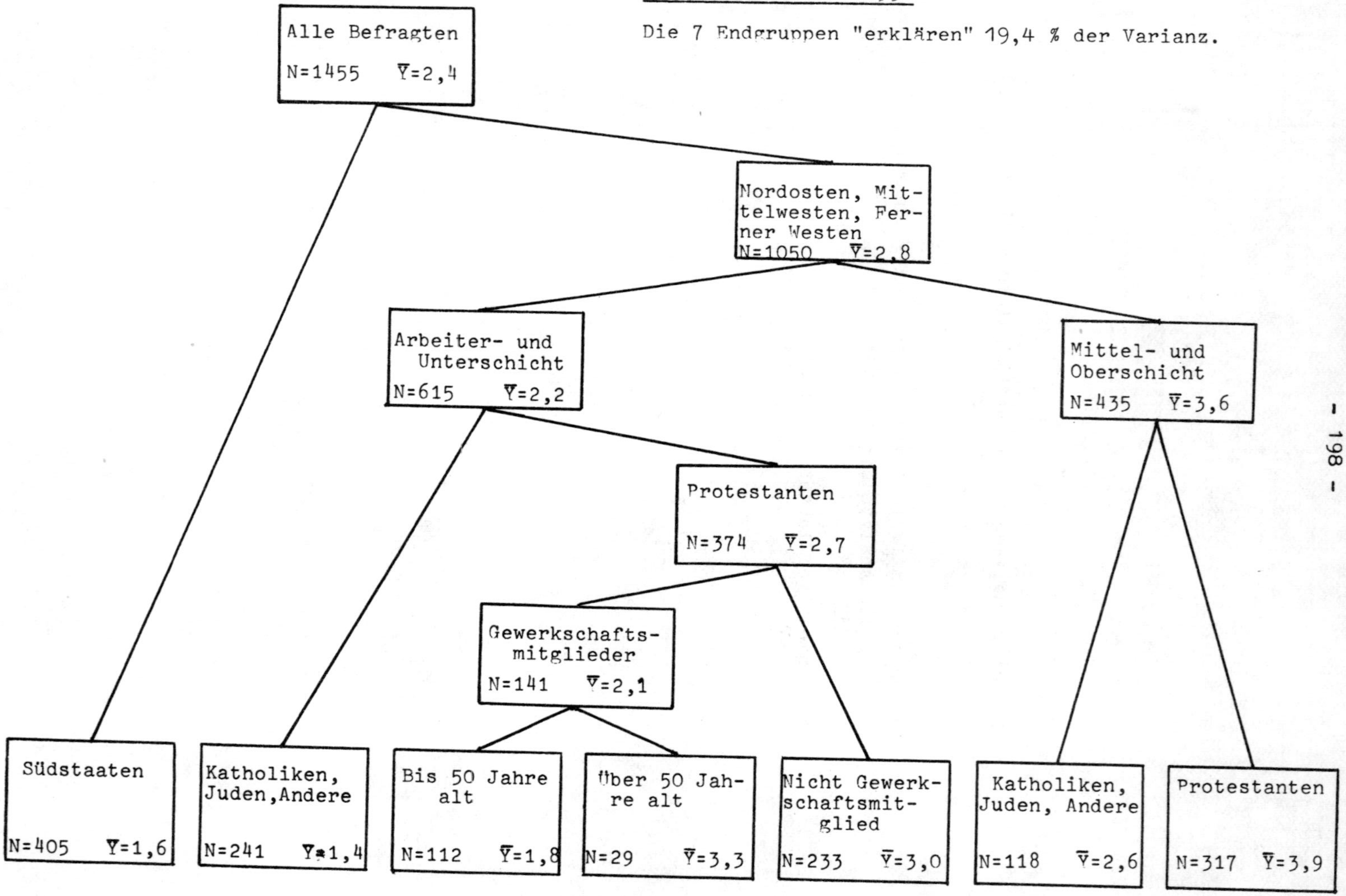

Tree-Analysis für 1956

Die 8 Endgruppen "erklären" 20,8 % der Varianz.

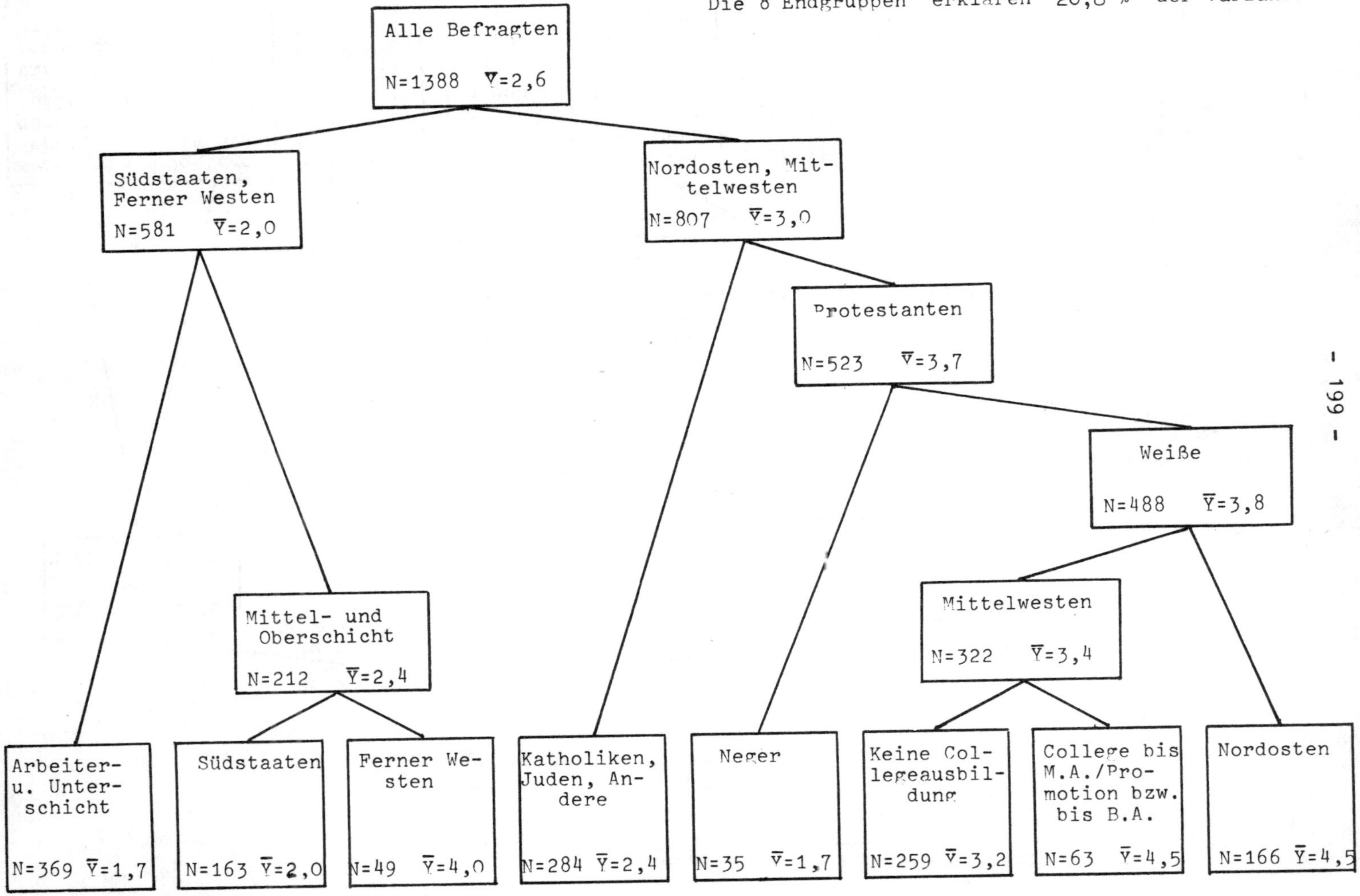

Tree-Analysis für 1960

Die 9 Endgruppen "erklären" 21,8 % der Varianz.

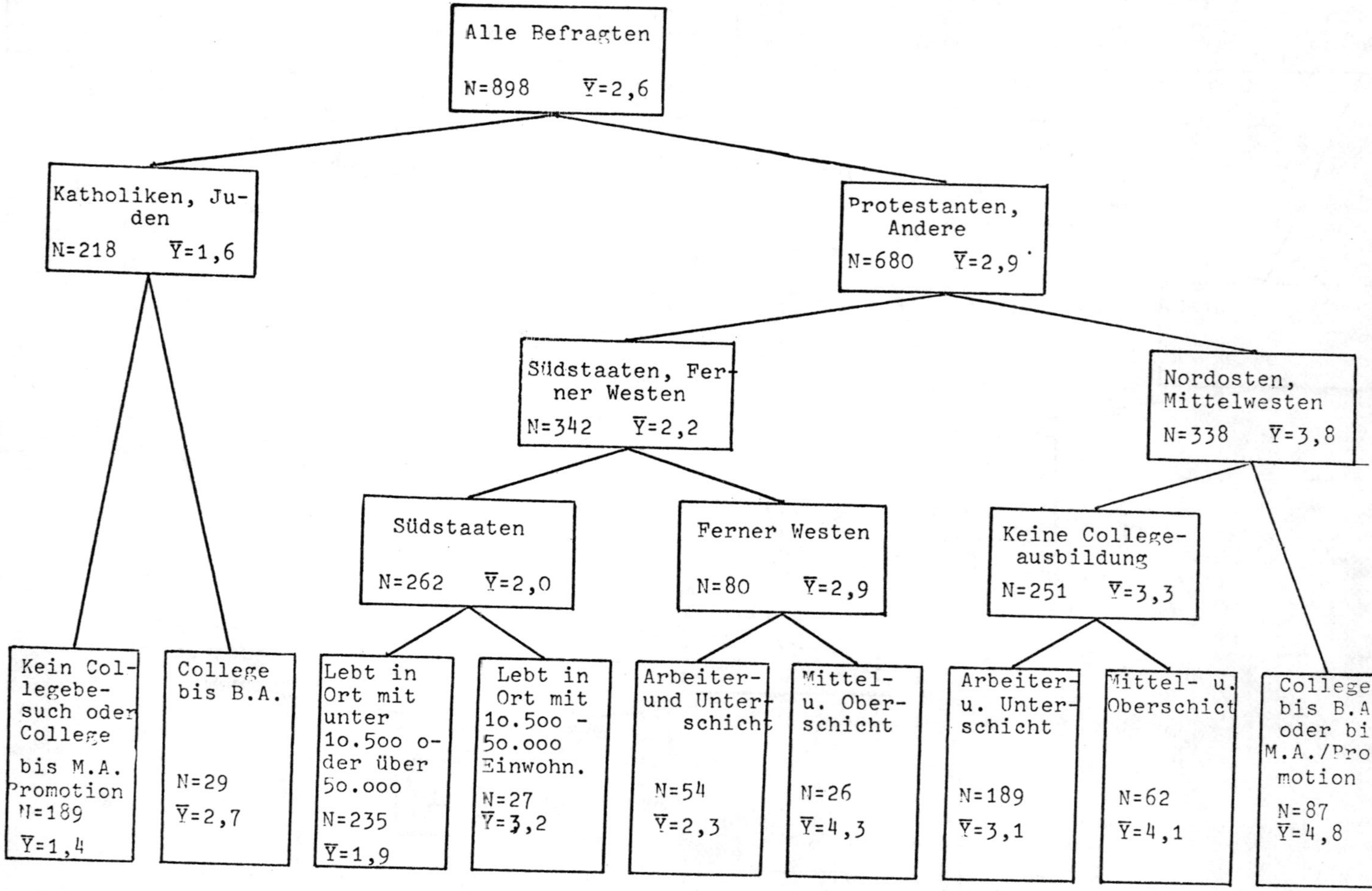

Tree-Analysis für 1964

Die 11 Endgruppen "erklären" 20,3 % der Varianz.

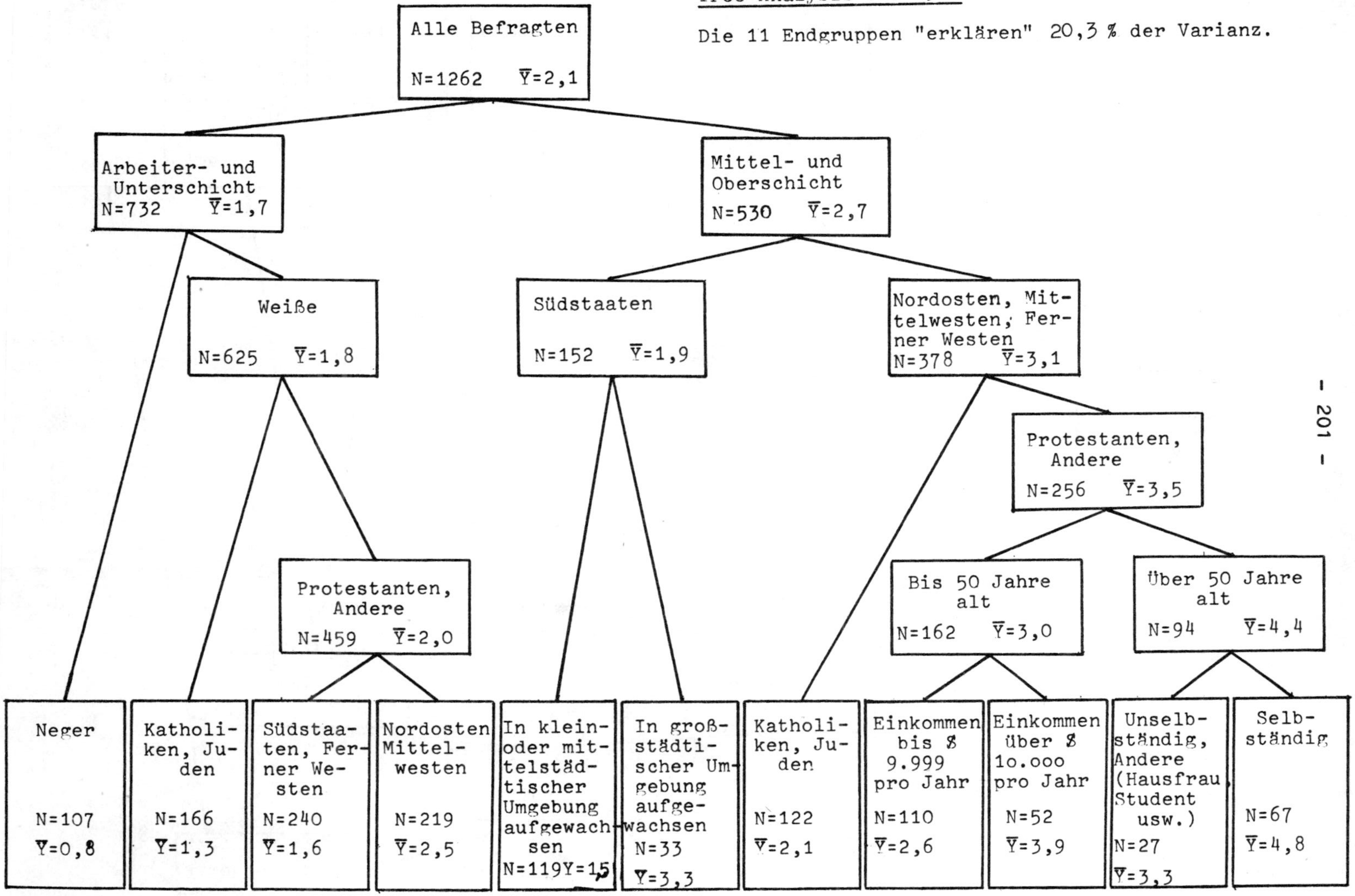

Tree-Analysis für 1968

Die 9 Endgruppen "erklären" 22,7 % der Varianz.

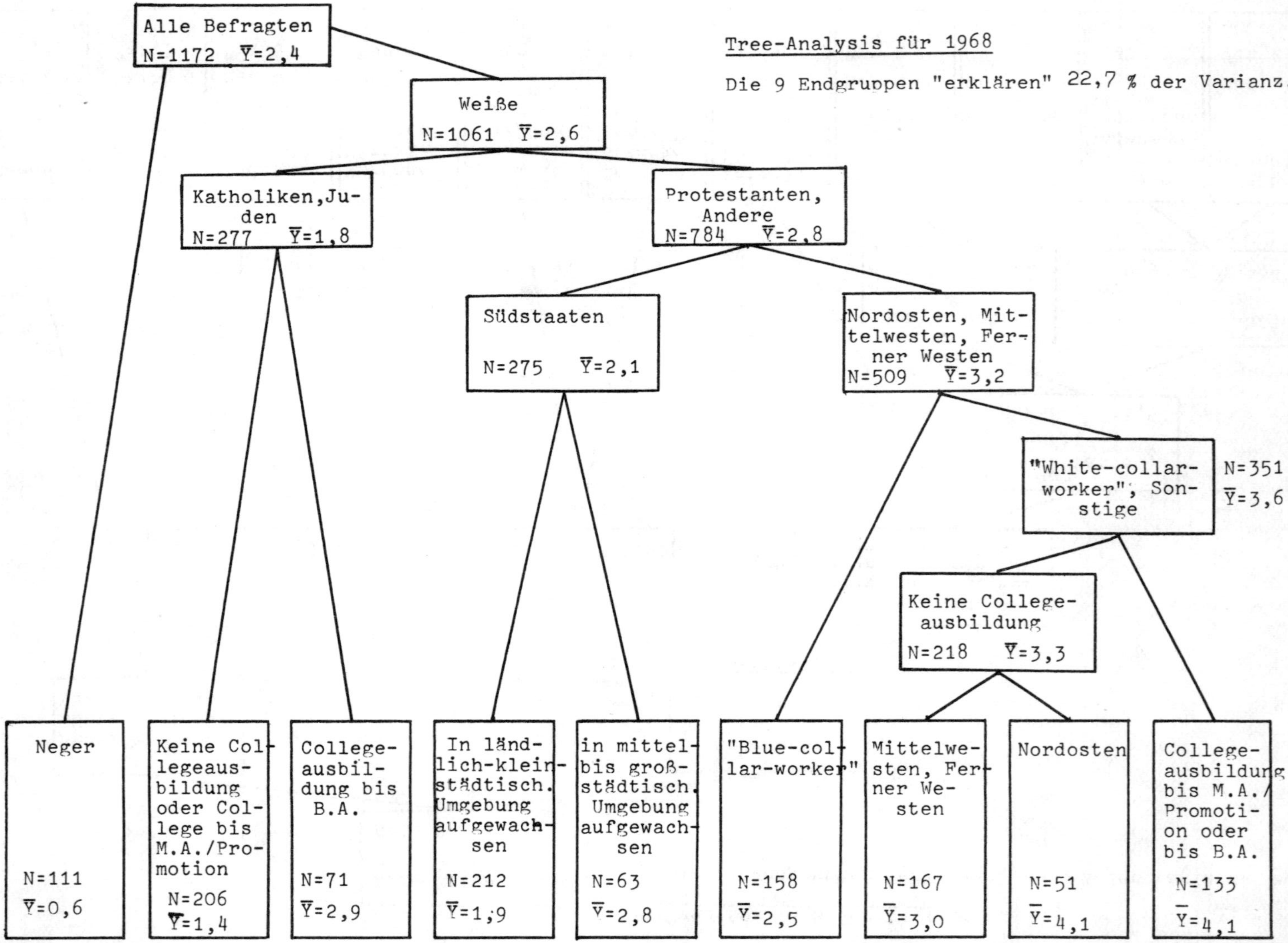

Tree-Analysis für 1972

Die 5 Endgruppen "erklären" 10,3 % der Varianz.

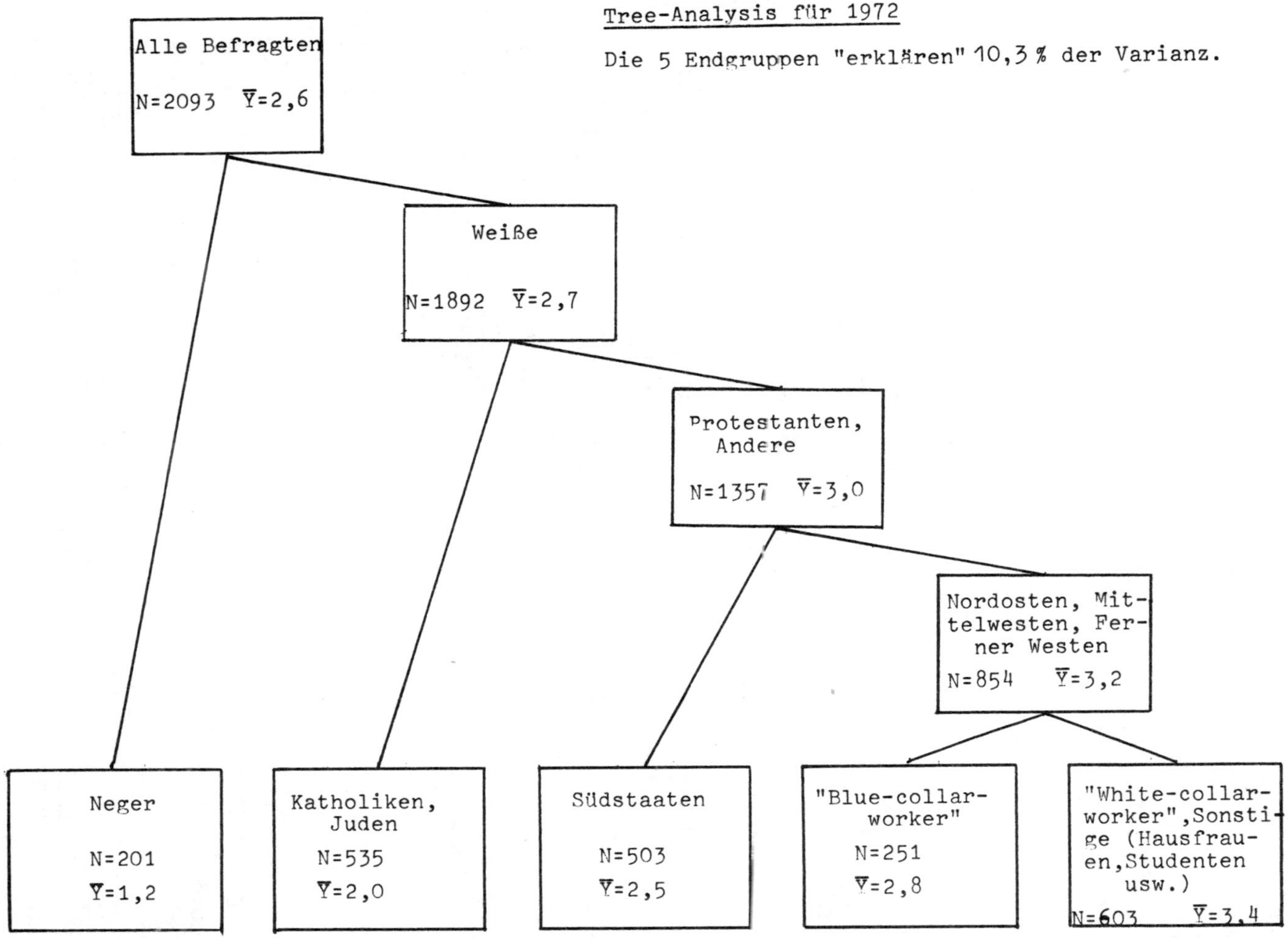

III. Teil: Analysen mit 16 unabhängigen Variablen

Zu den im I. und II. Teil verwendeten Variablen werden jetzt auch in die Analyse einbezogen:

15. Parteiidentifikation der Mutter
16. Parteiidentifikation des Vaters

Diese beiden Variablen wurden 1956 und 1960 nicht erfragt.

Tree-Analysis für 1952

Die 8 Endgruppen "erklären" 32,2 % der Varianz.

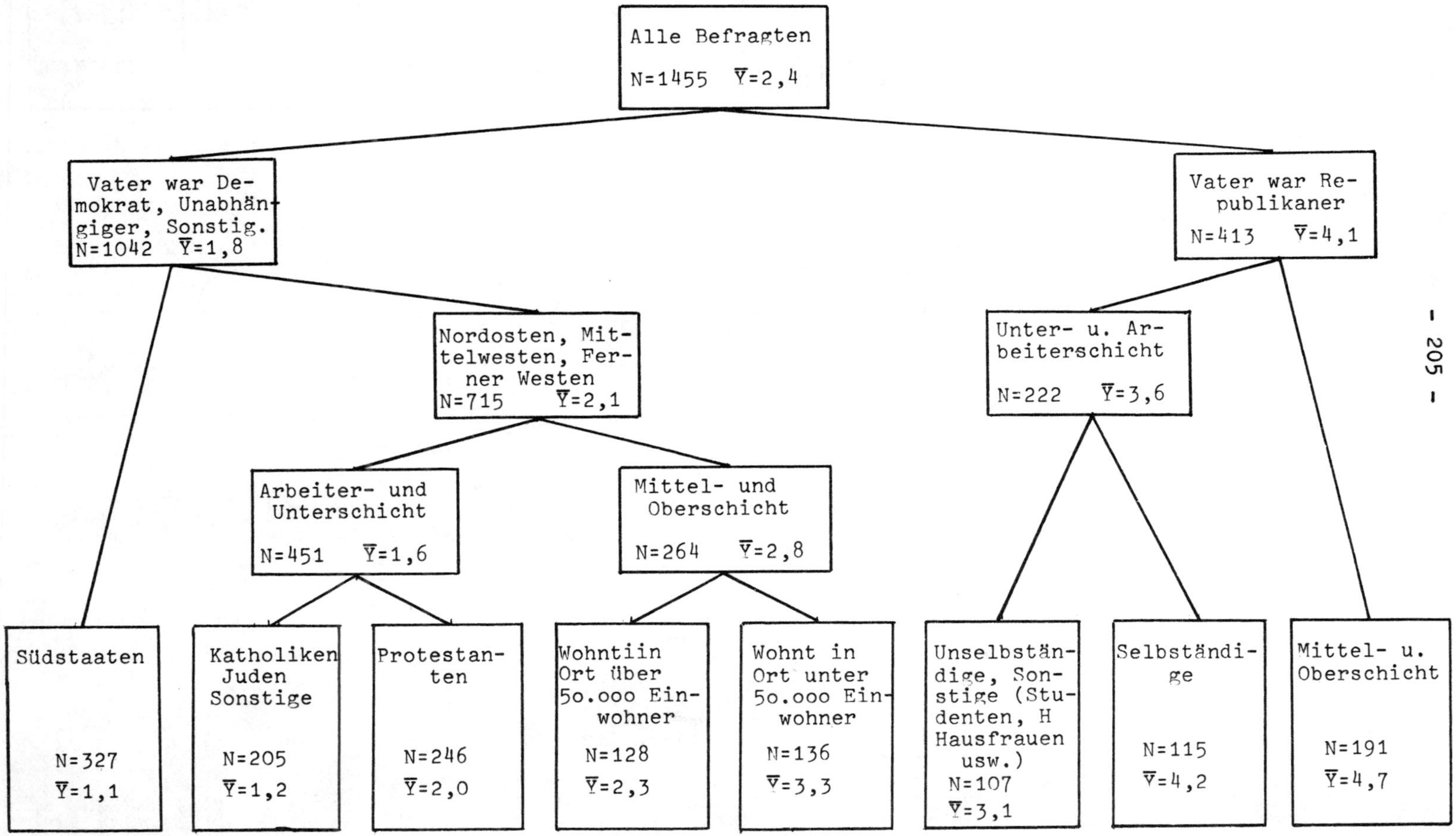

Tree-Analysis für 1964

Die 8 Endgruppen "erklären" 31,4 % der Varianz.

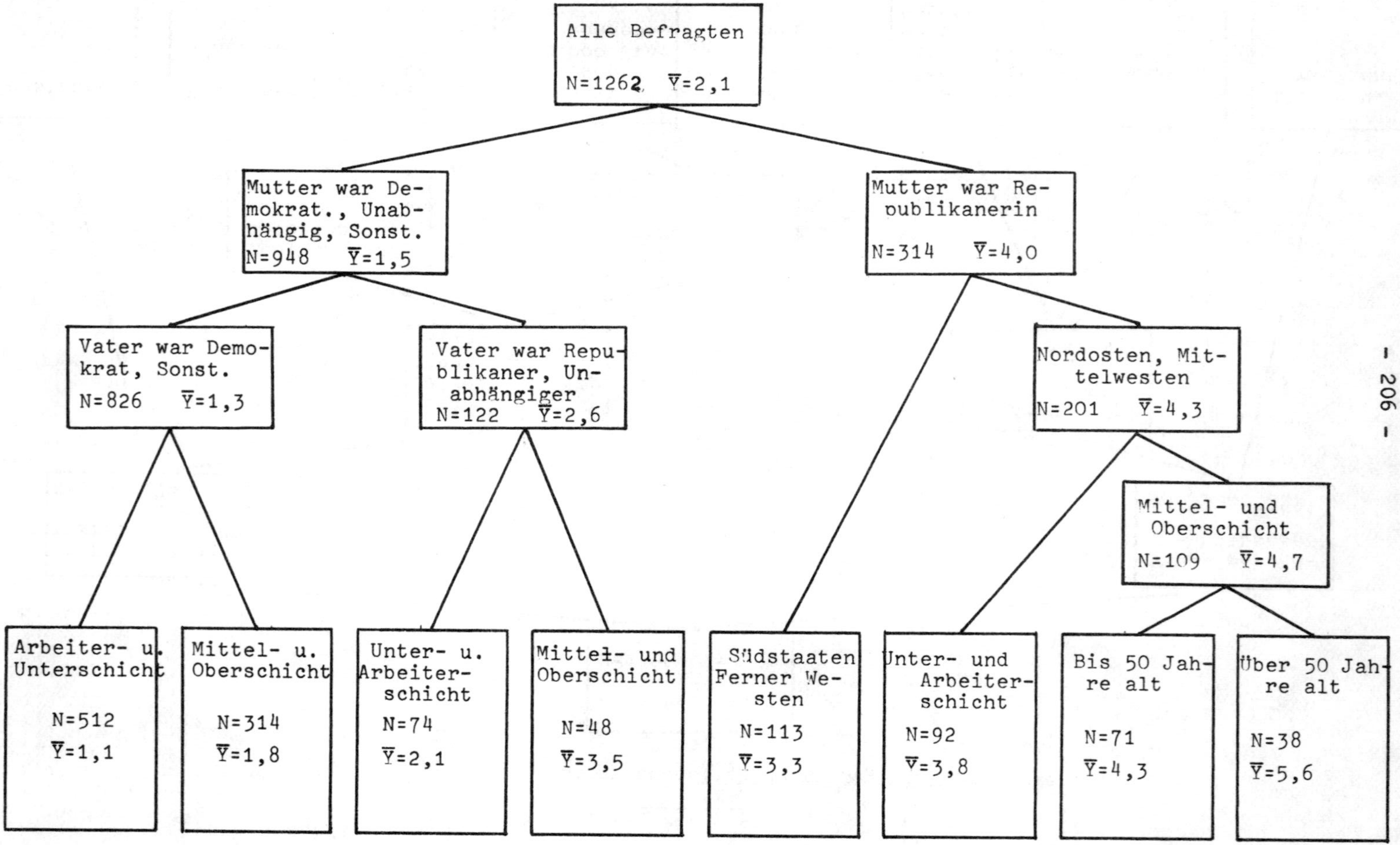

Tree-Analysis für 1968

Die 8 Endgruppen "erklären" 29,7 % der Varianz.

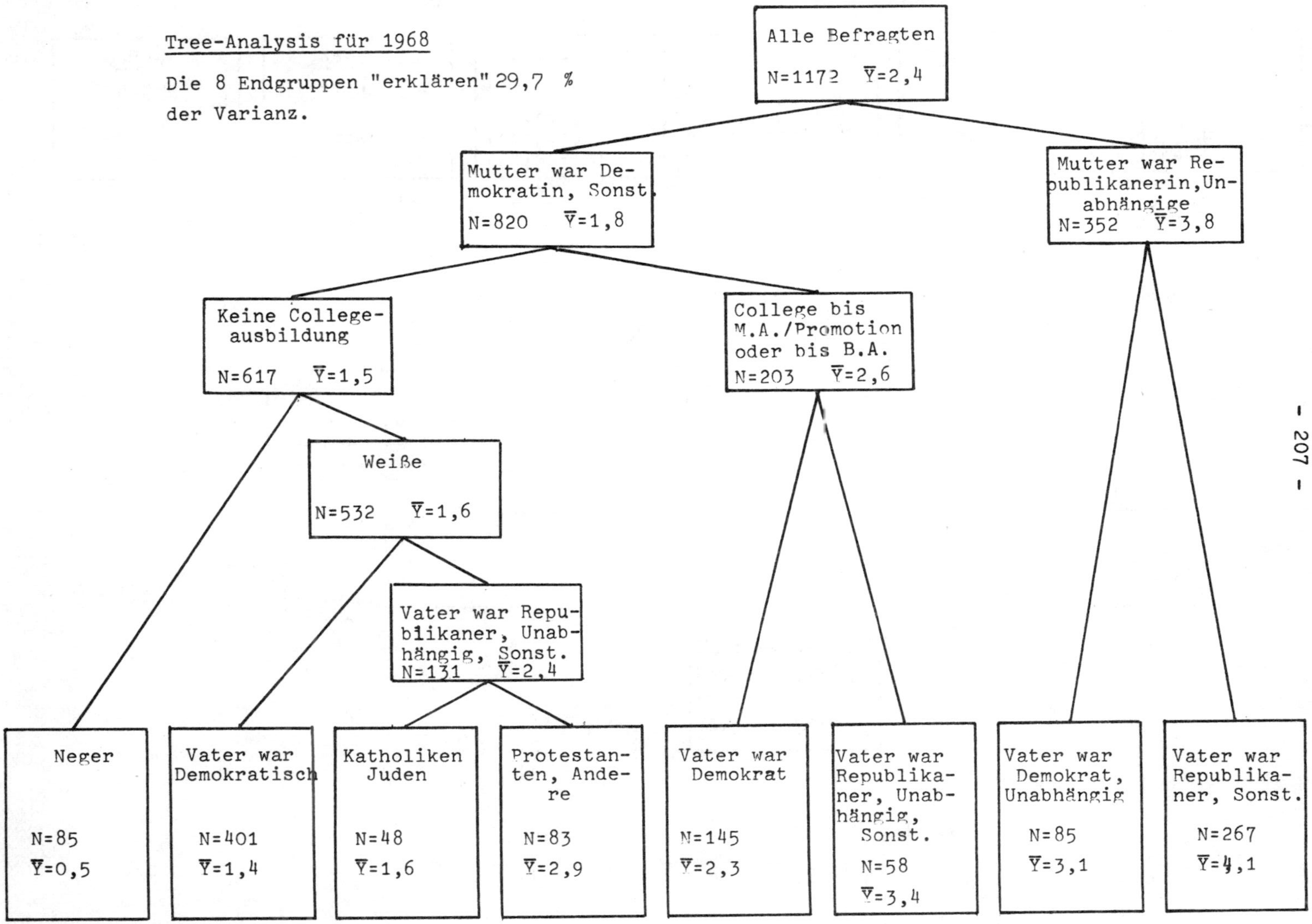

Tree-Analysis für 1972

Die 6 Endgruppen erklären 30,8 % der Varianz.

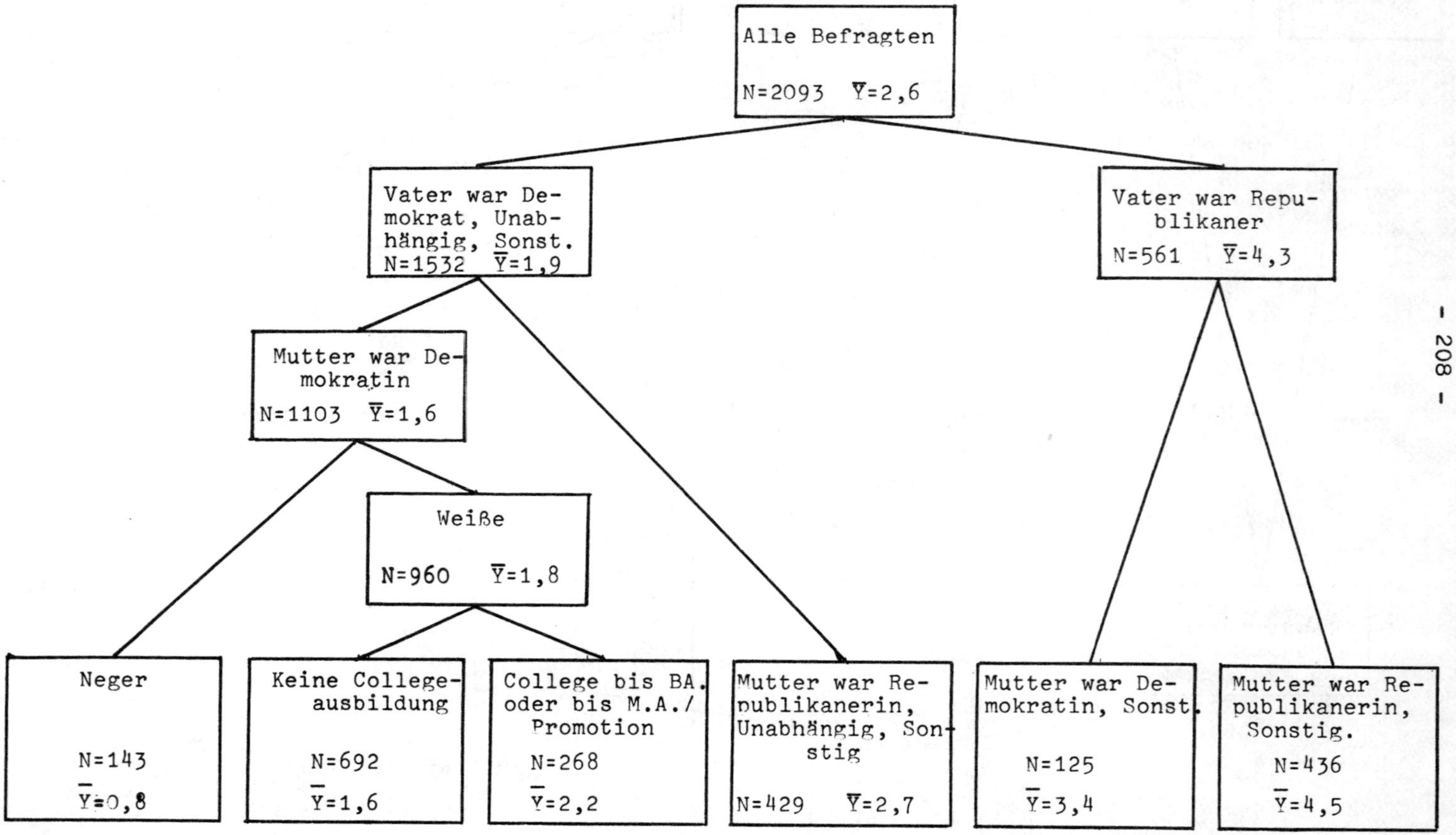

ANHANG III:

WORTLAUT DER FRAGEN ZUR ERMITTLUNG DER LIBERAL/KONSERVATIVEN ISSUE-PERZEPTIONEN

1. <u>Issue: "Regierung sorgt für Beschäftigung"</u>

Variable 172, 173, 174, 176, 177

Text (ICPR-Wahlstudie 1972, S. 96 f.):

Some people feel that the government in Washington should see to it that every person has a job and a good standard of living. Others think the government should just let each person get ahead on his own. And, of course, other people have opinions somewhere in between.
(Interviewer hands show card ... to respondent.)
Suppose people who believe that the government should see to it that every person has a job and a good standard of living are at one end of the scale - at point number 1. And suppose that the people who belive that the government should let each person get ahead on his own are at the other end - at point number 7.
Where would you place yourself (Richard Nixon, George McGovern, the Democratic party, the Republican party) on this scale, or haven't you thought much about this?
1. Government see to job and good standard of living
:
:
7. Government let each person get ahead on his own.

2. <u>Issue: "Hohe Steuern auf hohe Einkommen"</u>

Variable 178, 179, 180, 182, 183

Text (ICPR-Wahlstudie 1972, S. 100):

As you know, in our tax system people who earn a lot of money already have to pay higher rates of income tax than those who earn less. Some people feel that those with high incomes should pay even more of their income into taxes than they do now. Others think that the rates shouldn't be different at all - that everyone should pay the same portion of their income, no matter how much they make.
(Interviewer hands show card ... to respondent.)
Where would you place yourself (Nixon, McGovern, the Democratic party, the Republican party) on this scale, or haven't you thought much about it?
1. Increase the tax rate for high income
:
:
7. Have the same tax rate for everyone.

3. <u>Issue: "Rückzug aus Vietnam"</u>

Variable 184, 185, 186, 188, 189

Text (ICPR-Wahlstudie 1972, S. 104):

With regard to Vietnam, some people think we should do everything necessary to win a complete military victory, no matter

what results. Some people think we should withdraw completely from Vietnam right now, no matter what results. And, of course, other people have opinions somewhere between these two extreme positions.
(Interviewer hands show card ... to respondent.)
Suppose the people who support an immediate withdrawal are at one end of the scale - at point number 1. And suppose the people who support a complete military victory are at the other end of the scale - at point number 7.
Where would you place yourself (Nixon, McGovern, the Democratic party, the Republican party) on this scale, or haven't you thought much about this?
1. Immediate withdrawal
:
7. Complete military victory.

4. <u>Issue: "Inflation"</u>

Variable 190, 191, 192, 194, 195

Text (ICPR-Wahlstudie 1972, S. 108):

There is a great deal of talk these days about rising prices and the cost of living in general. Some feel that the government must do everything possible to combat the problem of inflation immediately or it will get worse. Others say that the problem of inflation is temporary and that no government action is necessary.
(Interviewer hands show card ... to respondent.)
Where would you place yourself (Nixon, McGovern, the Democratic party, the Republican party) on this scale, or haven't you thought much about this?
1. Total government action against inflation
:
7. No government action against inflation.

5. <u>Issue: "Legalisierung von Marihuana"</u>

Variable 196, 197, 198, 200, 201

Text (ICPR-Wahlstudie 1972, S. 112):

Some people think that the use of marijuana should be made legal. Others think that the penalties for using marijuana should be set higher than they are now.
(Interviewer hands show card ... to respondent.)
Where would you place yourself (Nixon, McGovern, the Democratic party, the Republican party) on this scale, or haven't you thought much about this?
1. Make use of marijuana legal
:
7. Set penalties higher than they are now.

6. Issue: "Busing"

Variable 202, 203, 204, 206, 207

Text (ICPR-Wahlstudie 1972, S. 117):

There is much discussion about the best way to deal with racial problems. Some people think achieving racial integration of schools is so important that it justifies busing children to schools out of their own neighborhoods. Others think letting children go to their neighborhood schools is so important that they oppose busing.
(Interviewer hands show card ... to respondent.)
Where would you place yourself (Nixon, McGovern, the Democratic party, the Republican party) on this scale, or haven't you thought much about this?
1. Bus to achieve integration
:
7. Keep children in neighborhood schools.

7. Issue: "Öffentliche Krankenversicherung"

Variable 208, 209, 210, 212, 213

Text (ICPR-Wahlstudie 1972, S. 120):

There is much concern about the rapid rise in medical and hospital costs. Some feel there should be a government insurance plan which would cover all medical and hospital expenses. Others feel that medical expenses should be paid by individuals, and trough private insurance like Blue Cross.
(Interviewer hands show card ... to respondent.)
Where would you place yourself (Nixon, McGovern the Democratic party, the Republican party) on this scale, or haven't you thought much about this?
1. Government insurance plan
:
7. Private insurance plan

8. Issue: "Umweltverschmutzung"

Variable 214, 215, 216, 218, 219

Text (ICPR-Wahlstudie 1972, S. 124):

There are many sources of air and water pollution; one of them is private industry. Some say the government should force private industry to stop its polluting. Others believe industries should be left alone to handle their matters in their own way.
(Interviewer hands show card ... to respondent.)

Where would you place yourself (Nixon, McGovern, the Democratic party, the Republican party) on this scale, or haven't you thought much about this?
1. Government should force private industry to stop polluting
:
7. Industries should handle pollution in their own way.

9. Issue: "Schutz der Angeklagtenrechte"

Variable 621, 622, 623, 625, 626

Text (ICPR-Wahlstudie 1972, S. 388):

Some people are primarily concerned with doing everything possible to protect the legal rights of those accused of committing crimes. Others feel that it is more important to stop criminal activity even at the risk of reducing the rights of the accused.
(Interviewer hands show card ... to respondent.)
Where would you place yourself (Nixon, McGovern, the Democratic party, the Republican party) on this scale, or haven't you thought much about this?
1. Protect rights of accused
:
7. Stop crime regardless of rights of accused.

10. Issue: "Regierungshilfe für Minoritäten"

Variable 629, 630, 631, 633, 634

Text (ICPR-Wahlstudie 1972, S. 393):

Some people feel that the government in Washington should make every possible effort to improve the social and economic position of blacks and other minority groups. Others feel that the government should not make any special effort to help minorities because they should help themselves.
(Interviewer hands show card ... to respondent.)
Where would you place yourself (Nixon, McGovern, the Democratic party, the Republican party) on this scale, or haven't you thought much about this?
1. Government should help minority groups
:
7. Minority groups should help themselves.

11. Issue: "Städtische Unruhen"

Variable 670, 671, 672, 674, 675

Text (ICPR-Wahlstudie 1972, S. 417):

There is much discussion about the best way to deal with the problem of urban unrest and rioting. Some say it is more im-

portant to use all available force to maintain law and order - no matter what results. Others say it is more imprtant to correct the problems of poverty and unemployment that give rise to the disturbances.
(Interviewer hands show card ... to respondent.)
Where would you place yourself (Nixon, McGovern, the Democratic party, the Republican party) on this scale, or haven't you thought much about this?
1. Solve problems of poverty and unemployment
⋮
7. Use all available force.

12. <u>Issue: "Universitäre Unruhen"</u>

Variable 678, 679, 680, 682, 683

Text (ICPR-Wahlstudie 1972, S. 423):

Some people are pretty upset about rioting and disturbances on college campuses and in high schools. Some feel sympathetic with the students and faculty who take part in these disturbances; others think the schools should use police and the National Guard to prevent or stop disturbances, and others fall somewhere between these extremes.
(Interviewer hands show card ... to respondent.)
Where would you place yourself (Nixon, MvGovern, the Democratic party, the Republican party) on this scale, or haven't you thought much about this?
1. Sympathetic with students and faculty
⋮
7. Use force to stop disturbances.

LITERATURVERZEICHNIS

1. Monographien und Sammelwerke

Abelson, Robert P., Elliot Aronson, William J. McGuire, Theodore M. Newcomb, Milton J. Rosenberg, and Percy H. Tannenbaum (Eds.) — Theories of Cognitive Consistency: A Sourcebook, Chicago 1968

Albert, Hans — Traktat über kritische Vernunft, 2. Aufl., Tübingen 1969

Almond, Gabriel A. and Sidney Verba — The Civic Culture. Political Attitudes and Democracy in Five Nations. An Analytic Study, Boston 1965

Atteslander, Peter — Methoden der empirischen Sozialforschung, 2. Aufl., Berlin/New York 1971

Bartley, Numan V. — From Thurmond to Wallace. Political Tendencies in Georgia 1948 - 1968, Baltimore/London 1970

Benninghaus, H[ans] — Deskriptive Statistik. Statistik für Soziologen 1, (Studienskripten zur Soziologie, hrsg. von Erwin K. Scheuch und Heinz Sahner), Stuttgart 1974

Berelson, Bernard R., Paul F. Lazarsfeld, William N. McPhee — Voting. A Study of Oppinion Formation in a Presidential Campaign, Chicago 1954 (in der Arbeit zitiert nach dem 6. Neudruck, Chicago/London 1968)

Bessler, Hansjörg und Frank Bledjian — Systematik der Massenkommunikationsforschung, hrsg. v. Karl Specht, (Neue Beiträge zur Film- und Fernsehforschung, Bd. 10), München/Basel 1967

Boulding, Kenneth E. — The Image, Ann Arbor 1956

Brehm, Jack W. and Arthur R. Cohen — Explorations in Cognitive Dissonance, New York 1962

Brogan, D.W. — Die amerikanische Politik. Verfassung, Staatsleben und politisches System der Vereinigten Staaten. Eine Einführung, Stuttgart/Wien/Zürich 1956

Butler, David and Donald E. Stokes — Political Change in Britain, London 1969

Campbell, Angus, Gerald Gurin, and Warren E. Miller — The Voter Decides, Evanston 1954.

Campbell, Angus, Philip E. Converse, Warren E. Miller, Donald E. Stokes — The American Voter, 4. Aufl., New York/London/Sydney 1966

Dieselben, — Elections and the Political Order, 2. Aufl., New York/London/Sydney 1967

Diederich, Nils — Empirische Wahlforschung. Konzeptionen und Methoden im internationalen Vergleich. Mit einem Vorwort von Prof.Dr. Otto Stammer, (Staat und Politik, hrsg. v. Prof.Dr. Ernst Fraenkel, Prof.Dr. Otto Heinrich von der Gablentz, Prof. Dr. Karl Dietrich Bracher, Bd. 8), Köln und Opladen 1965

Downs, Anthony — An Economic Theory of Democracy, New York 1957

Eldersveld, Samuel — Political Parties: A Behavioral Analysis, Chicago 1964

Festinger, Leon A. — A Theory of Cognitive Dissonance, Evanston, Ill. 1957

Flanigan, William H. — Political Behavior of the American Electorate, Boston 1968

Frady, Marshall — Wallace, New York/Cleveland 1970

Friedrich, Carl Joachim — Man and His Government. An Empirical Theory of Politics, New York/San Francisco/Toronto/London 1963

Friedrichs, Jürgen — Methoden empirischer Sozialforschung, Reinbek bei Hamburg 1973

Froman Jr., Lewis A. — Congressmen and Their Constituencies, Chicago 1963

Fürstenberg, Friedrich — Soziologie. Hauptfragen und Grundbegriffe, 2. verbes. Aufl., Berlin/New York 1974

Gemmecke, Vera — Parteien im Wahlkampf. Eine Analyse der Bundestagswahl 1961 im Wahlkreis Arnsberg Soest, (Politik und Wähler, hrsg. v. F.A. Hermens, R. König, E. Scheuch und R. Wildenmann, Bd.7), Meisenheim am Glan 1967

Griffith, Ernest S. — Wie Amerika regiert wird. Das Regierungssystem der USA, (Sammlung Wissen und Leben, 3), Wiesbaden o.J.

Harder, Theodor — Werkzeug der Sozialforschung, München 1970

Hyman, Herbert H. — Political Socialization. A Study in the Psychology of Political Behavior, New York/London 1969

Irish, Marian D. and James W. Prothro — The Politics of American Democracy, 5. Aufl., Englewood Cliffs 1971

Jennings, M. Kent and L. Harmon Zeigler (Eds.) — The Electoral Process, Englewood Cliffs, N.J. 1966

Kaase, Max — Wechsel von Parteipräferenzen. Eine Analyse am Beispiel der Bundestagswahl 1961 (Politik und Wähler, hrsg. v. F.A. Hermens, R. König, E.K.Scheuch und R. Wildenmann, Bd. 3), Meisenheim am Glan 1967

Kaltefleiter, Werner — Zwischen Konsens und Krise. Eine Analyse der Bundestagswahl 1972, Jahrbuch "Verfassung und Verfassungswirklichkeit" 1973 I, Köln/Berlin/Bonn/München 1973

Derselbe — Wirtschaft und Politik in Deutschland, Köln/Opladen 1966

Ders. u. Edward Keynes (Hrsg.) — Das labile Gleichgewicht. Das amerikanische Parteiensystem nach den Wahlen von 1972, Jahrbuch "Verfassung und Verfassungswirklichkeit" 1973 II, Köln/Berlin/Bonn/München 1974

Kessel, John H. — The Goldwater Coalition. Republican Strategies in 1964, Indianapolis/New York 1968

Key Jr., V.O. — The Responsible Electorate. Rationality in Presidential Voting 1936-1960. With the assistance of M.C. Cummings Jr. Foreword by A. Maas, Cambridge, Mass. 1968

Derselbe — Public Opinion and American Democracy, 2nd ed., New York 1967

Derselbe — Politics, Parties, & Pressure Groups, 5. Aufl., New York 1964

Derselbe — Southern Politics. In State and Nation (with the assistence of Alexander Heard), New York 1950

Kish, Leslie and Irene Hess — The Survey Research Center's National Sample of Dwellings, Institute for Social Research. The University of Michigan, ISR No. 2315, Ann Arbor 1969

Klapper, Joseph T. — The Effects of Mass Communication, New York 1969

Klingemann, Hans-Dieter — Bestimmungsgründe des Wahlverhaltens im Bundestagswahlkreis Heilbronn. Eine regionale Wahlanalyse, Diss., Köln 1966

Klingemann, Hans D. und Franz U. Pappi — Politischer Radikalismus. Theoretische und methodische Probleme der Radikalismusforschung, dargestellt am Beispiel einer Studie anläßlich der Landtagswahl 1970 in Hessen, München/Wien 1972

König, René (Hrsg.) — Handbuch der empirischen Sozialforschung, Bd. 1 - 4, 3. umgearb. u. erw. Aufl. des "Handbuchs der empirischen Sozialforschung" Bd. I
Bd. 1: Geschichte und Grundprobleme, Stuttgart 1973
Bd. 2: Grundlegende Methoden und Techniken, Erster Teil, Stuttgart 1973
Bd. 3a: Grundlegende Methoden und Techniken, Zweiter Teil, Stuttgart 1974
Bd. 3b: Grundlegende Methoden und Techniken, Dritter Teil, Stuttgart 1974
Bd. 4: Komplexe Forschungsansätze, Stuttgart 1974

Lane, Robert E. — Political Ideology. Why the American Common Man Believes What He Does, New York/London 1962

Langton, Kenneth P. — Political Socialization, New York/London/Toronto 1969

Laswell, Harold D. — Democracy Through Public Opinion, Menasha 1941

Lazarsfeld, Paul F., Bernard R. Berelson, Hazel Gaudet — The People's Choice, 2. Aufl., New York 1948

Liepelt, Klaus und Alexander Mitscherlich (Hrsg.) — Thesen zur Wählerfluktuation. Bericht des Instituts für angewandte Sozialwissenschaft, (res novae, Veröffentlichungen zu Politik, Wirtschaft, Soziologie und Geschichte, Bd. 60; Veröffentlichungen des Instituts für angewandte Sozialforschung, Bd. 6), Frankfurt a.M. 1968

MacRae Jr., Duncan (with the collaboration of Fred H. Goldner) — Dimensions of Congressional Voting. A Statistical Study of the House of Representatives in the Eighty-First Congress, (University of California Publications in Sociology and Social Insitutions, Vol. 1, No. 3, pp. 203 - 390, 10 figures in text), Berkeley/Los Angeles 1958

Magiera, Siegfried — Die Vorwahlen (Primaries) in den Vereinigten Staaten. Demokratisierung von Wahlen und Parteien, (Parlamente und Parteien, hrsg. v. Institut für Internationales Recht an der Universität Kiel, Bd. 3), Frankfurt a.M. 1971

Mayntz, Renate, Kurt Holm und Peter Hübner — Einführung in die Methoden der empirischen Soziologie, 3. Aufl., Opladen 1972

Osgood, Charles E., George J. Suci and Percy H. Tannenbaum — The Measurement of Meaning, Urbana 1957

Palumbo, Dennis J. — American Politics, New York 1973

Pappi, Franz Urban — Wahlverhalten und politische Kultur. Eine soziologische Analyse der politischen Kultur in Deutschland unter besonderer Berücksichtigung von Stadt-Land-Unterschieden, (Politik und Wähler, hrsg. v. F.A. Hermens, R. König, E.K. Scheuch und R. Wildenmann, Bd. 1), Meisenheim am Glan 1970

Philipps, Kevin P. — The Emerging Republican Majority, Garden City 1970

Polsby, Nelson W. and Aaron B. Wildavsky — Presidential Elections. Strategies of American Electoral Politics, 3. Aufl., New York 1971

Pomper, Gerald M. — Elections in America. Control and Influence in Democratic Politics, New York/Toronto 1972

Popper, Karl R. — Logik der Forschung, 4. Aufl., Tübingen 1971

Robinson, John P., Jerrold G. Rusk, and Kendra B. Head — Measures of Political Attitudes, hrsg. v. Institute for Social Research, The University of Michigan, 6. Aufl., Ann Arbor, Mich. 1972

Rose, Richard — The Problem of Party Government, London and Basingstoke 1974

Sahner, H[einz] — Schließende Statistik. Statistik für Soziologen 2, (Studienskripten zur Soziologie, hrsg. v. E.K. Scheuch), Stuttgart 1971

Scammon, Richard M. and Ben J. Wattenberg — The Real Majority, New York 1971

Sjöblom, Gunnar — Party Strategies in a Multiparty System, (Lund Political Studies, 7), Lund 1970

Sonquist, John A. and James N. Morgan — The Detection of Interaction Effects, Survey Research Center Monograph No. 35, Insitute for Social Research, The University of Michigan, Ann Arbor, Mich. 1964

Sonquist, John A., Elizabeth L. Baker, and James N. Morgan — Searching for Structure. An approach to analysis of substantial bodies of micro-data and documentation for a computer program, Rev. ed., Survey Research Center. Institute for Social Research. The University of Michigan, Ann Arbor, Mich. 1973

Sorauf, Frank J. — Political Parties in the American System, Boston 1964

Sperlich, Peter W. — Conflict and Harmony in Human Affairs: a study of cross-pressures and political behavior, (American Politics Research Series, ed. by Aaron Wildavsky), Chicago 1971

Stammer, Otto und Peter — Politische Soziologie. Unter Mitarbeit von Hans-Helmut Lenke, (Grundfragen der Soziologie, hrsg. v. Dieter Claessens, Bd. 14), München 1974

Truman, David B. — The Congressional Party. A Case Study, New York/London 1959

Turner, Julius — Party and Constituency: Pressures on Congress, (Reprinted from The John Hopkins University Studies in Historical and Political Science, Series LXIX, No. 1), Baltimore 1951

Unkelbach, Helmut — Grundlagen der Wahlsystematik. Stabilitätsbedingungen der parlamentarischen Demokratie. Mit einer Einführung von F.A. Hermens, Göttingen 1956

Verba, Sidney and Norman H. Nie — Participation in America. Political Democracy and Social Equality, New York/Evanston/San Francisco/London 1972

Walsby, Harold — The Domain of Ideologies. A Study of the Origin, Development, and Structure of Ideologies, Glasgow 1947

White, Theodore H. — The Making of the President - 1972, New York 1973

Ders. — The Making of the President - 1968, New York 1969

Wonnacott, Thomas H. and Ronald J. Wonnacott — Introductory Statistics, 2nd ed., New York/London/Sydney/Toronto 1972

Yamane, Taro — Statistics. An Introductory Analysis, New York/Evanston/London/Tokyo 1966

2. Aufsätze

Abramson, Paul R. — Generational Change in American Electoral Behavior, in: American Political Science Review, Vol. LXVIII (1974), S. 93 ff.

Andrews, William G. — American Voting Participation, in: William R. Nelson (Ed.), American Government and Political Change. A Contemporary Reader, New York/London/Toronto 1970, S. 272 ff.

Axelrod, Robert — Where the Votes Come From: An Analysis of Electoral Coalitions, 1952 - 1968, in: American Political Science Review, Vol. LXVI (1972), S. 11 ff.

Ders. — The Structure of Public Opinion on Policy Issues, in: Public Opinion Quarterly, Vol. 31 (1967), S. 51 ff.

Baker, Kendall L., Russell J. Dalton, and Kai Hildebrandt — Political Affiliations: Transition in the Bases of German Partisanship, Paper to be presented at the Workshop on Empirical and Theoretical Analysis of Party Systems, ECPR Joint Sessions, London, April 7 - 12, 1975

Barnes, Samuel H. — Ideology and the Organization of Conflict: On the Relationship between Political Thought and Behavior, in: The Journal of Politics, Vol. 28 (1966), S. 513 ff.

Belknap, George, and Angus Campbell — Political Party Identification and Attitudes toward Foreign Policy, in: Public Opinion Quarterly, Vol. XVI (1952), S. 601 ff.

Benenwick, R.J., A.H. Birch, J.G. Blumler, and Alison Ewbank — The Floating Voter and the Liberal View of Representation, in: Political Studies, Vol. 17 (1969), S. 177 ff.

Berelson, Bernard — Democratic Theory and Public Opinion, in: Public Opinion Quarterly, Vol. 16 (1952), S. 313 ff.

Berger, Manfred — Parteiidentifikation in der Bundesrepublik, in: Politische Vierteljahresschrift, XIV. Jg. (1973), S. 215 ff.

Boyd, Richard W. — Popular Control of Public Policy: A Normal Vote Analysis of the 1968 Election, in: American Political Science Review, Vol. LXVI (1972), S. 429 ff.

Boyd, Richard W. — Presidential Elections: An Explanation of Voting Defection, in: American Political Science Review, Vol. LXIII (1969), S. 498 ff.

Brown, Steven R. — Consistency and the Persistence of Ideology: Some Experimental Results, in: Public Opinion Quarterly, Vol. 34 (1970), S. 60 ff.

Buczylowski, Ulrich — Parteienwettbewerb in einem Border-State: Oklahoma, in: Werner Kaltefleiter u. Edward Keynes (Hrsg.), Das labile Gleichgewicht. Das amerikanische Parteiensystem nach den Wahlen von 1972, Jahrbuch "Verfassung und Verfassungswirklichkeit" 1973 II, Köln/Berlin/Bonn/München 1974, S. 91 ff.

Burnham, Walter Dean — American Voting Behavior and the 1964 Election, in: Midwest Journal of Political Science, Vol. 12 (1968), S. 1 ff.

Campbell, Angus — The Passive Citizen, in: William R. Nelson (Ed.), American Govenment and Political Change. A Contemporary Reader, New York/Lodon/Toronto 1970, S. 296 ff.

Ders. — A Classification of the Presidential Elections, in: Angus Campbell, Philip E. Converse, Warren E. Miller, and Donald E. Stokes, Elections and the Political Order, 2. Aufl., New York/London/Sydney 1967, S. 63 ff.

Cartwright, Dorwin and Frank Harary — Structural Balance: A Generalization of Heider's Theory, in: Psychological Review, Vol. 63 (1956), S. 277 ff.

Chase, Stuart — American Values: A Generation of Change, in: William R. Nelson (Ed.), American Government and Political Change. A Contemporary Reader, New York/ London/ Toronto 1970, S. 25 ff.

Converse, Philip E. — A Major Political Realignment in the South?, in: Allen P. Sindler (Ed.), Change in the Contemporary South, Durham 1969, S. 195 ff.

Ders. — The Concept of a Normal Vote, in: Angus Campbell, Philip E. Converse, Warren E. Miller, and Donald E. Stokes, Elections and the Political Order, 2. Aufl., New York/London/Sydney 1967, S. 9 ff.

Converse, Philip E. — The Problem of Party Distances in Models of Voting Change, in: M. Kent Jennings and L. Harmon Zeigler (Eds.), The Electoral Process, Englewood Cliffs, N.J. 1966, S. 175 ff.

Ders. — The Nature of Belief Systems in Mass Publics, in: David E. Apter (Ed.), Ideology and Discontent, (International Yearbook of Political Behavior Research, General Editor Heinz Eulau, Vol. 5), New York/London 1964, S. 206 ff.

Ders., Aage R. Clausen, and Warren E. Miller — Electoral Myth and Reality: The 1964 Election, in: American Political Science Review, Vol. LIX (1965), S. 321 ff.

Ders., Warren E. Miller, Jerrold G. Rusk, and Arthur C. Wolfe — Continuity and Change in American Politics: Parties and Issues in the 1968 Election, in: American Political Science Review, Vol. LXIII (1969), S. 1083 ff.

Crotty, William J. — The Party Organization and Electoral Outcomes, in: William J. Crotty, D.M. Freeman, and D.S. Gatlin (Eds.), Political Parties and Political Behavior, 2. Aufl., Boston 1971, S. 302 ff.

Dreyer, Edward C. — Change and Stability in Party Identification, in: Journal of Politics, Vol. 35 (1973), S. 712 ff.

Easton, David and Jack Dennis — The Child's Acquisition of Regime Norms: Political Efficacy, in: American Political Science Review, Vol. LXI (1967), S. 25 ff.

Easton, David and Robert D. — The Child's Political World, in: Edward C. Dreyer and Walter A. Rosenbaum (Eds.), Political Opinion and Behavior: Essays and Studies, 2nd ed., Belmont 1970, S. 125 ff.

Ferejohn, John A. and Morris P. Fiorina — The Paradox of Not Voting: A Decision Theoretic Analysis, in: American Political Science Review, Vol. LXVIII (1974), S. 525 ff.

Field, John Osgood and Ronald E. Anderson — Ideology in the Public's Conceptualization of the 1964 Election, in: Public Opinion Quarterly, Vol. 33 (1969), S. 380 ff.

Fishel, Jeff — Party, Ideology, and the Congressional Challenger, in: American Political Science Review, Vol. LXIII (1969), S. 1213 ff.

Froman Jr., Lewis A. and James K. Skipper — Factors Related to Misperceiving Party Stands on Issues, in: Public Opinion Quarterly, Vol. 26 (1962), S. 265 ff.

Gatlin, Douglas S. — Party Identification, Status, and Race in the South: 1952 - 1972, in: Public Opinion Quarterly, Vol. 39 (1975), S. 39 ff.

Goldberg, Arthur — Discerning a Causal Pattern among Data on Voting Behavior, in: American Political Science Review, Vol. LX (1966), S. 913 ff.

Graber, Doris A. — Press Coverage and Voter Reaction in the 1968 Presidential Election, in: Political Science Quarterly, Vol. 89 (1974), S. 68 ff.

Hartmann, Wulf — Eine Vietnam-Generation? Eine Analyse des Wahlverhaltens der akademischen Jugend in ausgewählten Stimmbezirken Kaliforniens bei den Wahlen 1972 im Vergleich zur kalifornischen Gesamtbevölkerung, in: Werner Kaltefleiter u. Edward Keynes (Hrsg.), Das labile Gleichgewicht. Das amerikanische Parteiensystem nach den Wahlen von 1972, Jahrbuch "Verfassung und Verfassungswirklichkeit" 1973 II, Köln/Berlin/Bonn/München 1974, S. 199 ff.

Heider, Fritz — Attitudes and Cognitive Organization, in: Journal of Psychology, Vol. 21 (1946), S. 107 ff.

Horowitz, Milton W. and Nicholas J. Pastore — Relationship of Motive to Author and Statement, in: Science, Vol. 121 (1955).

Hummell, Hans J. — Psychologische Ansätze zu einer Theorie sozialen Verhaltens, in: René König (Hrsg.), Handbuch der empirischen Sozialforschung, Zwei Bände, II. Band, Stuttgart 1969, S. 1157 ff.

Jackson III, John S. and Roy E. Miller — Campaign Issues, Candidate Images, and Party Identification at Multiple Electoral Levels, Paper prepared for delivery at the Midwest Political Science Association Convention, unveröff. Manuskript, Chicago 1973.

Jennings, M. Kent and Richard G. Niemi — Patterns of Political Learning, in: Edward C. Dreyer and Walter A. Rosenbaum (Eds.), Political Opinion and Behavior: Essays and Studies, 2. Aufl., Belmont 1970, S. 139 ff.

Jones, Charles O. — The Role of the Campaign in Congressional Politics, in: M. Kent Jennings and L. Harmon Zeigler (Eds.), The Electoral Process, Englewood Cliffs, N.J. 1966, S. 21 ff.

Kaase, Max — Die Bundestagswahl 1972: Probleme und Analysen, in: Politische Vierteljahresschrift, XIV. Jg. (1973), S. 145 ff.

Ders. — Determinanten des Wahlverhaltens bei der Bundestagswahl 1969, in: Politische Vierteljahresschrift, XI. Jg. (1970), S. 46 ff.

Kaltefleiter, Werner — Instrumente demokratischer Regierungsweise? Zur Innovationsfähigkeit politischer Parteien, in: "die politische meinung", Sonderheft "Parteien-Demokratie. Analysen aus dem Sozialwissenschaftlichen Forschungsinstitut der Konrad-Adenauer-Stiftung", Bonn 1974, S. 9 ff.

Ders. — Zwischen Krise und Stagnation. Aspekte der verfassungspolitischen Entwicklung 1972, in: Jahrbuch "Verfassung und Verfassungswirklichkeit" 1972 II, Köln/Berlin/Bonn/München 1972, S. 43 ff.

Ders. — Wahlkampf und Wahlverhalten in der amerikanischen Präsidentschaftswahl vom 5.11.1968, in: Jahrbuch "Verfassung und Verfassungswirklichkeit" 1969, Köln/Opladen 1969, S. 155 ff.

Ders. — Zur Chancengleichheit der Parteien in der Bundesrepublik, in: Jahrbuch "Verfassung und Verfassungswirklichkeit" 1968 II, Köln/Opladen 1968, S. 214 ff.

Keech, William R. — The Mass Media in the Presidential Nominating Process, Paper prepared for delivery at the Syracuse University Conference on Mass Media and American Politics, Syracuse, N.Y. 16.-18.November 1972.

Kelley, Stanley and Thad W. Mirer — The Simple Act of Voting, in: American Political Science Review, Vol. LXVIII (1974), S. 572 ff.

Kessel, John H. — Comment: The Issues in Issue Voting, in: American Political Science Review, Vol. LXVI (1971), S. 459 ff.

Key, V.O. — A Theory of Critical Elections, in: Journal of Politics, Vol. 17 (1955), S. 3 ff.

Kirkpatrick, Samuel A. — Political Attitudes and Behavior: Some Consequences of Attitudinal Ordering, in: Midwest Journal of Political Science, Vol. 14 (1970), S. 1 ff.

Ders. — Political Attitude Structure and Component Change, in: Public Opinion Quarterly, Vol. 34 (1970), S. 403 ff.

Kline, F. Gerald — Mass Media and the General Election Process: Evidence and Speculation, Paper presented at the Syracuse University Conference on Mass Media and American Politics, Syracuse, N.Y. 16.-18. November 1972.

Klingemann, Hans-D. — Issue-Kompetenz und Wahlentscheidung. Die Einstellung zu wertbezogenen politischen Problemen im Zeitvergleich, in: Politische Vierteljahresschrift, XIV. Jg. (1973), S. 227 ff.

Komm, Thomas — Strategie und Wahlkampfführung der Republikaner, in: Werner Kaltefleiter u. Edward Keynes (Hrsg.), Das labile Gleichgewicht. Das amerikanische Parteiensystem nach den Wahlen von 1972, Jahrbuch "Verfassung und Verfassungswirklichkeit" 1973 II, Köln/Berlin/Bonn/München 1974, S. 27 ff.

Kovenock, David M., Philip L. Beardsley, James W.Prothro — Status, Party, Ideology, Issues, and Candidate Choice: A Preliminary, Theory-Relevant Analysis of the 1968 Amecan Presidential Election, Paper prepared for the 8th World Congress of the International Political Science Association, München 1972.

Kramer, Gerald H. — Short-Term Fluctuations in U.S. Voting Behavior. 1896 - 1964, in: American Political Science Review, Vol. LXV (1971), S. 131 ff.

Kurtzman Ban, Carolyn — Factionalism in the Democratic Party: Social Origins and Attitudes of Southern and Northern Democratic Party Activists, Paper prepared for delivery at the 1972 Annual Meeting of the APSA, Washington, D.C. 1972.

Luttbeg, Norman R. — The Structure of Beliefs Among Leaders and the Public, in: Public Opinion Quarterly, Vol. 32 (1968), S. 398 ff.

Matthews, Donald R. and James W. Prothro — Social and Economic Factors and Negro Voter Registration in the South, in: American Political Science Review, Vol. LVII (1963), S. 24 ff.

Dieselben — Political Factors and Negro Voter Registration in the South, in: American Political Science Review, Vol. LVII (1963), S. 355 ff.

McClosky, Herbert — Consensus and Ideology in American Politics, in: American Political Science Review, Vol. LVIII (1964), S. 361 ff.

Ders., Paul J. Hoffmann, and Rosemary O'Hara — Issue Conflict and Consensus among Party Leaders and Followers, in: American Political Science Reciew, Vol. LIV (1960), S. 406 ff.

McClure, Robert D. and Thomas E. Patterson — Media Influences in the 1972 Elections: Preliminary Findings and Speculation, Paper prepared for delivery at the Syracuse University Conference on Mass Media and American Politics, Syracuse, N.Y. 16-18. November 1972.

McGrath, Joseph E. and Marion F. McGrath — Effects of Partisanship on the Perception of Political Figures, in: Public Opinion Quarterly, Vol. 26 (1962), S. 236 ff.

McGuire, William J. — The Current Status of Cognitive Consistency Theories, in: Shel Feldmann (Ed.), Cognitive Consistency: Motivational Antecedents and Behavioral Consequents, New York 1966, S. 1 ff.

McPhee, William N., Bo Anderson, and Harry Milholland — Attitude Consistency, in: Wlliam N. McPhee and W.A, Glaser (Eds.), Public Opinion and Congressional Elections, New York 1962, S. 78 ff.

Merelman, Richard M. — Electoral Instability and the American Party System, in: The Journal of Politics, Vol. 32 (1970), S. 115 ff.

Miller, Arthur H. — Political Issues and Trust in Government: 1964 - 1970, Paper prepared for delivery at the 1972 Annual Meeting of the American Political Science Association, Washington, D.C. 1972.

Miller, Roy E. and John S. Jackson III — Mass Media, Interpersonal Influences, and Intrapersonal Influences on Voting Behavior, Paper prepared for delivery at the 1973 Annual Meeting of the APSA, New Orleans 1973.

Miller, Warren E. — The Cross-National Use of Party Identification as a Stimulus to Political Inquiry, Paper to be presented at the Workshop on Participation, Voting and Party Competition, ECPR Joint Sessions, Strasbourg, 28 March - 2 April, 1974.

Ders. — Voting and Foreign Policy, in: James N. Rosenau (Ed.), Domestic Sources of Foreign Policy, New York 1967, S. 213 ff.

Minar, David W. — Ideology and Political Behavior, in: Midwest Journal of Political Science, Vol. 5 (1961), S. 317 ff.

Mollenhauer, Klaus — Sozialisation und Schulerfolg, in: Heinrich Roth (Hrsg.), Begabung und Lernen. Ergebnisse und Folgerungen neuer Forschungen, (Deutscher Bildungsrat, Gutachten und Studien der Bildungskommission, 4), 9. Aufl., Stuttgart 1974, S. 269 ff.

Moynihan, Daniel P. — The Moynihan Report: The Negro Family, in: William R. Nelson (Ed.), American Government and Political Change. A Contemporary Reader, New York/London/Toronto 1970, S. 399 ff.

Mullins, Willard A. — On the Concept of Ideology in Political Science, in: American Political Science Review, Vol. 66 (1972), S. 498 ff.

Natchez, Peter B. and Irvin C. Bupp — Candidates, Issues, and Voters, in: Edward C. Dreyer and Walter A. Rosenbaum (Eds.), Political Opinion and Behavior: Essays and Studies, 2nd ed., Belmont 1970, S. 427 ff. (ursprünglich angedruckt in: Public Policy 1968, S. 409 ff.).

Neve, Wolfgang — Strategie und Wahlkampfführung der Demokraten, in: Werner Kaltefleiter und Edward Keynes (Hrsg.), Das labile Gleichgewicht. Das amerikanische Parteiensystem nach den Wahlen von 1972, Jahrbuch "Verfassung und Verfassungswirklichkeit" 1973 II, Köln/Berlin/Bonn/München 1974, S. 51 ff.

Nie, Norman H. with Kristi Andersen — Mass Belief Systems Revisited: Political Change and Attitude Structure, in: The Journal of Politics, Vol. 36 (1974), S. 540 ff.

Nißen, Peter und Detlef Hendrik Schmidt — Das Wahlergebnis 1972, in: Werner Kaltefleiter u. Edward Keynes (Hrsg.), Das labile Gleichgewicht. Das amerikanische Parteiensystem nach den Wahlen von 1972, Jahrbuch "Verfassung und Verfassungswirklichkeit" 1973 II, Köln/Berlin/Bonn/München 1974, S. 219 ff.

Norpoth, Helmut — Toward an Explanation of Party Cohesion in the U.S. Congress: Shared Policy Attitude v. Partisan Communication, A paper prepared for delivery at the Joint Session of Workshops of the European Consortium for Political Research, London, April 7-13, 1975.

Oldenburg, Friedrich — Parteiensystem im Wandel. Der Tiefe Süden, in: Werner Kaltefleiter u. Edward Keynes (Hrsg.), Das labile Gleichgewicht. Das amerikanische Parteiensystem nach den Wahlen von 1972, Jahrbuch "Verfassung und Verfassungswirklivhkeit" 1973 II, Köln/Berlin/Bonn/München 1974, S. 79 ff.

Osgood, Charles E. and Percy H. Tannenbaum — The Principle of Congruity in the Prediction of Attitude Change, in: Psychological Review, Vol. 62 (1955), S.42 ff.

Parsons, Talcott — "Voting" and the Equilibrium of the American Political System, in: Eugene Burdick and Arthur J. Brodbeck (Eds.), American Voting Behavior, New York/London 1968, S. 80 ff.

Patterson, Samuel C., G.R. Boynton, and Ronald D. Hedlund — Perceptions and Expectations of the Legislature and Support For It, in: Ada W. Finifter (Ed.), Alienation and the Political System, New York/London/Sydney/Toronto 1972, S. 213 ff. (ursprünglich abgedruckt in: American Journal of Sociology, Vol. 75 (1969), S. 62 ff.)

Perkins, Jerry — Bases of Partisan Cleavage in a Southern Urban County, in: Journal of Politics, Vol. 36 (1974), S. 208 ff.

Pierce, John C. — Party Identification and the Changing Role of Ideology in American Politics, in: Midwest Journal of Political Science, Vol. 14 (1970), S. 25 ff.

Pomper, Gerald M. — From Confusion to Clarity: Issues and American Voters. 1956 - 1968, in: American Political Science Review, Vol. LXVI (1972), S. 415 ff.

Ders. — Rejoinder to "Comments" by Richard A. Brody and Benjamin I. Page and John H. Kessel, in: American Political Science Review, Vol. LXVI (1972), S. 466 ff.

Prothro, James W., Ernest Q. Campbell, and Charles M. Rigg — Two-Party Voting in the South: Class vs. Party Identification, in: American Political Science Review, Vol. LII (1958), S. 131 ff.

Radtke, Günter D. — Gibt es in der Bundesrepublik eine Parteiidentifikation?, in: Verfassungspolitischer Immobilismus in der Bundesrepublik?, Jahrbuch "Verfassung und Verfassungswirklichkeit" 1972 II, Köln/Berlin/Bonnn/München 1972, S. 67 ff.

RePass, David E. — Issue Salience and Party Choice, in: American Political Science Review, Vol.LXV (1971), S. 389 ff.

Riker, William H. and Peter C. Ordeshook — A Theory of the Calculus of Voting, in: American Political Science Review, Vol. LXII (1968), S. 25 ff.

Robinson,John P. — Public Reaction to Political Protest: Chicago 1968, in: Public Opinion Quarterly, Vol. 34 (1970), S. 1 ff.

Rosenau, James N. — Foreign Policy as an Issue-Area, in: James N. Rosenau (Ed.), Domestic Sources of Foreign Policy, New York 1967, S. 11 ff.

Rosenberg, Milton J. and Robert Abelson — An Analysis of Cognitive Balancing, in: Carl I. Hovland and Milton J. Rosenberg (Eds.), Attitude Organization and Change, New Haven 1960, S. 112 ff.

Rossi, Peter H. — Four Landmarks in Voting Research, in: Eugene Burdick and Athur J. Brodbeck (Eds.), American Voting Behavior, New York/ London 1968, S. 5 ff.

Roth, Dieter — Ökonomische Variablen und Wahlverhalten. Eine empirische Untersuchung zur Validität von Einschätzungsfragen, in: Politische Vierteljahresschrift, XIV. Jg. (1973), S. 257 ff.

Sartori, Giovanni — Politics, Ideology, and Belief Systems, in: American Political Science Review, Vol. LXIII (1969), S. 398 ff.

Scheuch, Erwin K. — Entwicklungsrichtungen bei der Analyse sozialwissenschaftlicher Daten, in: René König (Hrsg.), Handbuch der empirischen Sozialforschung, Bd. 1 - 4, 3. umgearb. u. erw. Aufl. des "Handbuchs der empirischen Sozialforschung" Band I, Bd. 1: Geschichte und Grundprobleme, Stuttgart 1973, S. 161 ff.

Ders. — Skalierungsverfahren in der Sozialforschung, in: René König (Hrsg.), Handbuch der empirischen Sozialforschung, Zwei Bände, I. Band, 2. veränd. u. erw. Aufl., Stuttgart 1967, S. 348 ff.

Sears, David O. and Jonathan L. Freedman — Selective Exposure to Information: A Critical Review, in: Public Opinion Quarterly, Vol. 31 (1967), S. 194 ff.

Shapiro, Michael J. — Rational Political Man: A Synthesis of Economic and Social-Psychological Perspectives, in: American Political Science Review, Vol. LXIII (1969), S. 1106 ff.

Sigel, Roberta S. — Effect of Partisanship on the Perception of Political Candidates, in: Public Opinion Quarterly, Vol. 28 (1964), S. 483 ff.

Smith, Don D. — Cognitive Consistency and the Perception of Other's Opinion, in: Public Opinion Quarterly, Vol. 32 (1968), S. 1 ff.

Sola Pool, Ithiel de — Die Auswirkung der Kommunikation auf das Wählerverhalten, in: Wilbur Schramm (Hrsg.), Grundfragen der Kommunikationsforschung, 5. Aufl., München 1973, S. 155 ff.

Sonquist, John A. — Finding Variables That Work, in: Public Opinion Quarterly, Vol. 33 (1969), S. 83 ff.

Sorauf, Frank J. — In Search of the Political Parties, in: William R. Nelson (Ed.), American Government and Political Change. A Contemporary Reader, New York/London/Toronto 1970, S. 168 ff.

Steamer, Robert J. — Southern Disaffection with the National Democratic Party, in: Allan P. Sindler (Ed.), Change in the Contemporary South, Durham 1963, S. 150 ff.

Stocks, Christian — Massachusetts - ein Staat für McGovern? in: Werner Kaltefleiter u. Edward Keynes (Hrsg.), Das labile Gleichgewicht. Das amerikanische Parteiensystem nach den Wahlen von 1972, Jahrbuch "Verfassung und Verfassungswirklichkeit" 1973 II, Köln/Berlin/Bonn/München 1974, S. 121 ff.

Stokes, Donald E. — Some Dynamic Elements of Contests for the Presidency, in: American Political Science Review, Vol. LX (1966), S. 19 ff.

Ders., Angus Campbell, and Warren E. Miller — Components of Electoral Decision, in: American Political Science Review, Vol. LII (1958), S. 367 ff.

Stone, Philip and Richard Brody — Modeling opinion responsiveness to daily news: The public and Lyndon Johnson 1965 - 1968, in: Social Science Information, Vol. IX (1970), S. 95 ff.

Strong, Donald S. — Durable Republicanism in the South, in: Allan P. Sindler (Ed.), Change in the Contemporary South, Durham 1963, S. 174 ff.

Sullivan, Denis G. — Psychological Balance and Reactions to the Presidential Nominations in 1960, in: M. Kent Jennings and L. Harmon Zeigler (Eds.), The Electoral Process, Englewood Cliffs, N.J. 1966, S. 238 ff.

Sullivan, John L. and Robert O'Connor — Electoral Choice and Popular Control of Public Policy: The Case of the 1966 House Elections, in: American Political Science Review, Vol. LXVI (1972), S. 1256 ff.

Weisberg, Herbert F. and Jerrold G. Rusk — Dimensions of Candidate Evaluation, in: American Political Science Review, Vol. LXIV (1970), S. 1167 ff.

Zajonc, Robert B. — Cognitive Theories in Social Psychology, in: Gardner Lindzey and Elliot Aronson (Eds.), Handbook of Social Psychology, Vol. I, 2nd ed., Reading, Mass./ Menlo, Cal./London/Don Mills 1968, S. 320 ff.

Ders. — Balance, Cngruity, and Dissonance, in: Public Opinion Quarterly, Vol. 24 (1960), S. 280 ff.

Zohlnhöfer, Werner — Parteiidentifizierung in der Bundesrepublik und in den Vereinigten Staaten, in: Erwin K. Scheuch und Rudolf Wildenmann (Hrsg.), Zur Soziologie der Wahl, (Kölner Zeitschrift für Soziologie und Sozialpsychologie, hrsg. v. René König, Sonderheft 9), 2. Aufl., Köln/Opladen 1968, S. 126 ff.

3. Zeitungs- und Zeitschriftenartikel

a) Artikel mit Verfasserangabe

Boyd, Robert S. — "Dems Kill Pay-for-All Plan. Tax Shift Aim of McGovern", Detroit Free Press v. 30.8.1972

Ders. — "Tax and Welfare Plans of Candidates Compared", Detroit Free Press v. 30. 8. 1972

Finch, Robert H. — "There Are Two Ways to View Senator McGovern's Economics", New York Times v. 8.9.1972

Frankel, Max — "Nixon's Move Against Busing Tied to Impact on Election", International Herald Tribune v. 20.3. 1972

Ders. — "President Won 49 States and 521 Electoral Votes", New York Times v. 9.11. 1972

Friedman, Milton — "Busing: The Real Issue", Newsweek v. 14.8.1972

Gailey, Phil — "The Platforms Collide on Major Issues", The Miami Herald v. 21.8.1972

Kempster, Norma — "Nixon's Reelection Hopes May Ride on Economy", The Mainichi Daily News (Tokio) v. 21.12.1971

Kramer, Jürgen "Amerikas Wahlkampfthema Nr. 1 - der Schulbus", Stuttgarter Zeitung v. 21.3.1972

Kovach, Bill "Shriver Scores Nixon on Health Care", New York Times v. 26.9.1972

Levine, Richard J. "Nixon Likely to Run as Leader for Peace, Depict McGovern Views as Irresponsible", The Wall Street Journal v. 17.7.1972

Lubell, Samuel "Welfare Looms as Factor in Election", Detroit Free Press v. 27.9.1972

Naughton, James M. "McGovern Offers New Tax Program in Wall St. Talk", New York Times v. 30.8.1972

Reston, James "The Nixon Celebration", New York Times v. 20.8.1972

Rogers, Warren "McGovern Makes Jobs His Issue", Detroit Free Press v. 18.9.1972

Rowen, Hobart "Nixon Muted Economy Issues", Washington Post v. 5.11.1972

Samuelson, Paul "There Are Two Ways to View Senator McGovern's Economics", New York Times v. 8.9.1972

Semple, Robert B. "McGovern Unit Says Defense Can Be Cut", New York Times v. 22.9.1972

Shabecoff, Philip "Candidates Square Off On the Economic Issues", New York Times v. 11.9.1972

Shanahan, Eileen "McGovern's New Tax Reform Program and Classical Liberalism", New York Times v. 30.8.1972

Strout, Richard Lee "Nixon Record Offers Plenty of Ammo for McGovern", Detroit Free Press v. 10.8.1972

Verfürth, Heinz "Rassenfrage im Vordergrund. Konservativer Trend im Vorwahlkampf in den USA", Handelsblatt v. 17./18.3.1972

Wallich, Henry C. "Amerikas Wirtschaft im Zeichen der Wahl", Frankfurter Allgemeine Zeitung v. 4.4.1972

Weaver, Warren Jr. "House to Reflect a Shift in Ideology; Senate to Continue Opposition to Nixon", New York Times v. 9.11.1972

Wooten, James T. "G.O.P. Study Sees a Big Deficit in McGovern Fiscal Proposals", New York Times v. 17.8.1972

b) Artikel ohne Verfasserangabe

"The Election at a Glance", New York Times v. 9.11.1972

"Hope for Welfare Reform", New York Times v. 1.9.1972

"McGovern's First Crisis: The Eagleton Affair", Time v. 7.8.1972

"McGovernomics", New York Times v. 30.8.1972

"McGovern Pledges Job for Everyone", Detroit Free Press v. 8.8.1972

"McGovern's Welfare Plan Attacked by Richardson", New York Times v. 30.8.1972

"McGovern Would Seek Halt of Military Aid to Saigon", Detroit Free Press v. 30.10.1972

"From McGovern: A New Blueprint for Taxes, Welfare", U.S. News & World Report v. 11.9.1972

"Mr. Nixon's Convention", New York Times v. 20.8.1972

"Nixon Aides, Democrats Clash on Economic Issues at Congress Hearing, Setting Tone for Fall", The Wall Street Journal v. 26.7.1972

"Nixon and McGovern on the Issues" U.S. News & World Report v. 6.11.1972

"Nixon v. McGovern on Taxes, Prices, Jobs", Time v. 30.10.1972

"President Vows To Fight Busing", Detroit Free Press v. 26.10.1972

"Promises Republicans Make", U.S. News & World Report v. 4.9.1972

"A Tragedy of Errors", The Chicago Tribune v. 2.8.1972

"Transcript of the President's News Conference on Foreign and Domestic Matters", New York Times v. 30.8.1972

"Where They Stand on the Issues", The Miami News v. 8.7.1972

"Work vs. Welfare: Where Nixon Stands", U.S. News & World Report v. 18.9.1972

4. Nachschlagewerke und Datenquellen

Crespi, Irving — The American Voter - 1972, Paper prepared for delivery at the Syracuse University Conference on Mass Media and American Politics, Syracuse, N.Y. 16-18. November 1972

Gallup, George H. — The Gallup Poll. Public Opinion 1935 - 1971,
Vol. 1, 1935 - 1948;
Vol. 2, 1949 - 1958;
Vol. 3, 1959 - 1971;
New York 1972

Inter-University Consortium for Political Research (Hrsg.)	OSIRIS II. OS Users Manual. Level 2, Ann Arbor, Mich. 1971
Ders.	The 1952 American Election Study (S 400), rev. ICPR-Ausgabe, Ann Arbor, Mich. 1971
Ders.	The 1956 Election Study (SRC S417), revid. ICPR-Ausgabe, Ann Arbor, Mich. 1968
Ders.	The 1960 Election Study (SRC 440), revid. ICPR-Ausgabe, Ann Arbor, Mich. 1971
Ders.	The 1964 Election Study (S 473), revid. ICPR-Ausgabe, Ann Arbor, Mich. 1971
Ders.	The SRC 1966 American National Election Study (SRC 504 - ICPR 7259), ICPR-Ausgabe, Ann Arbor, Mich. 1972
Ders.	The 1968 Election Study (SRC 45523), Ann Arbor, Mich. 1971
Ders.	The CPS 1970 American National Election Study (CPS 49517), ICPR-Ausgabe, Ann Arbor,Mich.1971
Ders.	The 1972 Election Study, Study-No. 7010, Ann Arbor, Mich. 1973
Long, Luman H. (Ed.)	The 1971 World Almanac and Book of Facts. Published Annually by the Newspaper Enterprise Organization, Inc., o.O., o.J.
Political Behavior Program. Survey Research Center. The University of Michigan (Ed.)	Who Voted for Whom in 1968, Ann Arbor, Mich. 1970
Ders.	Who Votes and for Whom, Ann Arbor, Mich. 1965
U.S. Department of Commerce. Bureau of the Census	Statistical Abstracts of the United States 1973, 94th Annual Edition, Washington, D.C. 1973
Ders.	Statistical Abstract of the United States 1969, 90th Annual Edition, Washington, D.C. 1969

Congress and the Nation, Volume II, 1965 - 1968. A Review of Government and Politics, Published by the Congressional Quarterly Service, Washington, D.C. o.J.

The Gallup Opinion Index. -Political, Social and Economic Trends -,
Report No. 81, Princeton, N.J. March 1972
Report No. 83, Princeton, N.J. May 1972
Report No. 84, Princeton, N.J. June 1972
Report No. 85, Princeton, N.J. July 1972
Report No. 86, Princeton, N.J. August 1972
Report No. 87, Princeton, N.J. September 1972
Report No. 90, Princeton, N.J. December 1972

Statistics of the Congressional Election of November 3, 1970. Compiled from official sources by Benjamin J. Guthrie under direction of W. Pat Jennings, U.S. Government Printing Office, Washington 1971

Statistics of the Presidential and Congressional Elections of November 7, 1972. Compiled from official sources by Benjamin J. Guthrie under direction of W. Pat Jennings, Clerk of the House of Representatives, (Corrected to March 15, 1973), U.S. Government Printing Office (92-083), Washington, D.C. 1973